张謇与天生港电厂

南通天生港发电有限公司 南通市档案馆 编

国家图书馆出版社

图书在版编目（CIP）数据

张謇与天生港电厂 / 南通天生港发电有限公司，南通市档案馆编 . —
北京：国家图书馆出版社，2021.11
ISBN 978-7-5013-7379-6

Ⅰ . ①张… Ⅱ . ①南… ②南… Ⅲ . ①张謇（1853–1926）—生平事迹 ②发电厂—企业史—南通 Ⅳ . ① K825.38 ② F426.61

中国版本图书馆 CIP 数据核字 (2021) 第 217680 号

书　　名	张謇与天生港电厂
著　　者	南通天生港发电有限公司　南通市档案馆　编
责任编辑	孟颖佼
封面设计	程言工作室
出版发行	国家图书馆出版社（北京市西城区文津街 7 号　100034） （原书目文献出版社 北京图书馆出版社） 010-66114536 63802249 nlcpress@nlc.cn（邮购）
网　　址	http://www.nlcpress.com
印　　装	北京金康利印刷有限公司
版次印次	2021 年 11 月第 1 版　2021 年 11 月第 1 次印刷
开　　本	889 ×1194（毫米）　1/16
印　　张	31.75
书　　号	ISBN 978-7-5013-7379-6
定　　价	800.00 元

《张謇与天生港电厂》

编委会

点亮文明之光

田　彤

南通是片神奇的土地，无论在这里发生什么惊天伟业，都不足为奇，因为历史已经播下种因。

通海地区襟江带海，积沙成洲，5000 多年前就有人类栖息。自公元 958 年（后周显德五年）南通建城，渔盐文明、农耕文明与城镇聚落文明竞相交映，在近代社会转型开始前，已经涵育出淮南盐场、关庄布两大或官营或私营的产业区，形成通扬运河及环江海（长江—黄海—渤海）的西、东两路水运网络，更培养出注重“向内挖潜”“向外借力”的通海人。

如果没有张謇，南通的近代化进程及型制很有可能会迟滞或不同。张謇引入新式动力、技术及管理，以通海地区的原生经济形态为基点，将传统较为单一的行业发展成为兼营纺织、盐垦、制造、渔业、文化等具有内在逻辑关联的复合产业的大生资本集团，将通海地区打造成以通州（南通）为圆心、网联周边市镇的经济区、生活区及文明示范区。

工业革命的标志是以机械力代替人力、畜力。从 1760 年代的蒸汽机到 1870 年代的热机（内燃机）和电机（电动机、发电机），由蒸汽时代进入到电气时代，电力成为主宰着工业文明的基础性与支柱性产业。张謇创办大生一厂时，以蒸汽机作为原动力。到 1925 年，大生一厂已有卧式锅炉 11 座、1100 匹双缸蒸汽引擎 2 台。一厂以蒸汽机带动发电机发电以供厂内照明，同时惠及唐闸的机关及学校，还向大达公碾米公司供电，保障 8 台马达（每台 14 匹，共 112 匹马力）运转。大生一厂之后，直到 1922 年兴建的大生八厂（副厂）、资生铁厂（1905 年建厂）、复新面粉厂（1909 年开机）、大生二厂（1907 年投产）、通燧火柴公司（1920 年出货）、大生三厂（1921 年开办），俱以蒸汽引擎为原动力（通燧公司有火油引擎 1 台），完成南通工业革命的第一阶段[①]。

① 陈翰珍：《二十年来之南通》，张謇研究中心，2014 年，第 94、97、98、102、105、106、113、114、117 页。

恰如工业革命第二阶段系以电力启其端，张謇借助“早发型”西方工业化的启示，追踪科技前沿，拟将电力全面引入南通，作为南通工业化、城镇化的动力源，借此更新产业结构，改善城乡居民生活。早在1913年5月，张謇即派郁寿丰（字芑生，大生二厂创办人）、秦亮夫（大生股东），前往英伦各厂考察（见《张謇致交涉使函》）。此举无疑是张氏“棉铁主义”商战观的具体表现。张謇有言：“商业竞争，纺织尤亟。泰西纺织，近均改用电力，日新月异，时有发明。南通州大生纱厂办理虽薄有成效，但处此时代，不事精研，焉能持久？”此时，除大生一、二厂盈利外，中国华资纱厂多陷于改组、出租或出售之一途。张謇拟以电力促进产业升级，提高产品竞争力。

1917年，张謇集资6万两于唐闸创办通明电灯公司，实为开办大型综合电厂之预演。迄至1925年，该公司已安装4台70匹与1台80匹火油机及4台50千瓦交流发电机，可供万余盏16支光电灯的用电量，为南通城内外居民、机关、学校提供照明①。

1919年，张謇选址天生港，正式启动南通综合电厂建设。当时，张謇雇用德国西门子洋行机械电气工程师翕罗敦·高翕（E. Kocher）为顾问，负责机器招标、采购事宜。1921年春，厂基、厂房如期破土动工。按原定计划，同年5月电机到货，6月厂房竣工装机，11月机器安装完毕，12月试机，1922年1月开始发电②。但实际上，工期有所迟滞。直到1921年10月，部分机器始到南通。1922年3月，所购2台西门子产3200千瓦汽轮发电机、拔柏葛厂汽管锅炉等才开始安装③。欧战告终、洋货卷土重来，1922年后中国棉纺织业陷入长期凋敝境地。大生各厂无可避免地受到冲击，1922年起连年亏损。当年一厂亏损39.6万余两，二厂亏损31.7万余两，到1925年，大生一厂历届结亏已达119万余两④。因无大生资金支撑，加之南通地方自治会公债告罄、集团内部无款可调，电厂工程匆匆下马，已订购到沪之发电机组或转售或退订。

实际上，当时张謇还可将自己创办的大有晋盐垦公司2万余亩土地作价300

---

① 陈翰珍：《二十年来之南通》，张謇研究中心，2014年，第116页。

② 《南通电厂之进行》，《新闻报》（上海）1921年3月3日，第2张第2版。

③ 《电厂工程之近闻》，《通海新报》1922年3月21日，第3版。

④ 《大生系统企业史》，江苏古籍出版社，1990年，第220、221、225页。

万元售出以挹注电厂。抛售土地既可让股东获益，又可保障电厂建成，张謇为何不出此上策？表面来看，几年后土地经改良地价将上涨，张謇因此不愿“贱卖”大有晋（见《张謇致吴寄尘函》）。其实，农业对张謇而言是一种可持续发展的产业，“农则无植而不生之土”[①]，更是其实施“棉铁主义”的根基。再从大生集团来看，各企业即便不依靠综合电厂仍可正常经营。出于综合因素，张謇坚持“棉铁并举、利益平衡”的原则，只有壮士断腕，停止电厂工程。

星移斗转，人事代谢。1931 年，李升伯重启天生港电厂计划。到 1934 年 7 月，电厂土建工程完成、发电机安装竣工，同年 11 月正式发电。火力发电的成功，宣告南通工业革命已经进入第二阶段。

从整体规划、建设过程来看，天生港电厂是一项严密的系统工程，具体而言：

第一，区域性、综合性定位。张謇弘扬《周易》“天地之大德曰生”的精髓，在创办大生资本集团的过程中，创造出工农商业互补、城乡一体协调发展的中国城市近代化、乡村市镇化的“南通模式”。在此谋篇布局中，电厂的定位不仅是为大生等企业，而且是为通、如、崇、海等地的大小工厂、盐垦、生活服务[②]的区域性总发电厂。天生港电厂投产后，电线由港口架设到唐闸、江家桥。

第二，以科学实验精神，依国际惯例保障设备质量。招投标制度是近代科学管理的表征之一，天生港电厂营建即采纳邀标制，由大生沪所代其向美、英、德公司发出招标邀请。邀标书中包括高翕制定的锅炉厂房说明书、电厂机械设备说明书及设备到岸价（成本、保险、到上海运费及佣金）、关税、担保书、付款方式等内容。大生沪所共收到慎昌洋行、茂生洋行、安利洋行、美兴公司、英国通用电气公司、西门子洋行、蔼益吉电机制造厂等 7 家公司的标书，高翕综合考虑设备要求、南通地方企业设备匹配性、报价等指标，最终选定使用西门子公司发电机组。该机组具有可过载 10% 的优良特性，可将额定功率 3200 千瓦提高到 3500 千瓦。此外，为配套发电机组所需锅炉，南通方面还应高翕要求，将 5 吨预发电用煤运往德国，以试制低煤耗、低烟尘且能适应中国煤质的洋产品。

第三，注重投资成本核算。经过张謇智囊团的测算，用电改为购买方式，大生老厂、大生新厂、广生（旧新）油厂、资生铁厂、复新面厂将比自发电煤耗每

---

① 《通海垦牧公司集股章程启》，《张謇全集》第 5 卷，上海辞书出版社，2012 年，第 25 页。

② 陈翰珍：《二十年来之南通》，张謇研究中心，2014 年，第 116—117 页。

年节省约 10 万元。其中，上述各厂可分别节约 28990 元、13150 元、31660 元、17000 元、7400 元、2400 元（见《大生老厂等六厂用煤炭、机油与用电所耗之价值比较表》）。各厂因此愿意购电运营。而大生两厂、广生新老两厂、资生铁厂 5 家每年购电费用将达 30 万元以上，能够维持电厂运营。如按 1920 年代投资 300 万元估算（两台机组 302000 美元），电厂当在 10 年左右可收回建设成本。1930 年代建厂共投资 130 万元，依电厂预估，当可在 5 年内清偿债务（见 1935 年《电厂报告书》）。

第四，以消耗定功率。南通地区的主体企业大生一厂（1220 匹）、大生二厂（880 匹）、广生（新旧）油厂（共 210 匹）、资生铁厂（35 匹）、复新面厂（150 匹）总马力为 2495 匹。仅从德国西门子公司电机在中国销售状况来看，到 1923 年 4 月，装备千匹马力蒸汽涡轮发电机之“大发电厂”，计有北京电灯公司（3 台共 10890 匹）、青岛电灯公司（1 台 1445 匹）、巩县工厂（2 台共 3300 匹）、振新纱厂（1 台 1800 匹）、大中华纱厂（1 台 1415 匹）、大丰纺厂（1 台 1800 匹）、萍乡煤矿（2 台共 4300 匹）、汉阳钢厂（1 台 2550 匹）、华商电汽公司（2 台共 13650 匹）、芜湖电灯公司（1 台 930 匹）、厦门电灯公司（1 台 1165 匹）、上海水泥公司（1 台 1600 匹）、中兴煤矿（2 台共 4600 匹）、振华公司（2 台共 9100 匹）[①]。由此可知，1920 年代南通所订 3200 匹及 1934 年成功发电的 5000 匹机组的额定功率，与各地相比只处“中游”。但天生港电厂的额定功率已完全能满足当地生产、生活用电需要，并为地区经济、社会发展提供储备电力（见 1931 年《规建电厂建议书》）。

第五，工程配套。主导产业的发展离不开辅助产业和相关产业的结构配置。张謇在经营实践中，以棉纺织业为主体，根据产业相关度及上下游关系而建资生铁冶厂、面厂、油厂、大隆皂厂、大昌纸厂。在规划电厂时，张謇同样将电厂及相关产业加以通盘考虑。锅炉、水管等设备需要定期用烧碱清洗，烧碱本身又是制皂的基本原料，而制皂废水加火碱又可提炼甘油，造纸也离不开烧碱。烧碱（氢氧化钠，又称火碱、苛性苏打、苛性钠，日语称为“曹达”）是重要的战略物资，盐是其生产的基本原料，通海地区作为烧碱基地有着得天独厚的自然优势。张謇在招标电厂时，与西门子公司联系，拟采办制碱设备，开办制碱厂、肥皂厂、甘

① 《德国西门子电机厂最新式蒸汽涡轮发电机》，《申报》（上海）1923 年 4 月 6 日，第 3 张第 11 版。

油蒸馏厂、油脂厂。可惜，随着第一次天生港电厂建设的中辍，上述构想随之流产。

我一直不赞成学术宗师胡适先生称张謇为“一个很伟大的失败的英雄”[①]。胡氏的论断只是侧重于大生企业的遇挫和张謇未竟的事业而言，如果把张謇及其事业放在南通近代化的整体规划、地方自治的通盘蓝图以至中国近代转型中来衡量，张謇的业绩是此后南通乃至中国的根基，张謇是近代中国当之无愧的“开拓者”。

我有幸追随先师章开沅先生耕耘于张謇与大生资本集团领域，我们合著的《张謇与近代社会》一书到今年恰好出版20年。我对张謇相关研究的心得，均得益于先师的启示。月前，先师撒手人寰，化作道德律令天空中耀眼的星宿，成为史学远航的永恒灯塔！希望上述对电厂历史的述评能达先师教诲之精要。

张謇信奉先哲教诲：“功不必自我出，名不必自我居。”天生港电厂经张謇手创，而成于李升伯之承继，其业绩不仅创造出有形的电力文明，而且造就出以黄锡蕃（字友兰。以字行）为代表的电力工程领袖及电厂安装、运营团队，更涵养出赓续有据的创业创新的精神。

今天，历经几代“天电”人的百年奋进，当年的天生港发电厂已发展成为年发电量80亿千瓦时（2台330MW及1台1000MW火力发电机组）的“南通天生港发电有限公司”（简称“天电”）。作为大型省属国有综合能源服务企业，“天电”已经形成涵盖发电、供热、售电、电力安装检修运维、能源投资等多元产业布局，下辖3个全资子公司（南通天电供热有限公司、江苏明润能源有限公司、南通天生港务有限公司）、2个控股公司（南通天电新兴能源有限公司、南通天电智慧能源有限公司）及江苏南通发电有限公司、龙源启东风力发电有限公司、龙源盐城大丰海上风力发电有限公司等7个参股公司，年产值20亿元，年利润2亿元。近千名“天电”职工团结协作，秉承“率先争先、求真求新”的企业精神，发扬“艰苦奋斗、敢打硬仗、遵章守纪、开拓前进”的光荣传统，不断提升“能源梯级利用”，勇立“能源革命”的潮头，积极拓展风电、光伏等清洁能源产业，以“减排”促进产业结构的优化和能源数字化转型，推广智慧能源技术，打造智慧电厂。

在新的机遇与挑战面前，“天电”领导层更以企业文化的“软”实力作为公司发展的“硬”支撑。“天电”珍视自家创业史，立足丰厚的企业文化底蕴，以

① 胡适：《南通张季直先生传记序》，张孝若：《南通张季直先生传记》，中华书局，1930年，第3页。

张謇的创业精神，构建“上下同心、目标同向、责任同担、行动同步”的职工命运共同体，以增强企业凝聚力、向力心，增进职工的自豪感。此次，南通天生港发电有限公司与南通市档案馆合作，整理并出版1920年前后张謇及其后继者创办天生港电厂的书信、标书、订货合同、票据、账目，就是讲述前辈故实，弘扬创业创新精神，坚振企业文化。企业管理归根到底是人的管理、企业文化的营造，而企业文化固然有赖于企业内部生产、生活环境与相关机制的全面建立，更离不开企业精神的凝练与引领。企业精神需要历史记忆与未来蓝图共同形塑。企业家应该充分利用在科学管理中的主导性，通过构建新型的企业文化，以先辈之劳绩激发员工的历史使命感，培根铸魂，引导企业在守成中创业、在创业中守成。

承蒙南通天生港发电有限公司与南通市档案馆邀请，就任本书编委会学术顾问并为本书作序，实感荣幸之至。为昭示前人筚路蓝缕开拓之功，为表达对“天电”人点亮新时代文明之光的礼敬，固不揣浅陋，以文字立证。是为序。

2021年7月1日

于桂子山

（作者系华中师范大学中国近代史研究所教授）

张謇：百年天电的创办者

朱　江

1921 年动工兴建的天生港电厂，历经漫长的创立、停顿、重启，于 1934 年正式投产发电。天生港电厂是张謇生前积极筹划的一个工程，既是南通社会发展到一定阶段的必然要求，也是减轻大生企业生产成本、带动其他企业发展、满足南通社会生活用电的需要。虽然在张謇生前，因经济困顿而壮志未酬，但在其事业继承者的努力下，张謇的蓝图最终化作现实。天生港电厂的建设过程，体现了张謇在大生纱厂《厂约》中提及的"坚苦奋励"的创业精神，也反映了这种进取态度在两代经营者之间的传承。

大生纱厂（一厂）的动力，来自蒸汽引擎，煤耗大，随着机器使用年限增长，检修费用不断上升。张謇很早就萌发用电力替代的想法。1913 年，张謇派郁芑生和秦亮夫去英国考察相关企业，"冀资借镜而求进步"，电厂显然是考察的重点。据吴寄尘癸丑年五月十六日（1913 年 6 月 20 日）抄录的张謇致交涉使陈安生的信函，张謇认为："商业竞争，纺织尤亟。泰西纺织，近均改用电力，日新月异，时有发明。南通州大生纱厂办理虽薄有成效，但处此时代，不事精研，焉能持久？"张謇从西方纺织企业的现状，看到大生纱厂的不足，特别是动力供给上的落后，决计以电力替代蒸汽动力，这是张謇居安思危的体现，也是国际视野下的必然选择。张謇很细心，考虑到两个人的归期或有先后，希望陈安生给郁芑生和秦亮夫各发护照一纸，以备途经西伯利亚时，应付"稽查甚严"的俄罗斯警察。

1919 年，天生港电厂（当时称作"南通电厂"，考虑到习惯称谓和行文方便，本文将 1920 年前后筹建的南通电厂，统称为"天生港电厂"）开始启动设备的采购。天生港电厂早期的档案已经难觅其踪，因此无从完整地还原当年的筹建情况。当年发电机组只能仰仗国外厂商生产，其采购工作是天生港电厂筹建的核心所在，上海洋行林立，成为采购最合适的地方。另外建厂所需的其他物料，大多由大生驻沪事务所（简称"沪所"）负责代购并装运，因此在大生档案中留下了相关记录。

1919 年 8 月 24 日，吴寄尘在给张謇、张詧的信中提到：“前奉退公示，命将南通天生港设电厂事略加研究。”可见天生港电厂的建厂规划，至少在 1919 年夏天即开始落实，张詧写信吩咐吴寄尘对此加以关注。吴寄尘信中叙述，他于 8 月 13 日与高翕（E. KOCHER，也译为孔赫）会晤。高翕是德国籍人，为机械兼电气工程师。身为西门子洋行工程师的高翕，此前已经被张謇聘为天生港电厂的技术顾问。高翕“将代南通规画一切罄告”，并陪同吴寄尘至沪南电气厂（华商电气股份有限公司）参观。吴寄尘的信里记录了参观心得：“查其老式炉子，尚未装成，据称一周时用煤十二吨，五开罗瓦达，除去传换耗力，每个只可作一匹马力。如用新式炉子，其电力比用锅炉引擎力，可节煤三分之一云云。”这次参观，帮助翻译的竟然是上海商业储蓄银行的创办者陈光甫。

1919 年 12 月 1 日，高翕给大生沪所写了一封信，信中提出天生港电厂购置锅炉和机械设备的技术要求，让沪所转达给有意向投标的厂家。12 月 4 日，沪所给高翕复函。沪所按照高翕提供的技术要求，拟订了招标文件。沪所还希望高翕把相关文本译成德文，用以寄给德国的公司。同一天，沪所把邀标书寄给慎昌洋行、美兴公司、茂生洋行、英国通用电气公司、大来公司，12 月 13 日再次寄给茂生洋行，1920 年 1 月 3 日寄给安利洋行。

1920 年 4 月 16 日，高翕写信给张謇和张詧，详细介绍参与投标的公司情况，一共有 7 家公司报价，包括慎昌洋行、茂生洋行、安利洋行、美兴公司、英国通用电气公司、西门子洋行、蔼益吉电机制造厂。高翕对这 7 家公司提供设备的适用性、质量高低、配套服务、价格合理程度进行分析，倾向于订购西门子公司的设备。汽轮发电机的交货时间是 10—12 个月，锅炉设备的交货时间是 5—6 个月，所以高翕建议，先行订购汽轮发电机和辅机，稍后再购置锅炉。

4 月 17 日，张謇决定订购西门子公司生产的汽轮发电机，并派高翕直接去德国商谈。在给西门子公司的信函里，张謇授权高翕与西门子公司商议合同的细节，并希望西门子公司考虑到天生港电厂初创，资金投入很大，发电机又是第一笔交易，希望能在价格上给予优惠，帮助电厂以尽可能低的投入取得成功。同一天，张謇在南通濠南别业，就是他的家中，签署一份授权书，授权高翕作为他的技术顾问，在欧洲逗留期间，负责为天生港电厂购买锅炉设备，以及订购造纸机械设备、油脂硬化设备和为南通企业所购的其他机械设备进行谈判。由此可见，张謇高度信任高翕，委托采购的设备不限于天生港电厂。

4 月 22 日，高翕前往德国。与西门子公司的合同是 5 月 26 日签订的，包括 2 台 3200 千瓦带冷凝装置的汽轮发电机、机房内所有管道、空气过滤器及其他配件。合同总价 30.2 万美元，预付款 15 万美元，沪所分别于 6 月汇出 12.5 万美元，9 月汇出 2.5 万美元。4 台锅炉是向拔柏葛公司购买的，附件包括链式炉、过热器、省煤器、输料泵、给水泵及管道，总价 4.5 万英镑。

建设天生港电厂，张謇不仅考虑大生纺织公司所属企业的动力问题，还兼顾南通其他企业的用电。1947 年 6 月所编的《南通天生港电厂》中企业沿革介绍道："本公司所属各厂暨南通地方其他各工业，在昔各谋动力，耗煤费工，殊不经济。先董事长张啬公有鉴于此，欲使已办之厂节省开支，后起之厂减轻成本，遂有以电力为动力，集中发电，分轮运用之意。"

天生港电厂的建厂资金，张謇准备通过南通自治会在本地发行公债筹集。据 1920 年 11 月 26 日《申报》："张啬公提议募集县自治公债二百万元，俾购置公共汽车、创办玻璃厂、电厂等各项公用，已由自治会议决付审查。其利息定周年六厘，二十年还本，将来动募之法，拟大区七万、小区三万云。"根据留存下来的第 916 号南通县地方公债原件，《南通县地方公债条例》于 1920 年 12 月 4 日经自治会议决施行，公债于 1921 年 1 月 1 日发行。拟发行的 200 万元公债，用于发展下列各企业：电厂、油厂、皂厂、纸厂、各区小工厂、县道汽车、长途电话和淮海实业银行。但由于经济下行，公债募集不利，据受张謇委任负责电厂基建的黄友兰回忆，总共才募集到 20 万元左右，其中大生一厂认购 10 万元，大生二厂认购 5 万元（1922 年 1 月 7 日《通海新报》有 60 万之说）。无奈之下，南通自治会决定把收到的公债改作对电厂的投资，电厂改为有限公司。在支付电厂款项时，先由沪所垫资，收到公债后再归还沪所。大生一厂认购的 10 万元，是在 1921 年 7 月 19 日交沪所，用于划还沪所替电厂的垫款。

1921 年春，天生港电厂基建工程在天生港大达后街开工，标志着天生港电厂的建设正式启动。根据 1921 年 3 月 3 日《新闻报》，预定的工程进度是："三月动工，五月电机到，六月引擎室建筑竣工、动手装机，七月锅炉管子到通，八月厂屋完工、装锅炉，十一月全部机器装毕，十二月试机，民国十一年一月开始送电。"根据大生档案中天生港电厂辛酉年工程账略记载，1921 年天生港电厂购买钢条、水泥、黄沙、石子、砖瓦、石灰、广木、桐木、洋松、白铁、柏油、白漆等多种建筑材料，购置钉子、铰链、插销、玻璃、螺丝、铅丝等配件，建造机器栈房、厂房、烟囱、物料所、办事房、平房、厕所等生产、办公、生活用房，并开沟筑岸。

1922 年初建成发电的愿望最终没能实现。近代南通工业企业的陆续设立，是在大生一厂的基础上，主要依靠已有企业的资金投入和引导，不断滚动发展的。天生港电厂是在大生企业不断获利的背景下筹建的。据《大生系统企业史》，大生一厂、大生二厂 1919 年、1920 年两年，利润率达 90% 上下，其中 1919 年大生一厂为 105.78%，大生二厂 113.2%。1922 年起大生诸企业陷入困顿，债台高筑，自身尚且不保，无力再拨款支持天生港电厂的建设。

1922 年 6 月 1 日，张謇给上海华发实业公司的管趾卿写了一封信。上海华发实业公司是德国西门子公司的销售代理，其广告称“西门子厂驻华代表”。由这封信可知，西门子公司生产的汽轮发电机（托朋）1921 年已经全部运抵上海，除了小部分运到南通外，其他都暂时存放在栈房。张謇“顷承见示某处急需此类托朋一座，南通既不待用，正可分出一座让予先用，以缓济急，实属两便”。但张謇对于天生港电厂没有彻底放弃，只是打算暂时出让汽轮发电机一座，“惟原有合同既不取消，则此次让出之托朋一座，自应仍由贵行补运来沪，以符原数。补交时期以十个月为限，在民国十二年三月底以前必须将全部补交清楚，幸勿迟误”。张謇希望通过腾挪，换取时间，指望赢得转机。然而事与愿违，1947 年《南通天生港电厂》痛惜地回顾：“垂成厂房，被迫停工，到沪机器，亦以无法付款而不得不转让与昔戚墅堰震华电厂；糜款七十余万，未能完成，良可扼腕。”

1925 年，大生一厂的债权人上海银团派李升伯到南通，考察大生企业的实际情况，寻求解决债务问题的方案。李升伯到南通后，与张謇进行交流，并在张謇的安排下参观张謇所创的事业，足迹从南通一直到东台。李升伯制定了一个在大生一厂不破产的基础上的厂务改革计划，根据他在 1985 年手书的回忆，内容包括：请求老债权人允许一千万老债停息还本；引用日本纺织厂的科学管理，改良三十几年的旧厂；引用成本计算作为吸引借款资料；赎回大生副厂，并添办布厂；设立天生港大电厂减轻动力费用；引进纺四十支纱的美棉种子；试行改八小时工作制。天生港电厂的建设再次提出，成为复兴大生一厂的措施。这应该是张謇的电厂设想，得到李升伯的认同。

1931年11月28日，大生一厂在上海香港路银行公会召开股东常会。经理李升伯没有与会，但他之前（11月21日）致函董事会，提出改良机械设备和规建电厂的建议。李升伯认为："旧有之原动力运动力小，燃费滋巨，不独逐年消耗过当，且于改良发展上发生莫大之阻力。"李升伯呼吁，尽管目前企业负债累累，但在失去土产土销这一本地市场优势的情况下，如果固守旧有藩篱，不进则退。李升伯在附上的《规建电厂案》中，深情回顾当年张謇始创天生港电厂的情景："张前总理本有规划电厂供给通海各工厂需要之企图，目光远大，诚足令人景仰。惜乎事业未就，半途停顿，良可扼腕。"李升伯还描绘电厂建成后的远景："仅以一、副厂言之，每日即可省燃煤斤五十吨，通年计省银十五万两。此外所余电力尚可分给其他工厂或电灯公司之用。不特此也，当地打米、榨油、织布，一切小工业亦将陆续兴起，尚有附带收入。故为本厂未来节省计，为发展地方工业、宽裕民生计，则规划电厂实为迫不容缓之图。"

在李升伯的力主下，大生董事会通过规建电厂的计划，并与上海银团达成协议，依旧在天生港重新建设电厂。经过勘察，天生港电厂选址天生港大达轮步公司通靖轮埠码头西侧空地30亩。订购英国拔柏葛25吨锅炉两座，德国蔼益吉厂5000千瓦发电设备一组。1934年底，天生港电厂发电，由22000伏输电线路，从天生港经唐家闸输送至城区，再由城区延伸到江家桥大生副厂。张謇电厂建设的构想，通过李升伯——这位真正理解张謇宏愿的实业家的接力，至此终于得以实现。

（作者系南通市档案馆研究馆员）

编辑说明

一、天生港电厂，最初称“南通电厂”，筹建于1910年代末，是实业家张謇建设南通的规划中的重要一环。本书收集1913—1924年间，天生港电厂第一次建设期间形成的档案，包括来往信函、电报、银钱账略等。

二、本书收录的全部档案，均来自南通市档案馆馆藏大生档案。这批档案形成于大生驻沪事务所（简称“大生沪所”），该所是大生企业在上海的办事机构，曾负责天生港电厂设备的采购和资金的调拨，因此保存有相关的档案。本书档案中抬头为“大生纺织公司”的英文信件，实为致函大生沪所；至于抬头“大生公司”，应为“大生纺织公司”；为便于理解，本书自拟标题中，“大生纺织公司”“大生公司”均表述为“大生沪所”。

三、本书收录的档案分中文、英文两个部分，全部原文影印公布。为便于读者阅读和使用，中文部分采取原文影印加释文的形式，英文部分采取原文影印加摘要的形式。书中档案释文或摘要的题名系根据档案原标题和内容自拟。

四、本书所收档案的题名下一般根据原文内容标注时间。英文档案时间均统一为公元纪年；中文档案因原文时间表述方式不一，或为干支纪年，或为公元纪年，且许多档案的时间项年、月、日不全，或不详，无法进行准确的考证，故该类档案所标注时间皆遵循原文时间的表述形式和内容，时间不详者未标注。中文和英文档案的排序，尽可能以时间先后排列，未能考证明确时间的，以档案案卷原顺序排列。

五、中文档案部分的释文，将原件中的竖排繁体改为横排简体。明显的笔误和衍字、异体字径自更正；错别字改正，用〔〕表示；无法辨认的字以□代之；

补字用［ ］标注。对于原档案中的备注内容，释文中以括号标注，置于文末。

六、本书收录了当时报纸对天生港电厂的相关报道、亲历者的回忆录、1947年厂志有关厂史的记载等文献，并制作了涉天生港电厂人物和机构简介、人名和机构中英文对照表，以方便读者进一步了解天生港电厂建设的背景。

编者

2021 年 10 月 18 日

目　录

中文档案

123

五月十六日錄嗇公致交涉使函

安生仁兄大鑒：商業競爭，紡織尤亟。泰西紡織近均改用電力，日新月異，時有發明。南通大生紗廠辦理雖薄有成效，但處此時代，不事精研，焉能持久。茲派宣郁君芭生、秦君亮夫前往英倫各廠考察，冀資借鏡而求進步。惟途中經過西比利亞，聞俄警稽查甚嚴，懇請尊處給發護照各壹紙，即日擲交福佑門外該廠駐滬帳房，俾令持往駐滬俄領事署簽字後，然後啟行，庶途中可無阻滯。即將來歸期或有先後，各有一紙，亦便取攜。瑣瀆之處，實紉公誼。專肅。

张謇致交涉使
关于发放郁芑生、秦亮夫护照的函[1]

（癸丑年五月十六日）

安生仁兄大鉴：

商业竞争，纺织尤亟。泰西纺织，近均改用电力，日新月异，时有发明。南通州大生纱厂办理虽薄有成效，但处此时代，不事精研，焉能持久？兹派定郁君芑生、秦君亮夫，前往英伦各厂考察，冀资借镜而求进步。惟途中经过西比利亚，闻俄警稽查甚严。恳请尊处给发护照各壹纸，即日掷交福佑门外该厂驻沪帐房，俾令持往驻沪俄领事署签字后，然后启行，庶途中可无阻滞，即将来归期或有先后，各有一纸，亦便取携。琐渎之处，实纫公谊。

专肃

① 原件标题为《五月十六日录啬公致交涉使函》，为癸丑年五月十六日（1913年6月20日）吴寄尘抄录。

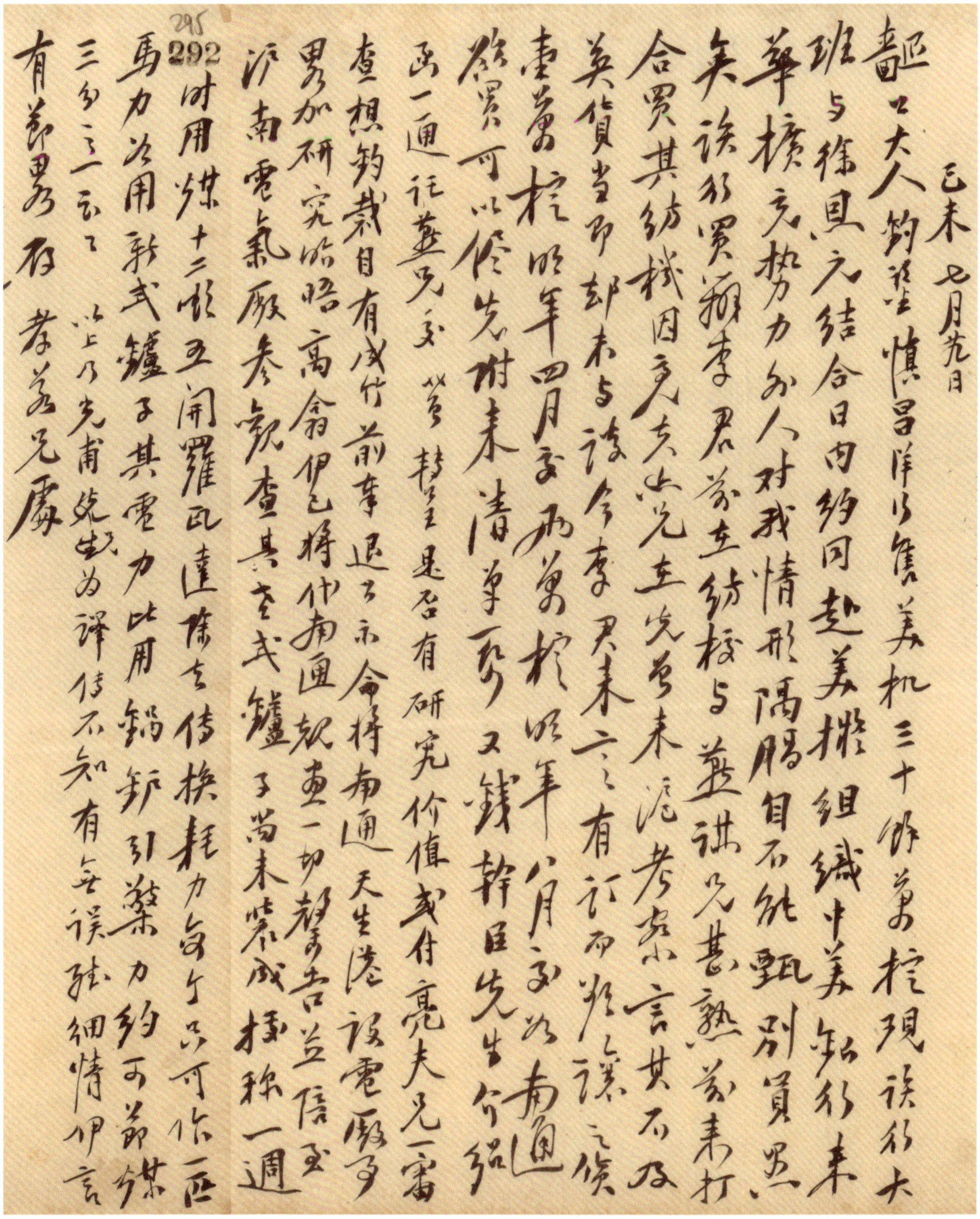

吴寄尘致张謇、张謇关于购买纺织机器、考察沪南电气厂情况的函[①]

（己未年七月二十九日）

退、啬公大人钧鉴：

慎昌洋行售美机三十余万锭，现该行大班与徐恩元结合，日内约同赴美，拟组织中美银行来华扩充势力。外人对我情形隔膜，自不能甄别贤愚矣。该行买办李君，前在纺校与燕谋兄甚熟，前来打合买其纺机，因亮夫兄在先曾来沪考察，言其不及英货，当即却未与谈。今李君来言，有订而欲让之货，壹万锭明年四月交，两万锭明年八月交，如南通欲买，可以尽先。附来清单一纸，又钱托燕兄交北臣转呈，是否有研究价值，或付亮夫兄一审查，想钧裁自有成竹。

前奉退公示，命将南通天生港设电厂事略加研究。昨晤高翕，伊已将代南通规画一切罄告，并陪至沪南电气厂参观，查其老式炉子，尚未装成，据称一周时用煤十二吨，五开罗瓦达，除去传换耗力，每个只可作一匹马力。如用新式炉子，其电力比用锅炉引擎力约可节煤三分之一云云。以上乃光甫兄为译传，不知有无误听，细情伊言有节略，存孝若兄处。

---

① 己未年七月二十九日（1919 年 8 月 24 日）吴寄尘致张謇、张謇的信底。

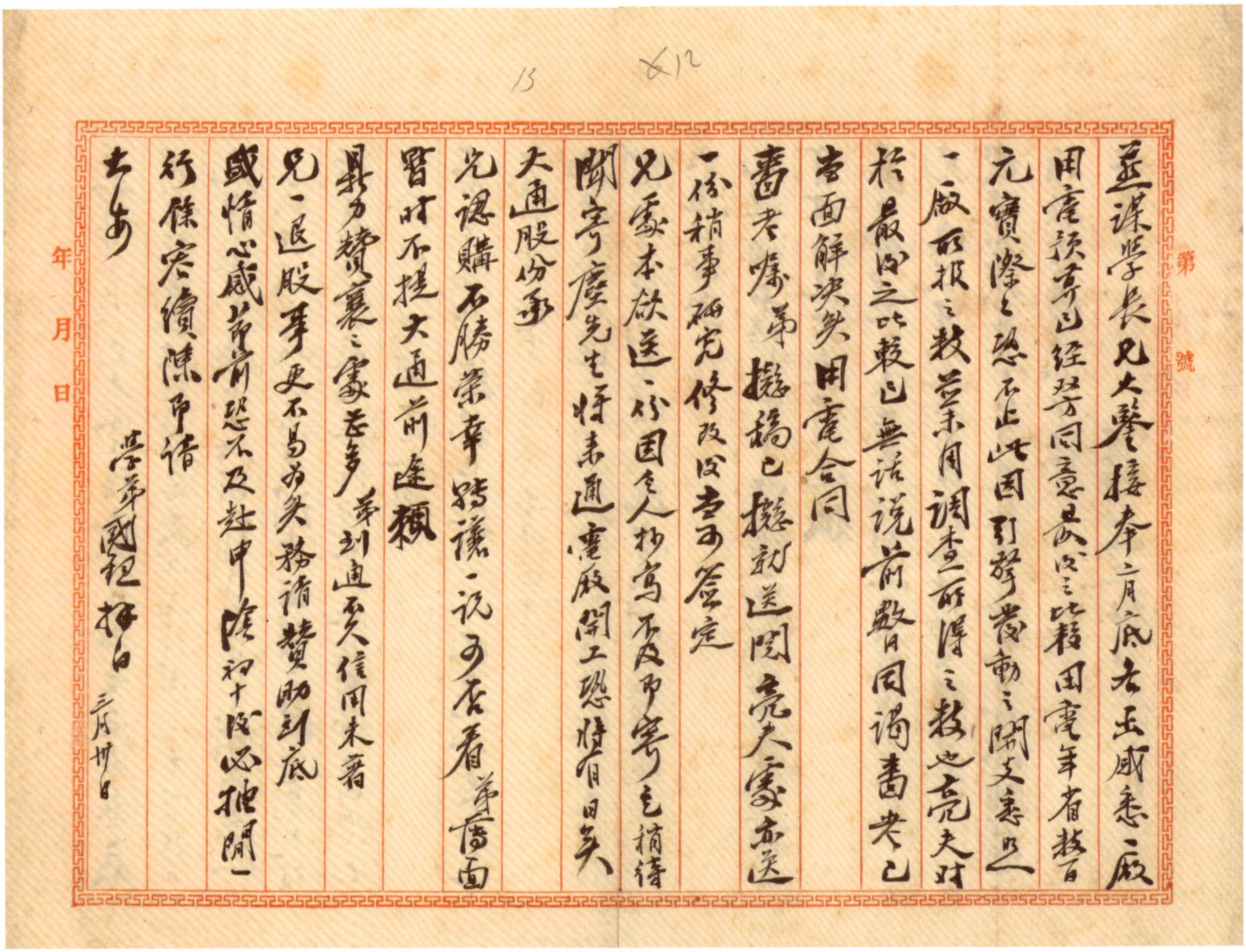
13　✕12

第　號

益謀學長兄大鑒：接奉二月底手函，敬悉一一。廠
用電須寄山經理方同意，且於以上比較用電，年省數百
元，實際上恐不止此。因可聲費動之閒支，為此之
一廠所報之數，並未用調查所得之數也。亮夫對
於廠內之比較已無話說，前聲同調書，夾已
當面解決矣。用電合同
書者，弟擬稿已擬就送閱，亮夫處亦送
一份，稍事研究，修改後當可簽定。
兄處本欲送一份，因乏人抄寫，不及即寄，已稍待
閱寄。唐先生將來通，電廠開工，恐將有日矣。
大通股份事，
兄認購不勝榮幸。鄙議一說可否看弟當面
晤時不提大通前途頗
具力贊襄之處甚多。弟到通不久，信用未著，
兄之退股事更不易為矣。務請贊助到底，
盛情心感。節前恐不及赴申，陰初十後必抽閒一
行。餘容續陳。即請
大安
學弟國鈞拜白
三月廿日

年　月　日

钱国钮致沈燕谋
关于用电合同、大通股份认购等的函

（三月三十日）

燕谋学长兄大鉴：

接奉二月底各函咸悉，一厂用电预算已经双方同意。最后之比较，用电年省数百元，实际上恐不止此，因引擎发动之开支，悉照一厂所报之数，并未用调查所得之数也。亮夫对于最后之比较已无话说，前数日同谒啬老，已当面解决矣。用电合同，啬老嘱弟拟稿，已拟就送阅。亮夫处亦送一份，稍事研究修改后，当可签定。兄处本欲送一份，因乏人抄写，不及即寄，乞稍待。闻寄尘先生将来通，电厂开工恐将有日矣。

大通股份承兄认购，不胜荣幸。转让一说，可否看弟薄面，暂时不提。大通前途，赖鼎力赞襄之处甚多。弟到通不久，信用未著，兄一退股，事更不易为矣，务请赞助到底，盛情心感。

节前恐不及赴申，阴初十后必抽闲一行。余容续陈。即请

大安

学弟国钮拜白

三月卅日

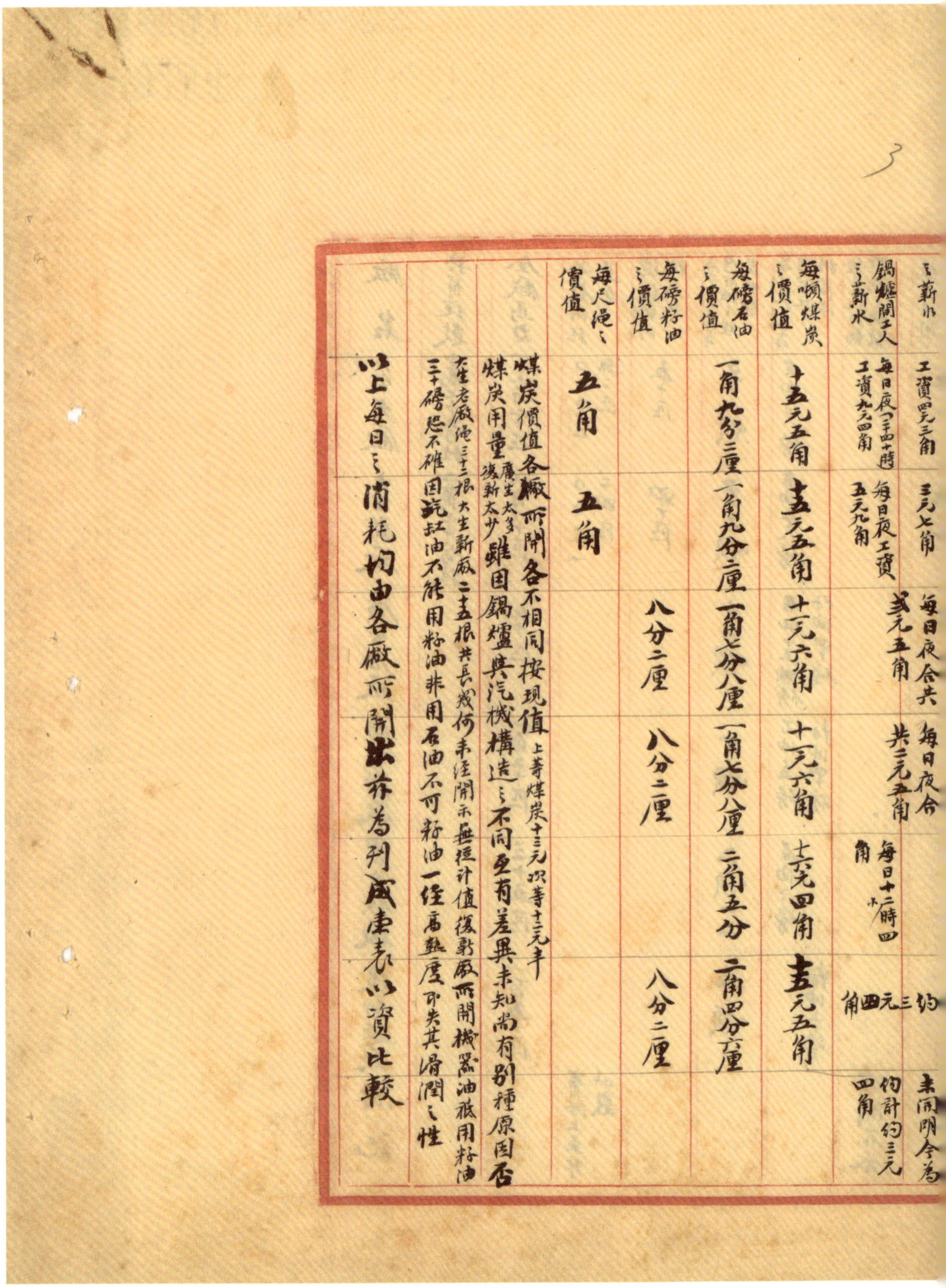
3
之薪水 工資四元三角 三元七角 每日夜合共 每日夜合 未開明今為
鍋爐間工人之之薪水 每日夜(二十四小時)工資九元四角 每日夜工資五元九角 貳元五角 共二元五角 每日十二小時四角 約三元四角 約計約三元四角
每噸煤炭之價值 十五元五角 十五元五角 十元六角 十元六角 十六元四角 十五元五角
每磅石油之價值 一角九分二厘 一角九分二厘 一角七分八厘 一角七分八厘 二角五分 二角四分六厘
每磅粉油之價值 八分二厘 八分二厘 八分二厘
每尺繩之價值 五角 五角
煤炭價值各廠所開各不相同按現值上等煤炭十三元次等十二元半
煤炭用量廣生太多復新太少雖因鍋爐與汽機構造之不同互有差異未知尚有别種原因否
大生老廠繩三十三根大生新廠二十五根共長幾何未經開示無從計值復新廠所開機器油祗用粉油三十磅恐不確因汽缸油不能用粉油非用石油不可粉油一經高熱度即失其滑潤之性
以上每日之消耗均由各廠所開出於茲為列成表以資比較

廠名	大生老廠	大生新廠	廣生老廠	廣生新廠	資生鐵廠	復新麵廠	附記
共有錠數	三萬七千五百枚	二萬七千八百枚					
全廠馬力	一千二百二十匹	八百八十匹	六十匹	一百二十匹	三十五匹	一百五十匹	
每錠所耗馬力	〇〇三二 五三匹	〇〇三一 二四匹					實際上並非此數
總繩輪所耗馬力	五十匹	四十匹					
每日夜（二十四點時）內所燃之煤炭噸數	三十二噸	三十二噸	十二噸	十噸	二噸一二	五噸	
每日夜（二十四點時）內所耗之機器油	石油六十八磅	石油五十八磅	石油十五磅 籽油四十磅	石油五磅 籽油四十磅	石油六磅	籽油三十磅	
每年總繩輪所耗之繩數							所開不合
每繩經用							

5

耗（一年以	[illegible]	[illegible]	[illegible]	[illegible]	[illegible]	[illegible]	
三百五十日计）	九十元	五十元	百元	百元	百元	百元	
每馬力每	一百五	一百四十六	五百八	三百六十	三百七十	一百八十	資生廠每日
月所耗之費	十三元	元八角	十元	九元三角	七元	五元	工作十二小時
每馬力每	四角三	四角一分	一元六角	一元〇五	一元〇七	五角二	資生廠日夜工作每馬力每二
日所耗之費	分六厘	八厘	六分	分五厘	分六厘	分八厘	十小時所費需左二元之谱
每馬力每句鐘所耗之費	一分八厘二	一分七厘四	六分九厘	四分五厘八	八分九厘六	二分二厘	
每馬力每小時所耗之煤炭	兩磅四一	兩磅三	十三磅二五	七磅六五	十一磅一三	三磅〇三	

以上價值均按各廠所聞者計算

廠名	每日夜所耗之煤炭機器油与工資之總值	雜項消費		每日夜鍋炉间与引擎间之總消耗		每年鍋炉
大生老廠	五百二十三元	連繩之消耗約占每日總值百分之二計	十元四角六分	即總值加雜項費計	五百三十三元四角	[illegible]
大生新廠	三百六十一元八角	仝上	七元二角	仝上	三百六十九元	[illegible]
廣生老廠	二百四十七元六角六分	約占每日總值百分之一計	一元四角七分	仝上	二百四十九元一角六分	[illegible]
廣生新廠	二百二十五元四角六分	仝上	一元二角五分	仝上	一百二十六元七角	[illegible]
資生鐵廠	三十六元七角	仝上	三角六分	仝上	三十七元六角七分	[illegible]
復新麵廠	七十八元四角六分	仝上	七角八分	仝上	七十九元二角四分	[illegible]
附記		雜項概括各種應用器具修理與清潔等費據上所计並不為多		資生鉄廠每日僅工作十二小時晚間停工		

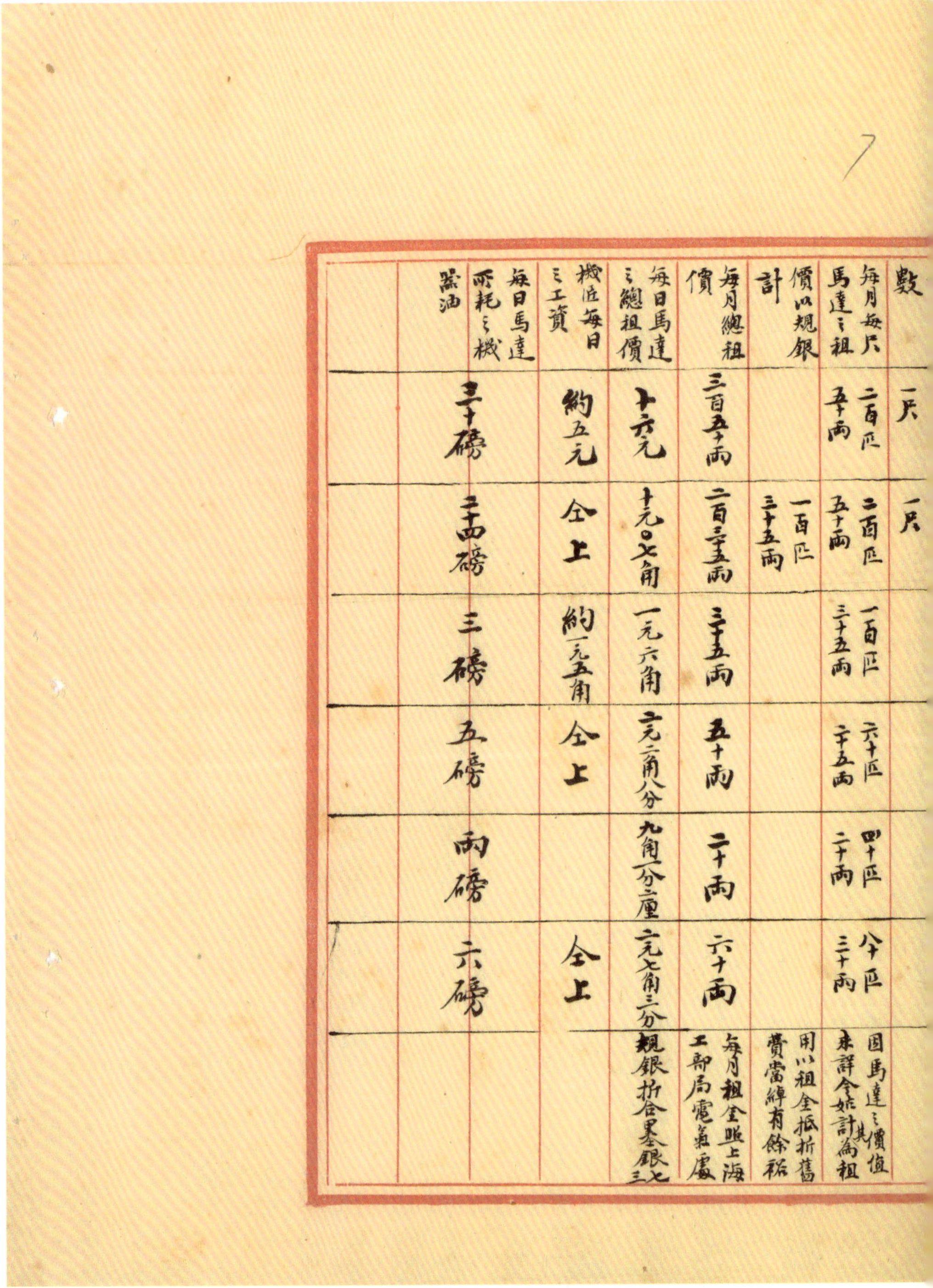

7

數	每月每尺馬達之租價以規銀計		每月總租價	每日馬達之總租價	機匠每日之工資	每日馬達所耗之機器油	
一尺	二百匹 五十兩		三百五十兩	十六元	約五元	三十磅	
一尺	二百匹 五十兩	一百匹 三十五兩	二百三十五兩	十元〇七角	仝上	二十四磅	
	一百匹 三十五兩		三十五兩	一元六角	約一元五角	三磅	
	六十匹 二十五兩		五十兩	二元二角八分	仝上	五磅	
	四十匹 二十兩		二十兩	九角一分二厘		兩磅	
	八十匹 三十兩		六十兩	二元七角三分	仝上	六磅	
	因馬達之價值未詳今姑計其為租	用以租金抵折舊費當綽有餘裕	每月租金照上海工部局電氣處	規銀折合墨銀七三			

廠名	全廠所需電力以啟羅華脫計	每日所需電力之度數	每度電力之價值以規銀計	每日之電力總值	各廠所需
大生老廠	八百五十	二萬零四百度	一分五厘	四百十八元	二百匹
大生新廠	六百二十	一萬四千八百八十度	仝上	三百〇六元	二百匹四只
廣生老廠	六十六	一千五百八十四度	二分五厘	五十四元二角	一百匹一只
廣生新廠	八十八	二千一百十二度	仝上	七十二元二角	六十匹
資生鉄廠	二十六	三百十二度	三分五厘	十五元	四十匹一只
復新麵廠	一百十	二千六百四十度	二分	六十六元	八十匹
附記		度即啟羅華脫小時 資生鉄廠每日以十二小時計	照上海工部局電氣處之電價視用電之多寡價亦不同		

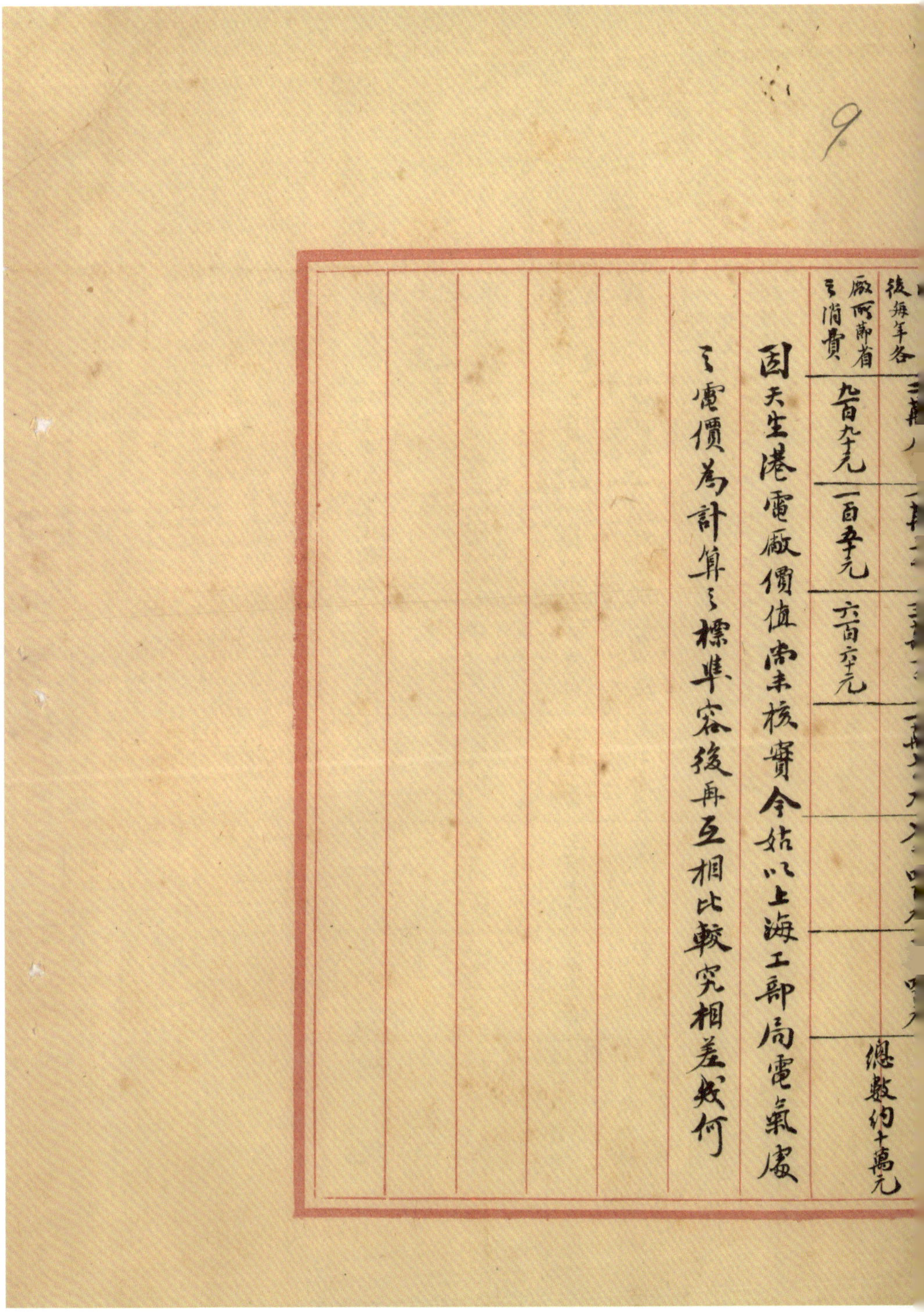

9

後每年各廠所節省之消費	總數約十萬元
九百六十元	
一百卆元	
六百六十元	

因天生港電廠價值尚未核實今姑以上海工部局電氣處之電價為計算之標準容後再互相比較究相差幾何

8

每日所耗機器油之價值	每日夜(二十四小時內)馬	達之總消費	雜項約計占總消費	百分之一	每日馬達之總營業	費	每年馬達之…
七元五角	四百四十	六元五角	(每日)	四元	四百五十元	○五角	…萬八千元
六元	三百二十	六元七角	(每日)	三元	三百三十	七元七角	十一萬六千元
七角五分	五十八元	○五分	(每日)	五角	五十八元	五角五分	二萬○五百四十元
一元二角五分	七十七元	二角二分	(每日)	七角	七十八元		二萬七千[illegible]百元
五角	十六元四	角一分二厘	(每日)	二角	十六元	六角	五千八百元
一元五角	七十一元	七角三分	(每日)	七角	七十一元	四角三分	二萬五千四百元
每磅機器油以二角五分計價	計電費馬達租金工資與機器	油四項	馬達所需雜費甚茲姑從之省		總費加	雜項	一年以三百五十日計

大生老厂等六厂用煤炭、机油与

厂名	大生老厂	大生新厂
共有锭数	三万七千五百枚	二万七千八百枚
全厂马力	一千二百二十匹	八百八十匹
每锭所耗马力	〇．〇三二五三匹	〇．〇三一二四匹
总绳轮所耗马力	五十匹	四十匹
每日夜（二十四小时内）所燃之煤炭吨数	三十二吨	二十二吨
每日夜（二十四小时内）所耗之机器油	石油六十八磅	石油五十八磅
每年总绳轮所耗之绳数		
每绳经用之时间	五年	五年
引擎间工人之薪水	每日夜（二十四小时）工资四元三角	每日夜工资三元七角
锅炉间工人之薪水	每日夜（二十四小时）工资九元四角	每日夜工资五元九角
每吨煤炭之价值	十五元五角	十五元五角
每磅石油之价值	一角九分二厘	一角九分二厘
每磅籽油之价值		
每尺绳之价值	五角	五角

煤炭价值各厂所开各不相同，按现值上等煤炭十三元、次等十二元半。煤炭用量（广生太多、复
大生老厂绳三十二根，大生新厂二十五根，共长几何？未经开示，无从计值。复新厂所开机器油
以上每日之消耗，均由各厂所开出，兹为刊成一表，以资比较。

用电所耗之价值比较表（1）

生老厂	广生新厂	资生铁厂	复新面厂	附记
十匹	一百二十匹	三十五匹	一百五十匹	
				实际上并非此数
二吨	十吨	二吨一二	五吨	
油十五磅 油四十磅	石油十五磅 籽油四十磅	石油六磅	籽油三十磅	
				所开不合
日夜合共贰元五角	每日夜合共二元五角	每日十二小时四角	共约三元四角	复兴厂工资未开明，今为约计三元四角
一元六角	十一元六角	十六元四角	十五元五角	
角七分八厘	一角七分八厘	二角五分	二角四分六厘	
分二厘	八分二厘		八分二厘	

少）虽因锅炉与汽机构造之不同，互有差异，未知尚有别种原因否？
子油三十磅，恐不确，因汽缸油不能用籽油，非用石油不可。籽油一经高热度，即失其滑润之性。

大生老厂等六厂用煤炭、机油与

厂名	大生老厂	大生新厂
每日夜所耗之煤炭机器油与工资之总值	五百二十三元	三百六十一元八角
杂项消费	连绳之消耗约占每日总值百分之二计	同上
	十元四角六分	七元二角
每日夜锅炉间与引擎间之总消耗	即总值加杂项费计	同上
	五百三十三元四角	三百六十九元
每年锅炉间与引擎间之总消耗（一年以三百五十日计）	十八万六千六百九十元	十二万九千一百五十元
每马力每月所耗之费	一百五十三元	一百四十六元八角
每马力每日所耗之费	四角三分六厘	四角一分八厘
每马力每句钟所耗之费	一分八厘二	一分七厘四
每马力每小时所耗之煤炭	两磅四一	两磅三
以上价值均按各厂所开者计算。		

用电所耗之价值比较表（2）

老厂	广生新厂	资生铁厂	复新面厂	附记
四十七元六角六分	一百二十五元四角六分	三十六元七角	七十八元四角六分	
每日总值百分之一计	同上	同上	同上	杂项概括各种应用器具修理与清洁等费，按上所计，并不为多
四角七分	一元二角五分	三角六分	七角八分	
	同上	同上	同上	资生铁厂每日仅工作十二小时，晚间停工
四十九元一角六分	一百二十六元七角	三十七元六角七分	七十九元二角四分	
二千二百元	四万四千四百元	一万三千二百元	二万七千八百元	
八十元	三百六十九元三角	三百七十七元	一百八十五元	资生厂每日工作十二小时
六角六分	一元〇五分五厘	一元〇七分六厘	五角二分八厘	资生厂日夜工作每马力每二十小时所费当在二元之谱
九厘	四分五厘八	八分九厘六	二分二厘	
磅二五	七磅六五	十一磅一二	三磅〇三	

大生老厂等六厂用煤炭、机油与

厂名	大生老厂	大生新厂	广生老厂
全厂所需电力以启罗华脱计	八百五十	六百二十	六十六
每日所需电力之度数	二万零四百度	一万四千八百八十度	一千五百八十四度
每度电力之价值以规银计	一分五厘	同上	二分五厘
每日之电力总值	四百十八元	三百〇六元	五十四元二角
各厂所需之马达数	二百匹六只	二百匹四只一百匹一只	
预备马达数	二百匹一只	二百匹一只	
每月每只马达之租价以规银计	二百匹五十两	二百匹五十两	一百匹三十五两
	一百匹三十五两		
每月总租价	三百五十两	二百三十五两	三十五两
每日马达之总租价	十六元	十元〇七角	一元六角
机匠每日之工资	约五元	同上	约一元五角
每日马达所耗之机器油	三十磅	二十四磅	三磅
每日所耗机器油之价值	七元五角	六元	七角五分
每日夜（二十四小时内）马达之总消费	四百四十六元五角	三百二十七元七角	五十八元〇五分
杂项约计占总消费百分之一	（每日）四元	（每日）三元	（每日）五角
每日马达之总营业费	四百五十元〇五角	三百三十七元七角	五十八元五角五分
每年马达之总营业费	十五万八千元	十一万六千元	二万〇五百四十元
改用马达后每年各厂所节省之消费	二万八千九百九十元	一万三千一百五十元	三万一千六百六十元

因天生港电厂价值尚未核实，今姑以上海工部局电气处之电价为计算之标准，容后再互相比较，究相差几何。

用电所耗之价值比较表（3）

新厂	资生铁厂	复新面厂	附记
八	二十六	一百十	
一百十二度	三百十二度	二千六百四十度	度即启罗华脱小时 资生铁厂每日以十二小时计
	三分五厘	二分	照上海工部局电气处之电价，视用电之多寡，价亦不同
元二角	十五元	六十六元	
二只	四十匹一只	八十匹二只	
二十五两	四十匹二十两	八十匹三十两	因马达之价值未详，今姑计其为租用，以租金抵折旧费，当绰有余裕
两	二十两	六十两	每月租金照上海工部局电气处
角八分	九角一分二厘	二元七角三分	规银折合墨银七三
		同上	
	两磅	六磅	
角五分	五角	一元五角	每磅机器油以二角五分计价
元二角三分	十六元四角一分二厘	七十一元七角三分	计电费、马达租金、工资与机器油四项
）七角	（每日）二角	（每日）七角	马达所需杂费甚省，兹姑裕之
元	十六元六角	七十二元四角三分	总费加杂项
千四百元	五千八百元	二万五千四百元	一年以三百五十日计
千元	七千四百元	二千四百元	总数约十万元

中文档案

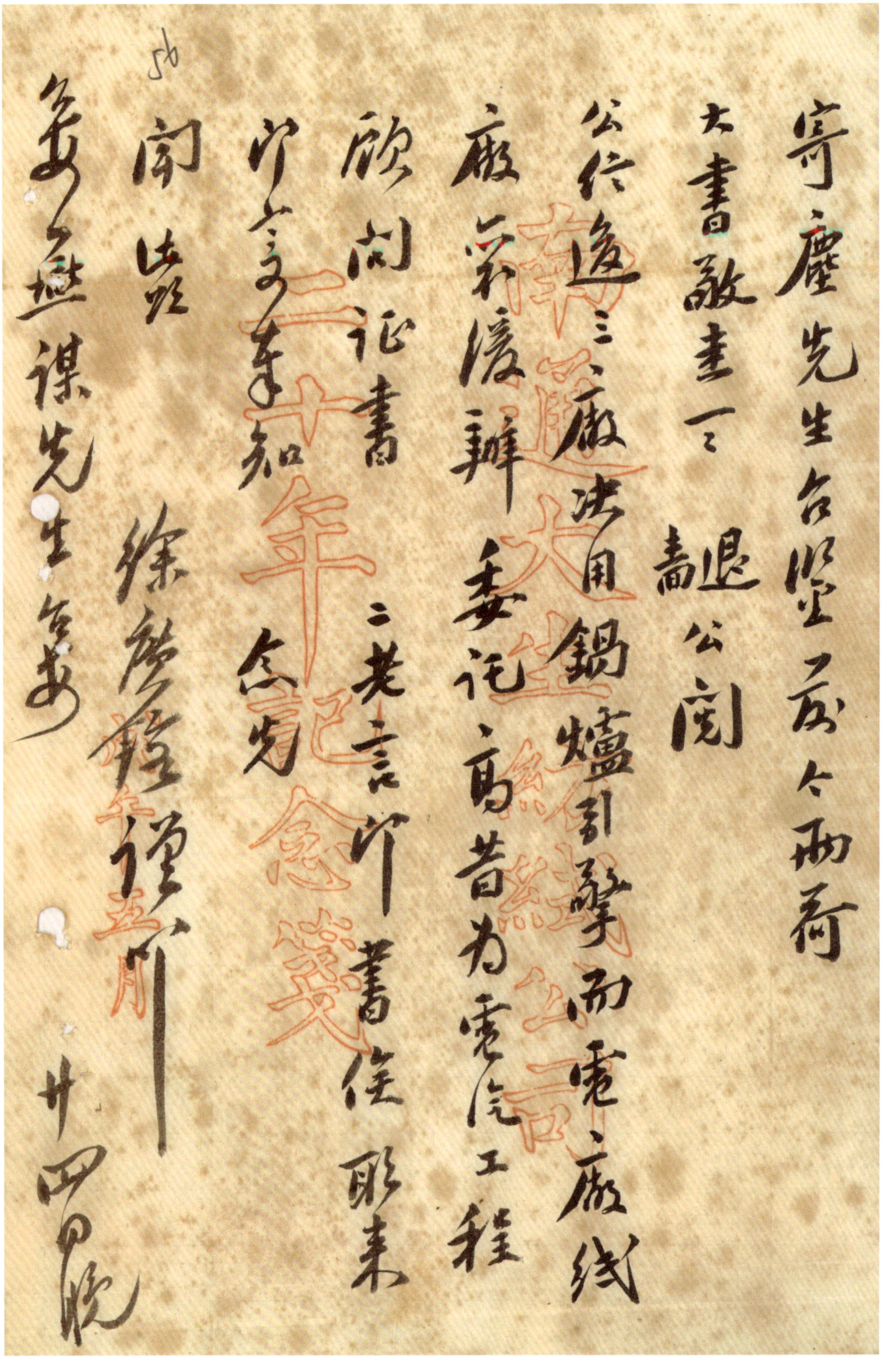
寄廑先生台鉴：屡々兩荷
大書，敬悉一一。嗇、退公閱
公以遂三廠決用鍋爐引擎，而電廠綫
廠未議辦，委托高昔為電氣工程
顧問，託書 二老言行，書往形來
以公等知 悉為
閱悉。 徐彥璧謹啟
並頌謀先生台安 廿四日晚
南通大生紡織公司
二十年紀念箋

徐广镕致吴寄尘关于高翕顾问证书的函

（二十四日）

寄尘先生台鉴：

前今两荷大书，敬悉一一。退、啬公阅公信后，三厂决用锅炉引擎，而电厂、纸厂亦不缓办。委托高昔〔翕〕为电汽〔气〕工程顾问证书，二老言即书，俟取来即寄奉。知念先闻。此颂

公安

燕谋先生台安

徐广镕谨叩

廿四日晚

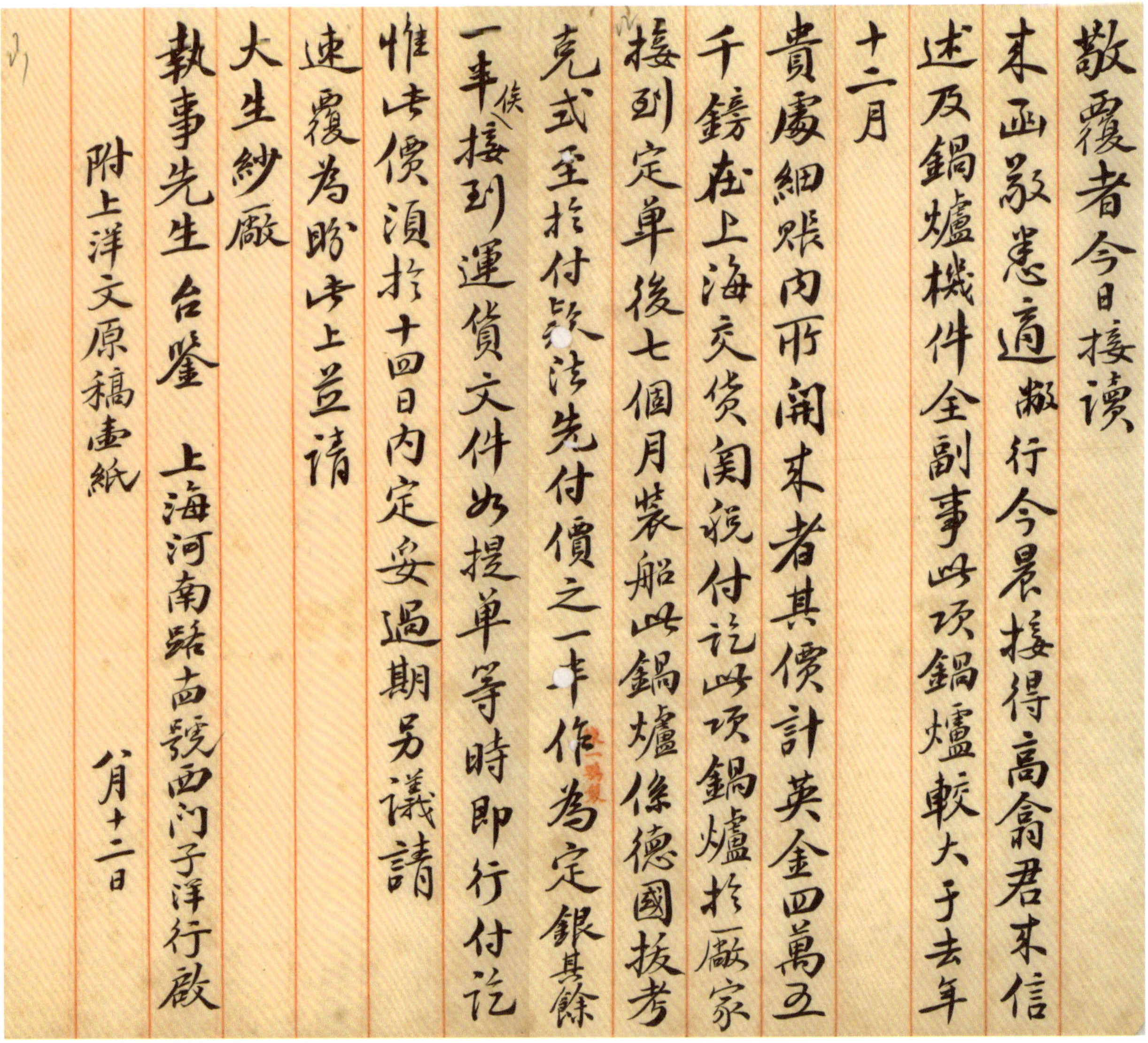
敬覆者今日接讀
來函敬悉適敝行今晨接得高翕君來信
述及鍋爐機件全副事此項鍋爐較大于去年
十二月
貴處細賬內所開來者其價計英金四萬五
千鎊在上海交貨關稅付訖此項鍋爐於厰家
接到定單後七個月裝船此鍋爐係德國拔考
克式至於付款法先付價之一半作為定銀其餘
一半俟接到運貨文件如提單等時即行付訖
惟此價須於十四日內定妥過期另議請
速覆為盼此上並請
大生紗廠
執事先生台鑒　上海河南路壹號西门子洋行啟
附上洋文原稿壹紙　八月十二日

SIEMENS CHINA Co.
14 Honan Rd.

21

Shanghai, 12th. August, 1920.
B.No. 5367 /Ha.

Messrs:

Dah Sung Cotton Spinning & Weaving Co.

P r e s e n t

Nantung Building.

Dear Sirs:

Re: Boiler-Plant for Tungchow Power-Plant:

Referring to your todays letter, we beg to inform you, that the telegramm from Mr. Kocher arrived us this morning, stating, that the complete Boiler-Plant, larger than the one specified in your specification from December 1919, would cost, delivered in Shanghai, duty paid: £ 45,000,-,-

(fourtyfivethousand Pound Sterling)

The boilers are of the German Babcock & Wilcox type.

Complete delivery of the boilerbattery can be effected 7 months after the order has been received in the works.

Payment: 1/2 by placing the order, 1/2 in exchange of shipping documents.

The offer remains open for 14 days only.

Thanking you for an early reply,

we are,

Dear Sirs,

faithfully yours:
SIEMENS CHINA Co.
represented by: [signatures]

西门子洋行致大生纱厂关于订购锅炉的函

（一九二〇年八月十二日）

敬覆者：

今日接读来函敬悉。适敝行今晨接得高翕君来信，述及锅炉机件全副事。此项锅炉较大于去年十二月贵处细账内所开来者，其价计英金四万五千镑，在上海交货，关税付讫，此项锅炉于厂家接到定单后七个月装船。此锅炉系德国拔考克式。至于付款法，先付价之一半作为定银，其余一半俟接到运货文件如提单等时，即行付讫。惟此价须于十四日内定妥，过期另议。请速覆为盼。此上。并请

大生纱厂执事先生台鉴

上海河南路十四号西门子洋行启

八月十二日

附上洋文原稿壹纸。

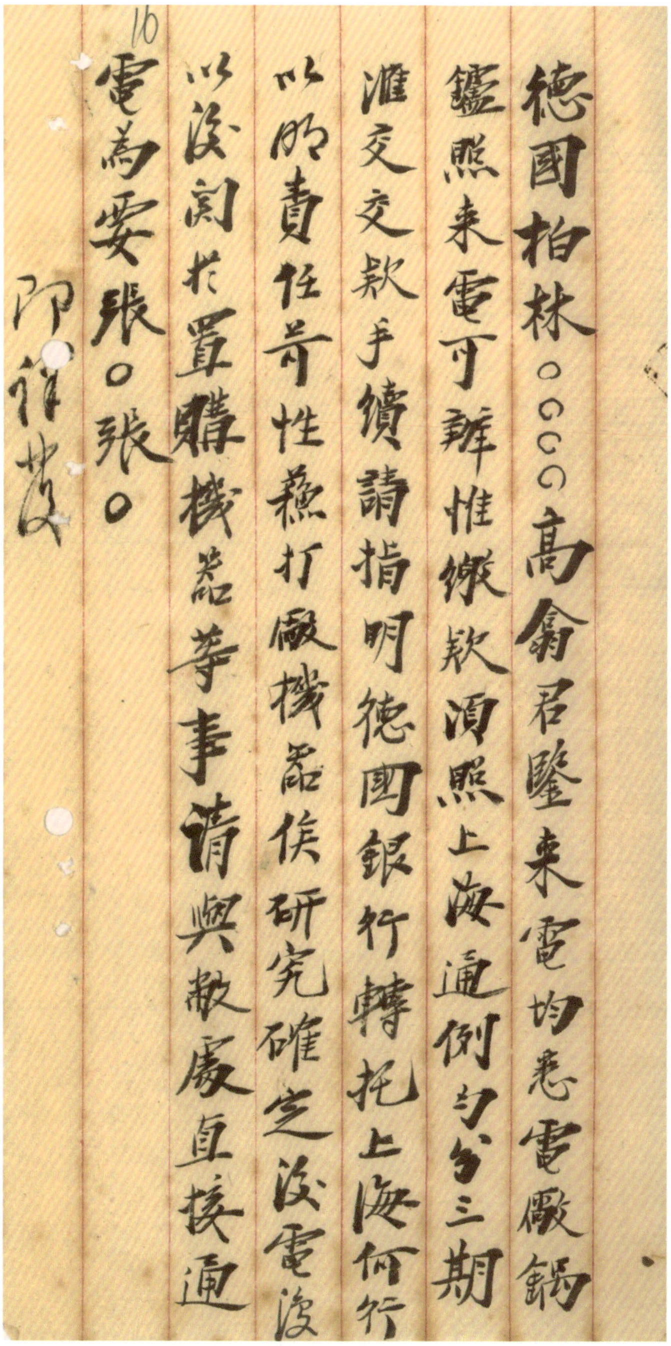
10

德國柏林○○○高翁君鑒來電均悉電廠鍋鑪照來電可辦惟繳款須照上海通例分三期滙交交款手續請指明德國銀行轉托上海何行以明責任苛性蘇打廠機器俟研究確定後電復以後關於置購機器等事請與敝處直接通電為要張○張○

印祥發

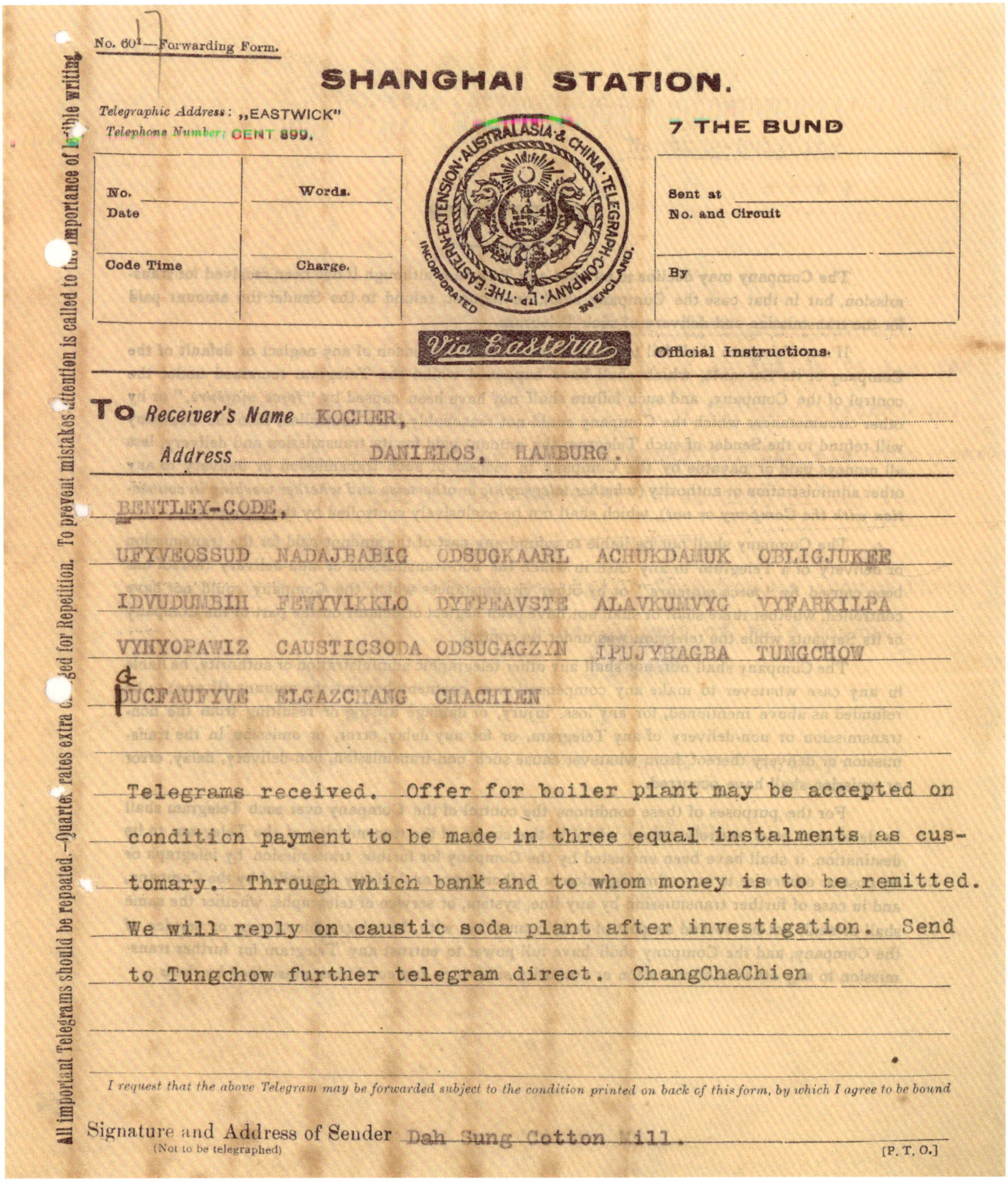

No. 60 17 —Forwarding Form.

SHANGHAI STATION.

Telegraphic Address: ,,EASTWICK"
Telephone Number: CENT 899.

7 THE BUND

THE EASTERN-EXTENSION-AUSTRALASIA & CHINA-TELEGRAPH-COMPANY LTD. INCORPORATED IN ENGLAND.

No. Date	Words.		Sent at No. and Circuit
Code Time	Charge.		By

Via Eastern

Official Instructions.

To *Receiver's Name* KOCHER,

Address DANIELOS, HAMBURG.

BENTLEY-CODE,

UFYVEOSSUD NADAJBABIG ODSUGKAARL ACHUKDAMUK OBLIGJUKEE

IDVUDUMBIH FEWYVIKKLO DYFPEAVSTE ALAVKUMVYC VYFARKILPA

VYNYOPAWIZ CAUSTICSODA ODSUGAGZYN IPUJYRAGBA TUNGCHOW

DUCFAUFYVE ELGAZCHANG CHACHIEN

Telegrams received. Offer for boiler plant may be accepted on condition payment to be made in three equal instalments as customary. Through which bank and to whom money is to be remitted. We will reply on caustic soda plant after investigation. Send to Tungchow further telegram direct. ChangChaChien

I request that the above Telegram may be forwarded subject to the condition printed on back of this form, by which I agree to be bound

Signature and Address of Sender Dah Sung Cotton Mill.
(Not to be telegraphed)

[P. T. O.]

All important Telegrams should be repeated.—Quarter rates extra charged for Repetition. To prevent mistakes attention is called to the importance of legible writing.

张謇、张謇致高翕关于锅炉付款方式的电报

德国柏林○○○○高翕君鉴：

来电均悉。电厂锅炉照来电可办，惟缴款须照上海通例，匀分三期汇交。交款手续请指明德国银行转托上海何行，以明责任。苛性苏打厂机器，俟研究确定后电复。以后关于置购机器等事，请与鄙处直接通电为要。

张○张○[①]

即译发

① 英文电报署名为 ChangChaChien，即张謇、张謇。

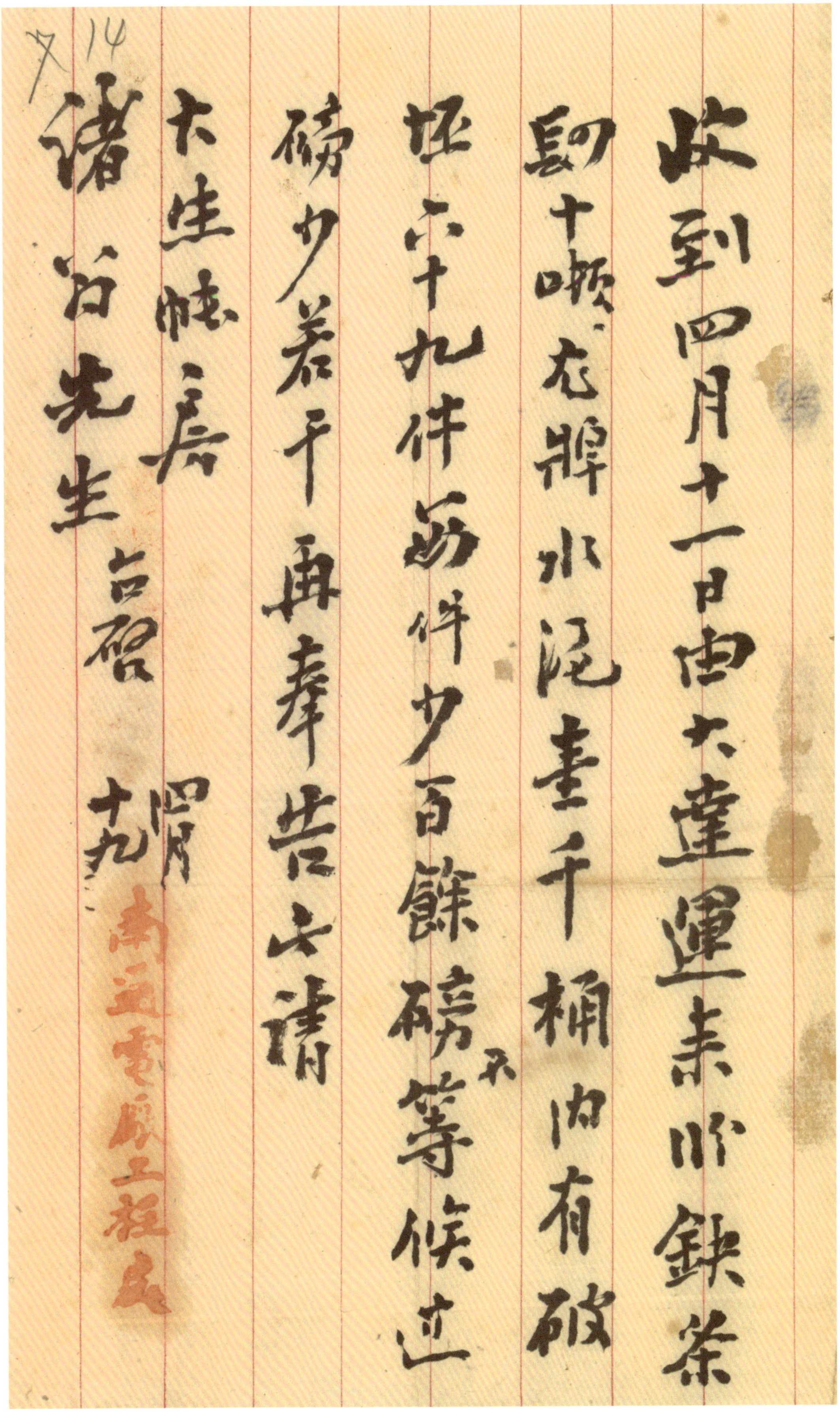

文14

收到四月十一日由大達運來川鐵茶腳十噸、花牌水泥壹千桶內有破壞六十九件另件少百餘磅不等候过磅少若干再奉告此請

大生帳房

諸位先生台啓

四月十九

南通電廠工程處

南通电厂工程处致大生沪所收到铁条、水泥的函

（四月十九日）

收到四月十一日由大达运来二分铁条肆十吨、龙牌水泥壹千桶，内有破坯六十九件，每件少百余磅不等。候过磅少若干再奉告。

此请

大生帐房诸翁先生台启

南通电厂工程处

四月十九

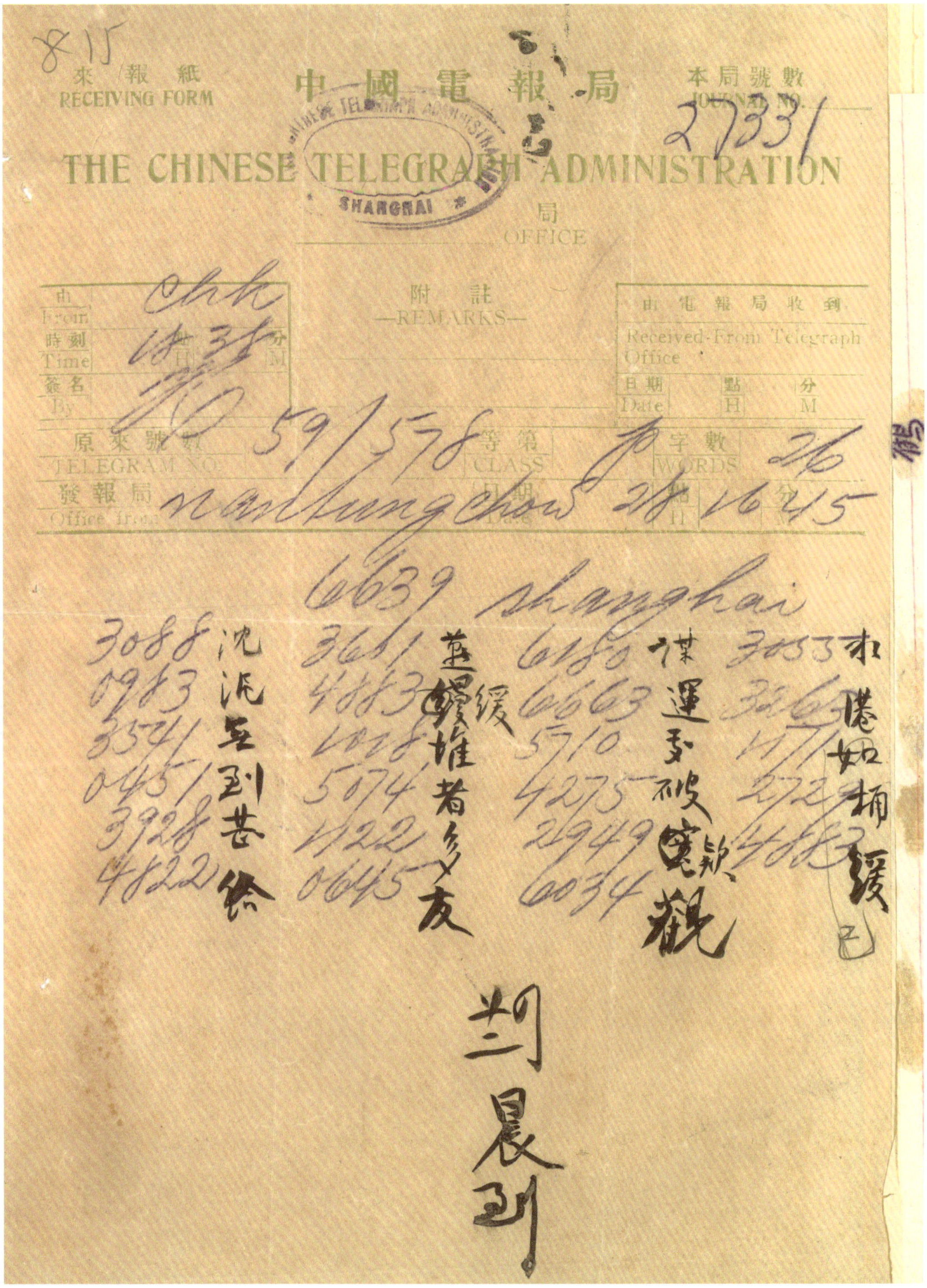
8/15

來報紙
RECEIVING FORM

中國電報局
本局號數
JOURNAL NO. 27331

THE CHINESE TELEGRAPH ADMINISTRATION

SHANGHAI

局
OFFICE

由 From	Ohk
時刻 Time	18 H 31 分 M
簽名 By	NO

附註
—REMARKS—

由電報局收到 Received From Telegraph Office		
日期 Date	點 H	分 M

原來號數 TELEGRAM NO.	59/578	等第 CLASS	P	字數 WORDS	26
發報局 Office from	nantungchow	日期 Date	28	點 H 16	分 M 45

6639 shanghai

3088 沈 3611 蓮 6180 謀 3053 本
0983 泥 4883 鑊 緩 6663 運 3263 港
3541 至 1018 5710 手 4711 如
0451 到 5074 堆 4275 破 2729 桶
3928 甚 1122 者 2949 電 款 4883 緩
4822 餘 0645 多 友 6034 觀 (乙)

謝晨到

黄友兰、高鉴致沈燕谋关于缓运水泥的电报

（四月二十二日）

沈燕谋：水泥缓运，港无堆处。如到者破桶甚多，款缓给。友、观

（四月廿二晨到）

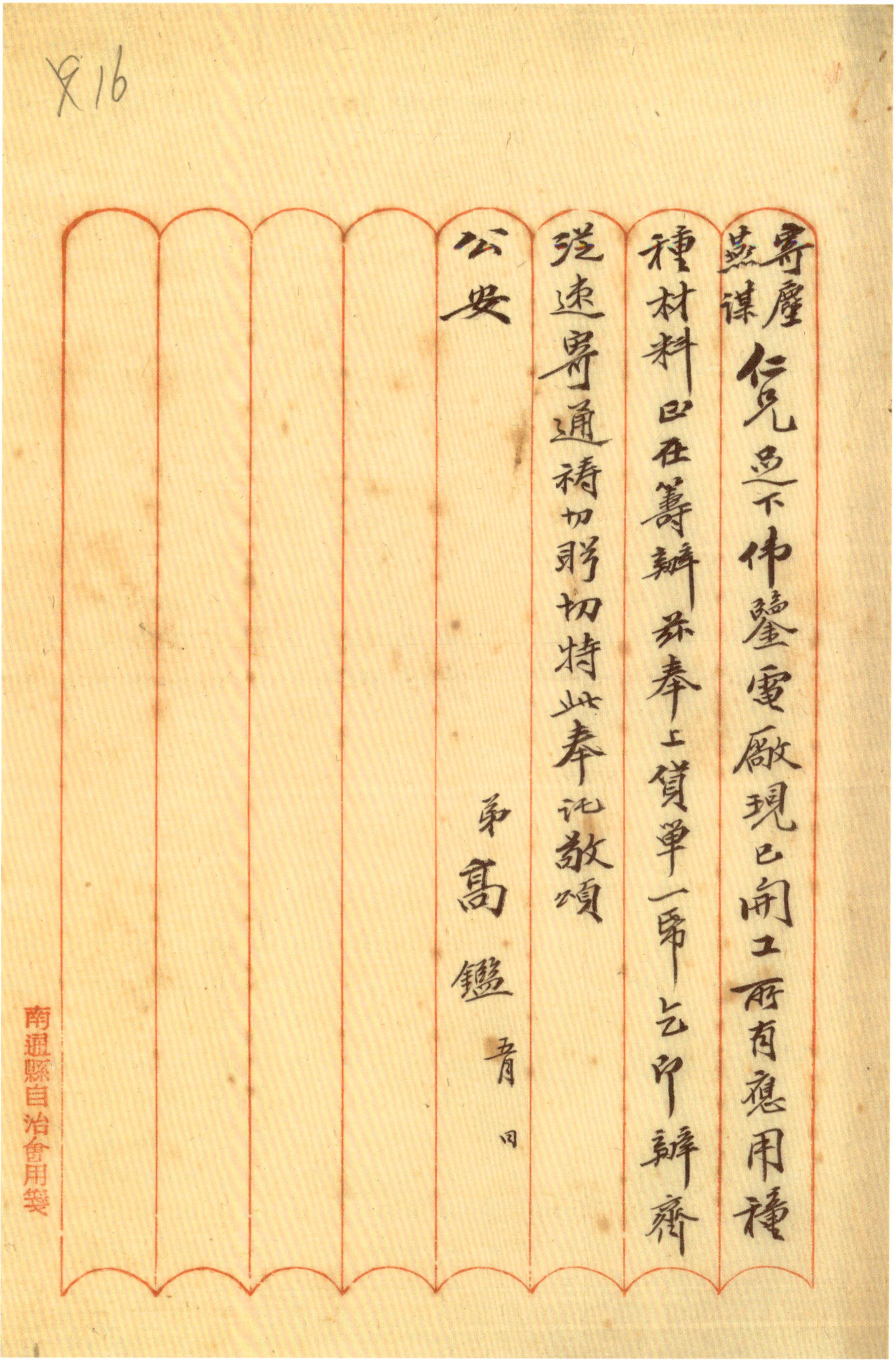

X16

寄塵
燕謀仁兄足下偉鑒電廠現已開工所有應用種
種材料已在籌辦茲奉上貨單一紙乞即辦齊
從速寄通禱切盼切特此奉託敬頌
公安
弟高鑑　月　日

南通縣自治會用箋

7017

吋美釘　弍桶　吋吋企口上等　三千尺

〥吋美釘　弍桶　〣吋平白鉄　四箱

〣吋美釘　四桶　〣吋平白鉄　三箱

〡半吋美釘　六桶

〡半吋平頭美釘　四桶　又磅秤　一架　四百磅弍　六百磅

〡分法釘　四桶　柏油　弍桶

〣吋吋洋松上等　弍千尺　洋条子　計𢇁　壹万弍千丈

〡吋吋洋松上等　弍千尺　白鉛硒洞　六丈

南通縣自治會用箋

高鉴致吴寄尘、沈燕谋关于采购铁钉、洋松等物料的函

寄尘、燕谋仁兄足下伟鉴：

电厂现已开工，所有应用种种材料正在筹办，兹奉上货单一纸，乞即办齐，从速寄通。祷切！盼切！特此奉托。敬颂

公安

弟高鉴

五月 日

六寸美钉	贰桶
五寸美钉	贰桶
三寸半美钉	四桶
二寸半美钉	六桶
二寸半平头美钉	四桶
十二分法钉	四桶
三寸六寸洋松（上等）	贰千尺
四寸十二寸洋松（上等）	贰千尺
一寸六寸企口（上等）	三千尺
二十四号平白铁	四箱
二十六号平白铁	三箱
又	
磅秤	一架（四百磅或六百磅）
柏油	贰桶
四尺条子（计一百廿扎）	壹万贰千支
白铅涵洞	六丈

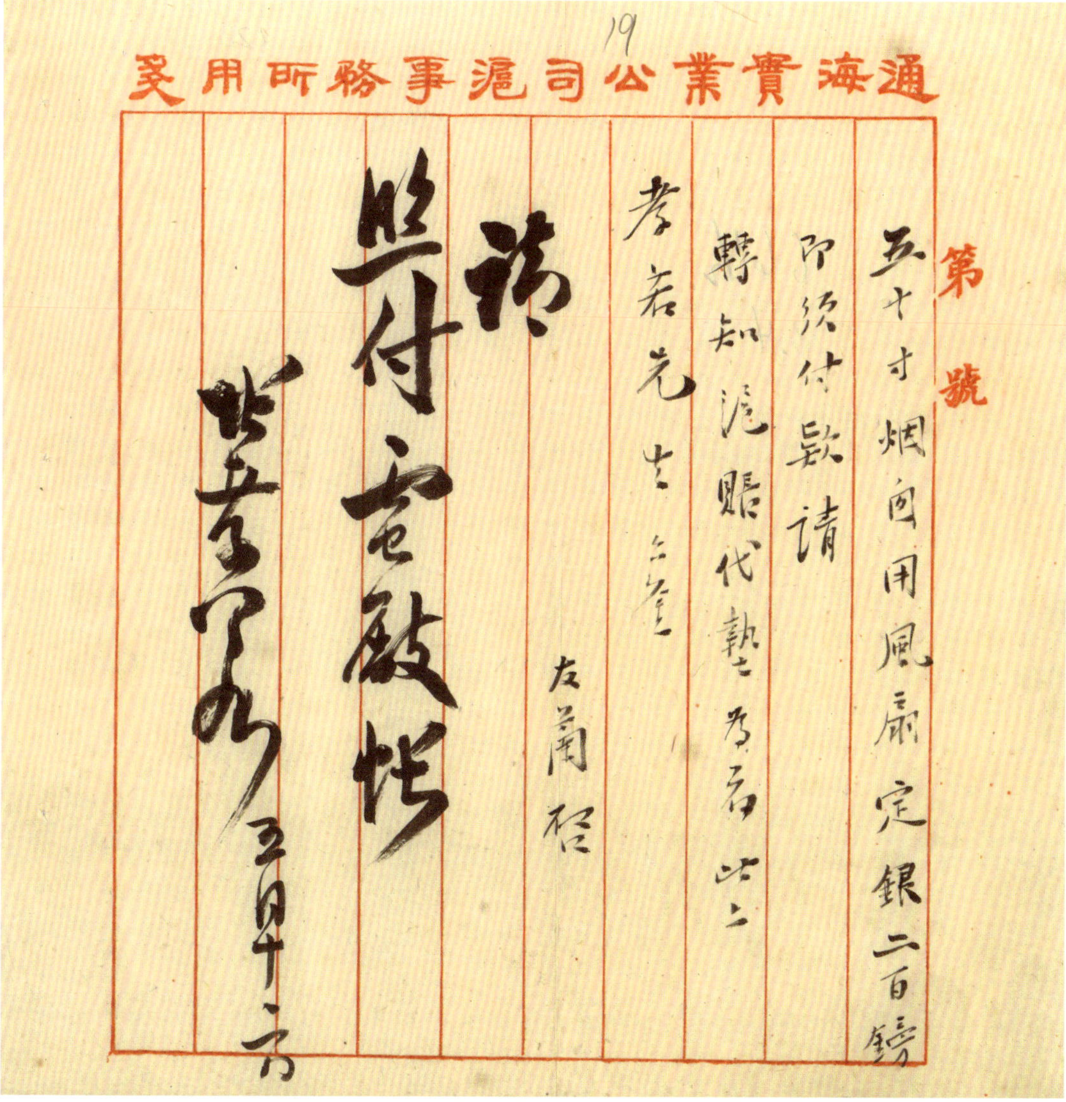

19

通海實業公司滬事務所用箋

第　號

五十寸烟囱用風扇定銀二百镑
即須付款請
轉知滬賬代墊為荷 此上
孝若先生 台鑒
友蘭 啓

請
照付電廠帳
此交孝若[illegible]
五月廿六

黄友兰致张孝若关于支付风扇定金的函

（五月十二日）

五十寸烟囱用风扇，定银二百镑，即须付款，请转知沪账代垫为荷。此上

孝若先生台鉴

友兰启

请照付电厂账。

张孝若

五月十二日

29-36

常州紡織股分有限公司

THE CHANGCHOW COTTON SPINNING & WEAVING CO., LTD.

總辦事處 常州西瀛里 電報掛號一六〇三 電話六九

Head office: Changchow, Kiangsu. Telegraphic address 1603 Telephone No. 69

分辦事處 上海江西路四十B五號 電報掛號七四六五 電話中央六〇八四

Branch office: B45 Kiangsi Road, Shanghai. Telegraphic address 7465. Telephone central 6084

燕兄閣下：頃奉手書，藉悉運機事上下為歡，必先事籌備，承注心感。弟前告尺寸略有所誤，最長者二十五尺誤書早五尺。一俟弟到滬再商籌備。再電廠新購測量儀器一只，已交大儲壽通，但尚請假二

中華民國　年　月　日第　號第　頁

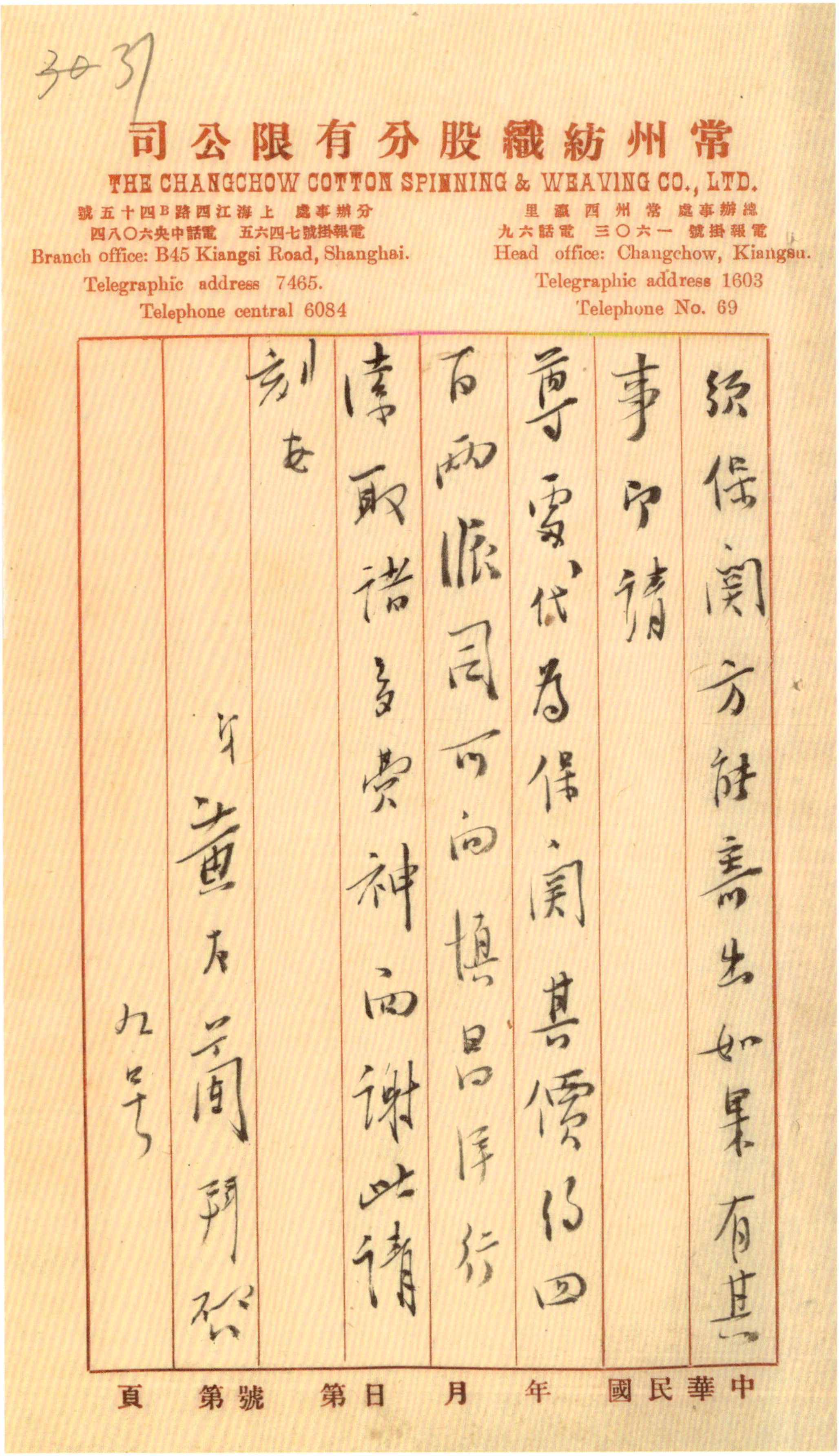
3031

常州紡織股份有限公司
THE CHANGCHOW COTTON SPINNING & WEAVING CO., LTD.

總辦事處 常州西瀛里
電報掛號 一六〇三 電話六九
Head office: Changchow, Kiangsu.
Telegraphic address 1603
Telephone No. 69

分辦事處 上海江西路四十五B號
電報掛號七四六五 電話中央六〇八四
Branch office: B45 Kiangsi Road, Shanghai.
Telegraphic address 7465.
Telephone central 6084

須保闓方能壽出如果有甚
事即請
尊處代為保闓甚價仍四
百兩派員可向慎昌洋行
清取諸多費神而謝此請
刻安
弟 黃友蘭頓首
九日

中華民國 年 月 日 第 號第 頁

黄友兰致沈燕谋为筹备运机等事的函

（九日）

燕兄阁下：

顷奉手书，藉悉运机事上下为难，必先事筹备，承注心感。弟前告尺寸略有所误，最长者二十五尺，误书四十五尺，一俟弟到沪，奉商筹备。再，电厂新购测量仪器一只，已交大储寄通，但闻该货亦须保关方能寄出，如果有其事，即请尊处代为保关，其价约四百两，派司可向慎昌洋行索取。诸多费神，面谢！此请

刻安

弟黄友兰拜启

九号

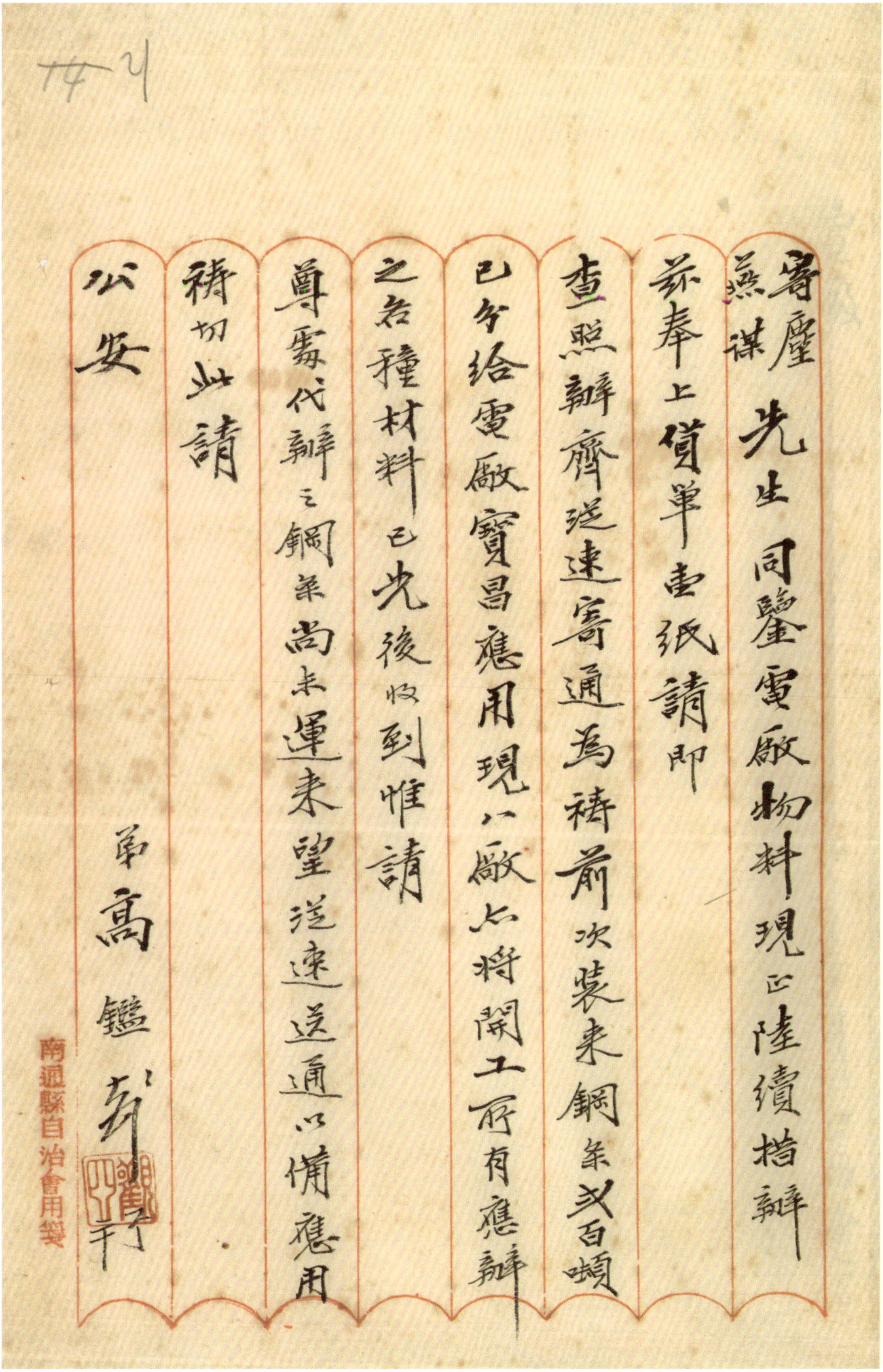
署塵
燕謀先生同鑒電廠物料現正陸續措辦
茲奉上貨單壹紙請即
查照辦齊從速寄通為禱前次裝來鋼條弍百噸
已分給電廠寶昌應用現以廠已將開工所有應辦
之各種材料已先後收到惟請
尊處代辦之鋼條尚未運來望從速送通以備應用
禱切此請
公安
弟高鑑
南通縣自治會用箋

高鉴致吴寄尘、沈燕谋关于速运钢条、代办物料的函

（六月二十日）

寄尘、燕谋先生同鉴：

电厂物料现正陆续措办，兹奉上货单壹纸，请即查照办齐，从速寄通为祷。前次装来钢条贰百吨，已分给电厂、宝昌应用。现八厂亦将开工，所有应办之各种材料，已先后收到，惟请尊处代办之钢条尚未运来，望从速送通，以备应用。祷切！此请

公安

弟高鉴顿首

六月二十

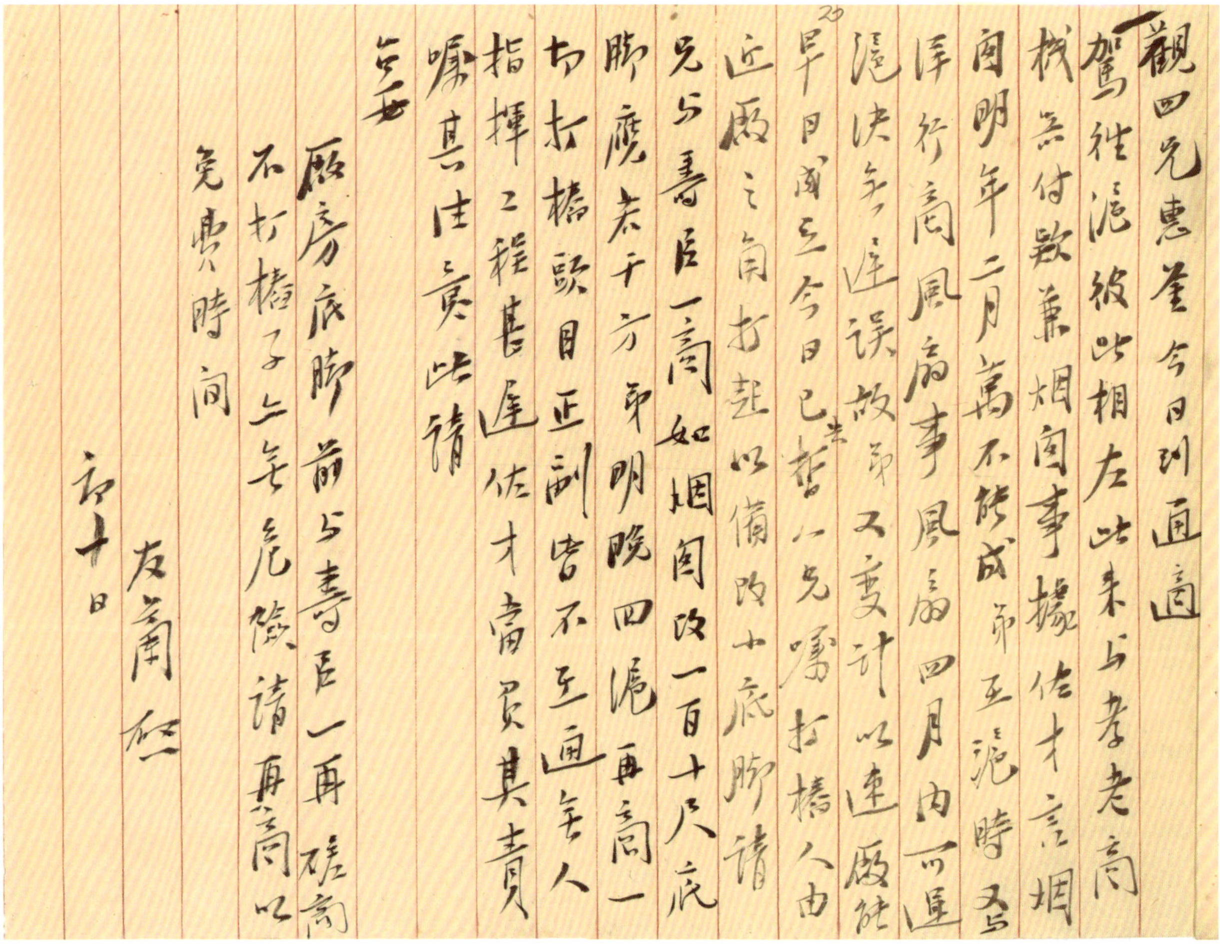
觀四兄惠鑒：今日到通適
駕往滬，彼此相左。此來與孝老商
棧房付款兼烟囱事，據佑才言烟
囱明年二月萬不能成，而至滬時又
洋行商，風扇事風扇四月內可運
滬，決無延誤，故而又變計以速廠能
早日開工。今日已告小兄囑打樁人由
近廠之角打起，以備將小底腳，請
兄與壽臣一商，如烟囱改一百十尺，底
腳應在千方，則明晚四滬再商一
切。打樁頭目正副皆不至通，無人
指揮，工程甚遲，佑才當負其責，
囑其注意。此請
台安
廠房底腳前與壽臣一再磋商
不打樁子亦無危險，請再商，以
免費時間
友蘭頓
初十日

黄友兰致高鉴为电厂筹建烟囱等事的函

（初十日）

观四兄惠鉴：

今日到通，适驾往沪，彼此相左。此来与孝老商机器付款兼烟囱事，据佐才言，烟囱明年二月万不能成。弟在沪时，又与洋行商风扇事，风扇四月内可运沪，决无迟误。故弟又变计，以速厂能早日成立。今日已告哲人兄，嘱打桩人由近厂之角打起，以备改小底脚，请兄与寿臣一商。如烟囱改一百十尺，底脚应若干方？弟明晚回沪，再商一切。打桩头目正副皆不在通，无人指挥，工程甚迟。佐才当负其责，嘱其注意。此请

台安

厂房底脚，前与寿臣一再磋商，不打桩子亦无危险。请再商，以免费时间。

友兰启

初十日

77-24

常州紡織股分有限公司

THE CHANGCHOW COTTON SPINNING & WEAVING CO., LTD.

分辦事處上海江西路B四十五號
電報掛號七四六五 電話中央六〇八四
Branch office: B45 Kiangsi Road, Shanghai.
Telegraphic address 7465.
Telephone central 6084

總辦事處常州西瀛里
電報掛號一六〇三 電話六九
Head office: Changchow, Kiangsu.
Telegraphic address 1603
Telephone No. 69

燕兄惠鑒頃奉
快郵承
閱照運鐵事不勝感荷天生
港頭似無適當之棧以儲電
機擬与天生大儲商此事再定
計劃弟明晚往通一切待通以後
倘辦法再行奉告天生電廠辦
事處已設有辦事員二人主

中華民國　年　月　日　第　號　第　頁

1825

常州紡織股份有限公司

THE CHANGCHOW COTTON SPINNING & WEAVING CO., LTD.

總辦事處 常州西瀛里
電報掛號 一六〇三 電話 六九
Head office: Changchow, Kiangsu.
Telegraphic address 1603
Telephone No. 69

分辦事處 上海江西路B四十五號
電報掛號七四六五 電話中央六〇八四
Branch office: B45 Kiangsi Road, Shanghai.
Telegraphic address 7465.
Telephone central 6084

彼匹料國鈕今晚往通明晚
估豪
代定艙位一个尤為感激此請
大安

弟友蘭手啟

六月廿四日

中華民國　年　月　日第　號第　頁

黄友兰致沈燕谋为电机储栈等事的函

（六月二十四日）

燕兄惠鉴：

顷奉快邮，承关照运机事，不胜感荷！天生港现确无适当之栈以储电机，拟与天生大储商此事再定计划。弟明晚往通，一切待到通后，如何办法，再行奉告。天生电厂办事处已设有办事员二人，在彼照料。国钮今晚往通，明晚估蒙代定舱位一个，尤为感激。此请

大安

弟友兰手启

六月廿四日

电廠

請代辦

吋方洋松長四十尺　弍根

吋吋　又　又　又又又　八根

老牌方形煤鍬　六把

封　又　又　長三十二尺　弍根

㭎法釘　兩桶

15 22

鉛絲　十八號　兩圈

以上各料務乞趕速

辦齊由輪寄下不

勝盼切之至此請

16 23

燕謀

子青　二位先生台鑒

弟高鐺謹上

今月吾日收到　交物料所

高鉴致沈燕谋、管趾卿代办洋松、铅丝等物料的函

（电厂）请代办

六寸方洋松（长四十尺）	贰根
四寸六寸洋松（长四十尺）	八根
八寸洋松（长三十二尺）	贰根
二寸半法钉	两桶
铅丝（十八号）	两圈
老牌方头煤锹	六把

以上各料务乞赶速办齐，由轮寄下，不胜盼切之至！此请

燕谋、子青[①]二位先生台鉴

弟高鉴谨上

（六月廿五收到，交物料所）

① 子青，即管趾卿，为西门子洋行买办。

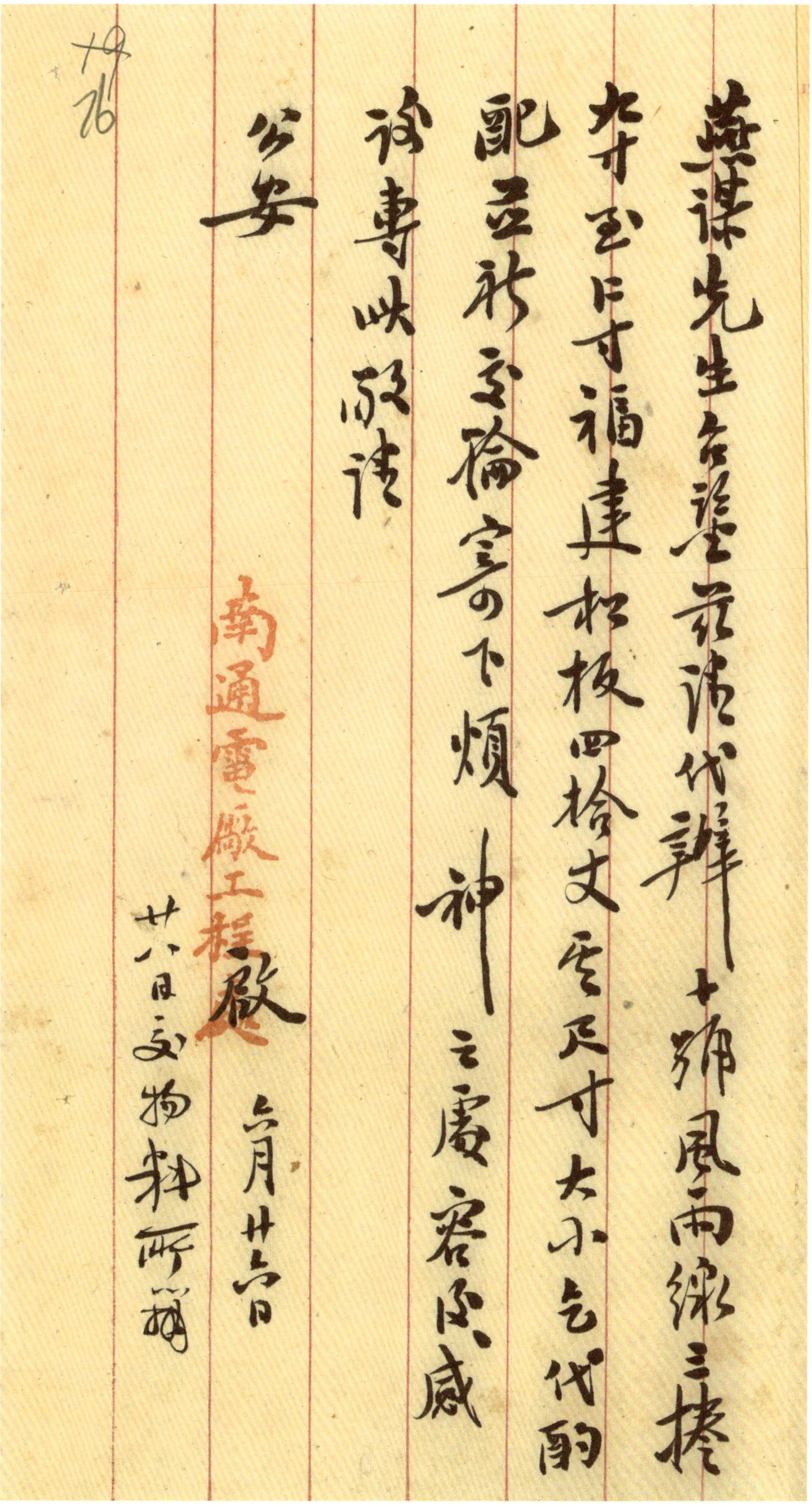

燕謀先生台鑒：茲請代辦十號風雨纜三捲，並五寸福建松板四拾丈，至尺寸大小乞代酌配，並祈交輪寄下，煩神之處，容後感謝。專此敬請

公安

南通電廠工程處啟

六月廿六日

廿六日交物料所辦

49/26

南通电厂工程处致沈燕谋代购风雨线、松板的函

（六月二十六日）

燕谋先生台鉴：

兹请代办十号风雨线三卷，九寸至十二寸福建松板四拾丈，其尺寸大小，乞代酌配，并祈交轮寄下。烦神之处，容后感谢。专此。敬请

公安

南通电厂工程处启

六月廿六日

（廿八日交物料所办）

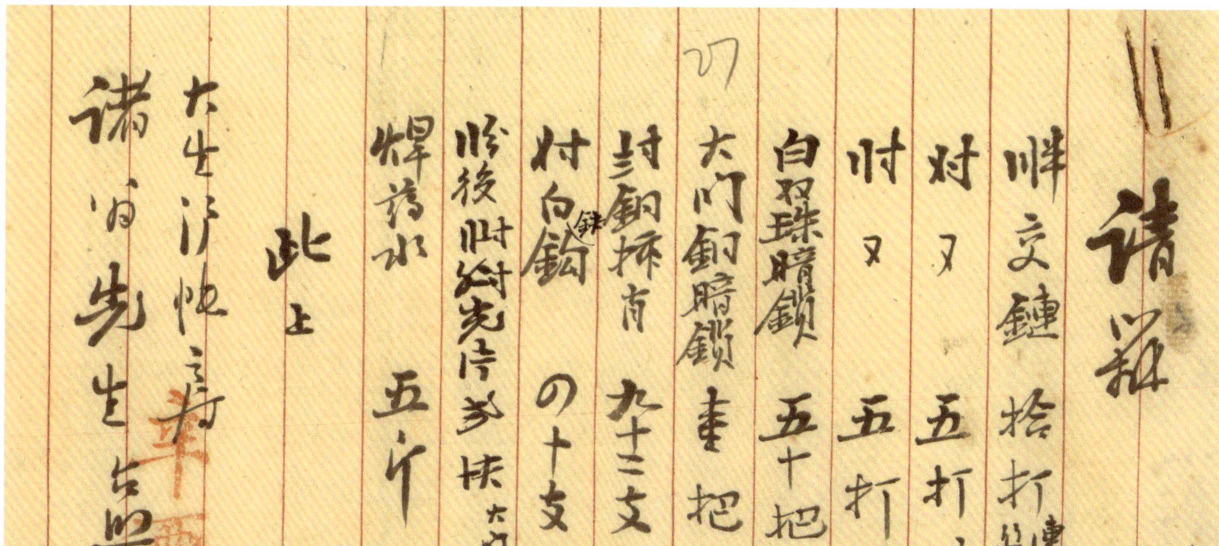
請領

吽交鏈 拾打（連螺丝釘） 吽交鏈 拾打（連螺丝丁）
対 又 五打ヌ 対方交鏈 拾打ヌ
吋 又 五打ヌ 吋銅推手 叁付
白羽珠暗鎖 五十把 封彈簧交連 四抹
大门銅暗鎖 壹把 吋銅插銷 九十二支
封銅插肖 九十二支 吋銅插肖 三十二支
吋白鉛（錁） 四十支 封白鉛鉤 九十支
門後吋対光片 叁塊（大门用） 焊錫 拾斤
焊錫水 五斤

此上
大生沪帐房
諸 先生台照
南通電廠工程處
七月十三日 物料所

南通电厂工程处致大生沪所代购铰链、推手等物料的函

（辛酉年七月初七）

请办

三寸半交〔铰〕链	拾打（连螺丝钉）
三寸交〔铰〕链	拾打（连螺丝钉）
四寸交〔铰〕链	五打（连螺丝钉）
四寸方交〔铰〕链	壹打（连螺丝钉）
二寸交〔铰〕链	五打（连螺丝钉）
十寸铜推手	贰付
白双珠暗锁	五十把
八寸弹黄〔簧〕交连〔铰链〕	四块
大门铜暗锁	壹把
十八寸铜插销	九十二支
八寸铜插肖〔销〕	九十二支
四寸铜插肖〔销〕	三十二支
四寸白铁钩	四十支
八寸白铁钩	九十支

二分后〔厚〕二十六寸五十二寸光片　贰块（大门用）

焊锡　拾斤

焊药　五斤

此上

大生沪帐房诸翁先生台照

南通电厂工程处启

辛西七月初七[1]

（七月十三交物料所）

① 1921年8月10日。

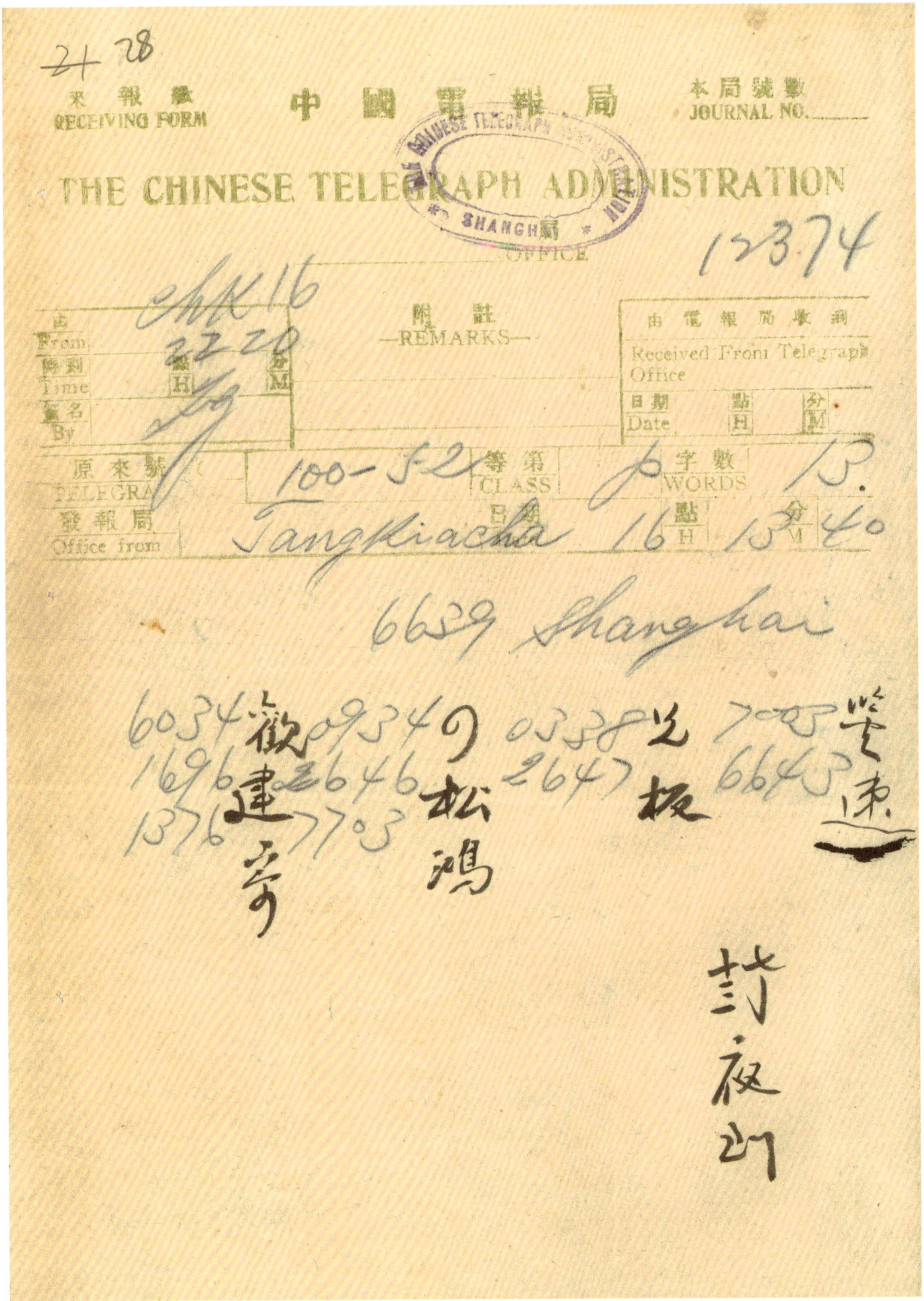

2428

來報紙 RECEIVING FORM 中國電報局 本局號數 JOURNAL NO.

THE CHINESE TELEGRAPH ADMINISTRATION

SHANGHAI OFFICE

12374

由 From CHK16
時刻 Time 點 H 2220 分 M
簽名 By

附註 REMARKS

由電報局收到 Received From Telegraph Office
日期 Date 點 H 分 M

原來號 TELEGRAM 100-521 等第 CLASS P 字數 WORDS 13.
發報局 Office from Tangkiacha 日期 16 點 H 13 分 M 40

6639 Shanghai

6034 歡 0934 の 0338 兄 7003 鉴
1696 建 2646 松 2647 板 6643 速
1376 齋 7703 鴻

訂夜加

鸿致高鉴速寄建松板的电报

（七月十三日）

观四兄鉴：建松板速寄。鸿

（七月十三夜到）

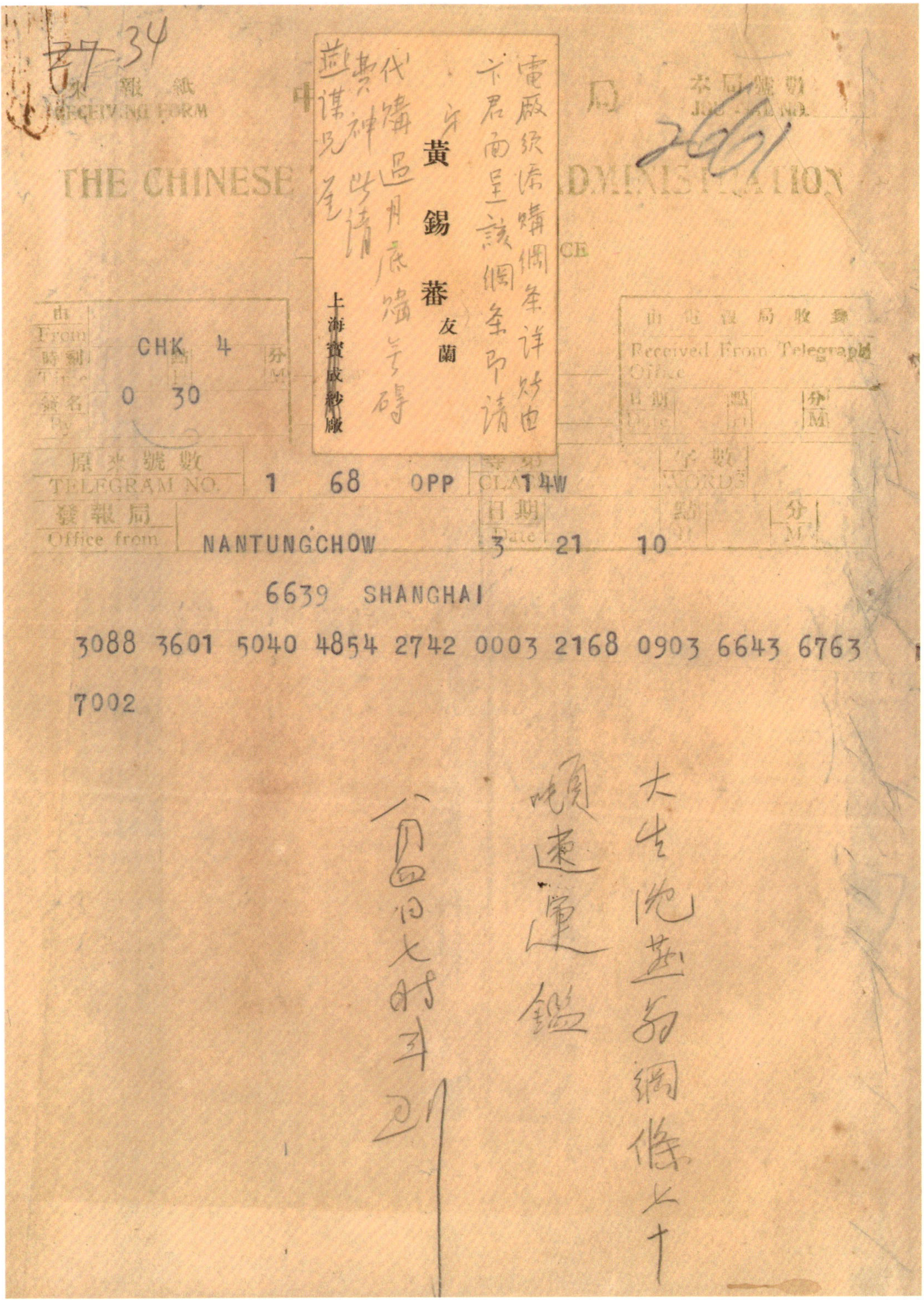
RECEIVING FORM
THE CHINESE
ADMINISTRATION
黃錫蕃 友蘭
上海實成紗廠
由 From
時刻 Time
簽名
CHK 4
0 30
Received From Telegraph Office
原來號數 TELEGRAM NO.
1 68 OPP
14W
字數 WORDS
發報局 Office from
NANTUNGCHOW
日期 Date
3 21 10
6639 SHANGHAI
3088 3601 5040 4854 2742 0003 2168 0903 6643 6763
7002

高鉴致沈燕谋运送钢条的电报

（八月四日）

大生沈燕翁：钢条七十吨。速运。鉴

（八月四日七时半到）

附：

黄友兰致沈燕谋函

电厂须添购钢条，详账由卞君面呈，该钢条即请代购，过月底购无碍。费神。此请

燕谋兄鉴

弟黄锡蕃友兰

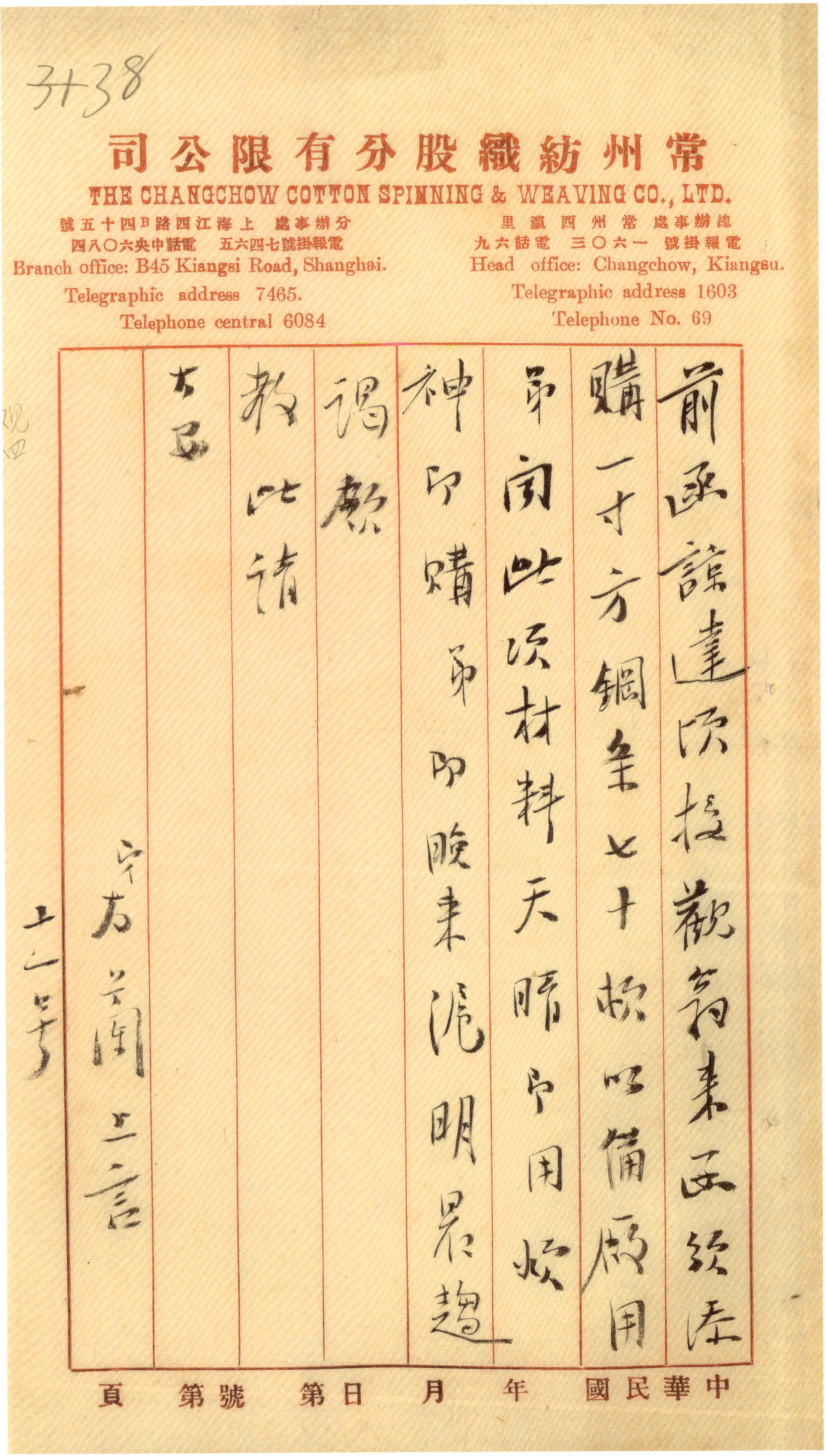
3438

常州紡織股分有限公司
THE CHANGCHOW COTTON SPINNING & WEAVING CO., LTD.

總辦事處常州西瀛里
電報掛號一六〇三 電話六九
Head office: Changchow, Kiangsu.
Telegraphic address 1603
Telephone No. 69

分辦事處上海江西路四十五號B
電報掛號七四六五 電話中央六〇八四
Branch office: B45 Kiangsi Road, Shanghai.
Telegraphic address 7465.
Telephone central 6084

前函諒達，所接欵爲來函欲添購一寸方鋼条七十根，以備厰用，弟因此項材料天晴即用，煩神即購，弟即晚來滬，明晨趨謁欵教。此請大安

弟右蘭上言
十二月七号

中華民國　年　月　日　第　號　第　頁

黄友兰关于添购钢条的函

（十一日）

前函谅达。顷接观翁来函，须添购一寸方钢条七十吨，以备厂用。弟闻此项材料，天晴即用，烦神即购。弟即晚来沪，明晨趋谒领教。此请

大安

弟友兰上言

十一号

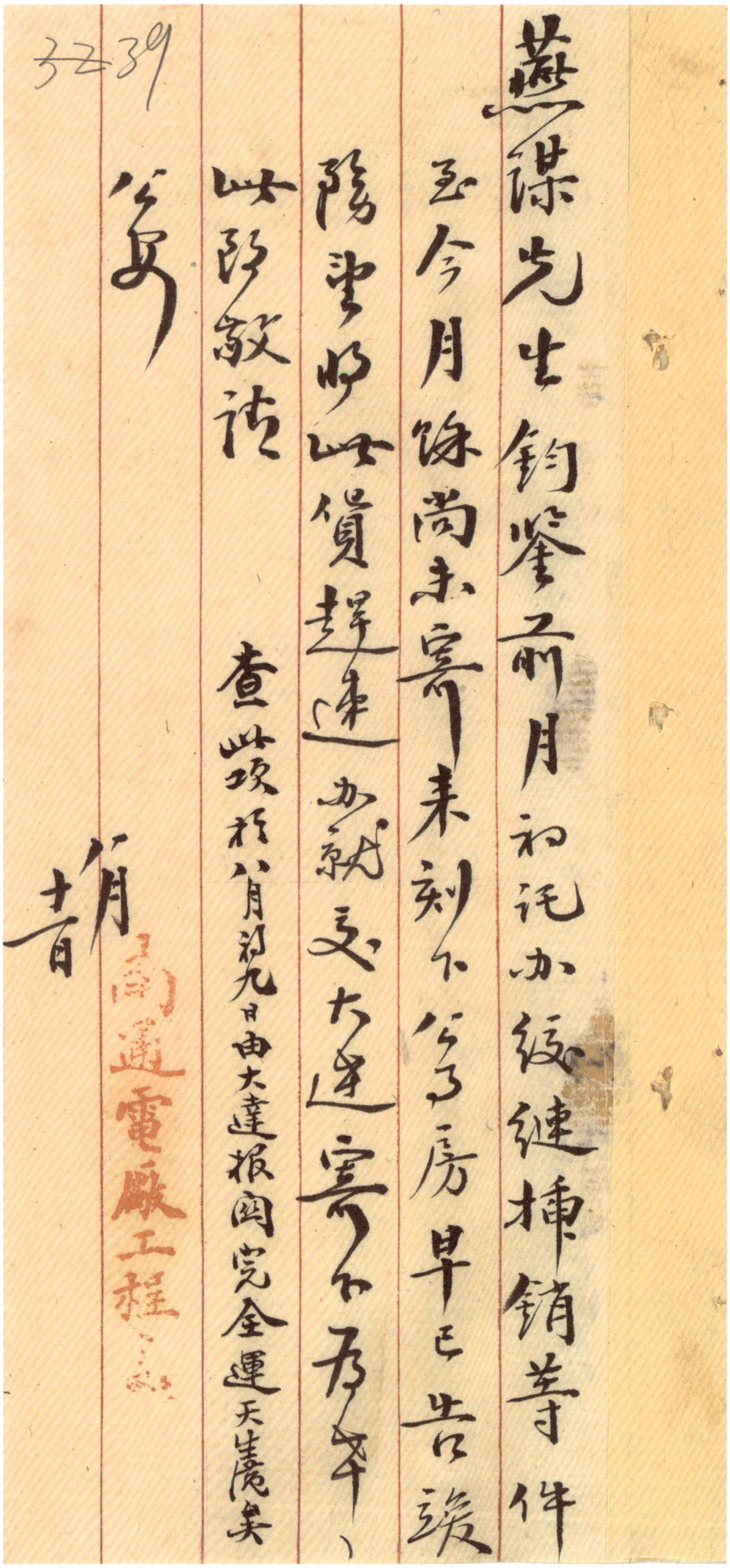

3239

燕謀先生鈞鑒：前月初托办綫纏插銷等件，至今月餘尚未寄來，刻下公房早已告竣，務望明此貨趕速办就交大達寄下為幸。此頌敬請
公安

胡
八月

查此項於八月初九日由大達報關完全運天生港矣

南通电厂工程处致沈燕谋催办铰链、插销的函

（八月十一日）

燕谋先生钧鉴：

前月初托办铰链、插销等件，至今月余，尚未寄来。刻下公事房早已告竣，务望将此货赶速办就，交大达寄下为幸。此致

敬请

公安

南通电厂工程处

八月十一日

（查此项于八月初九日由大达报关，完全运天生港矣）

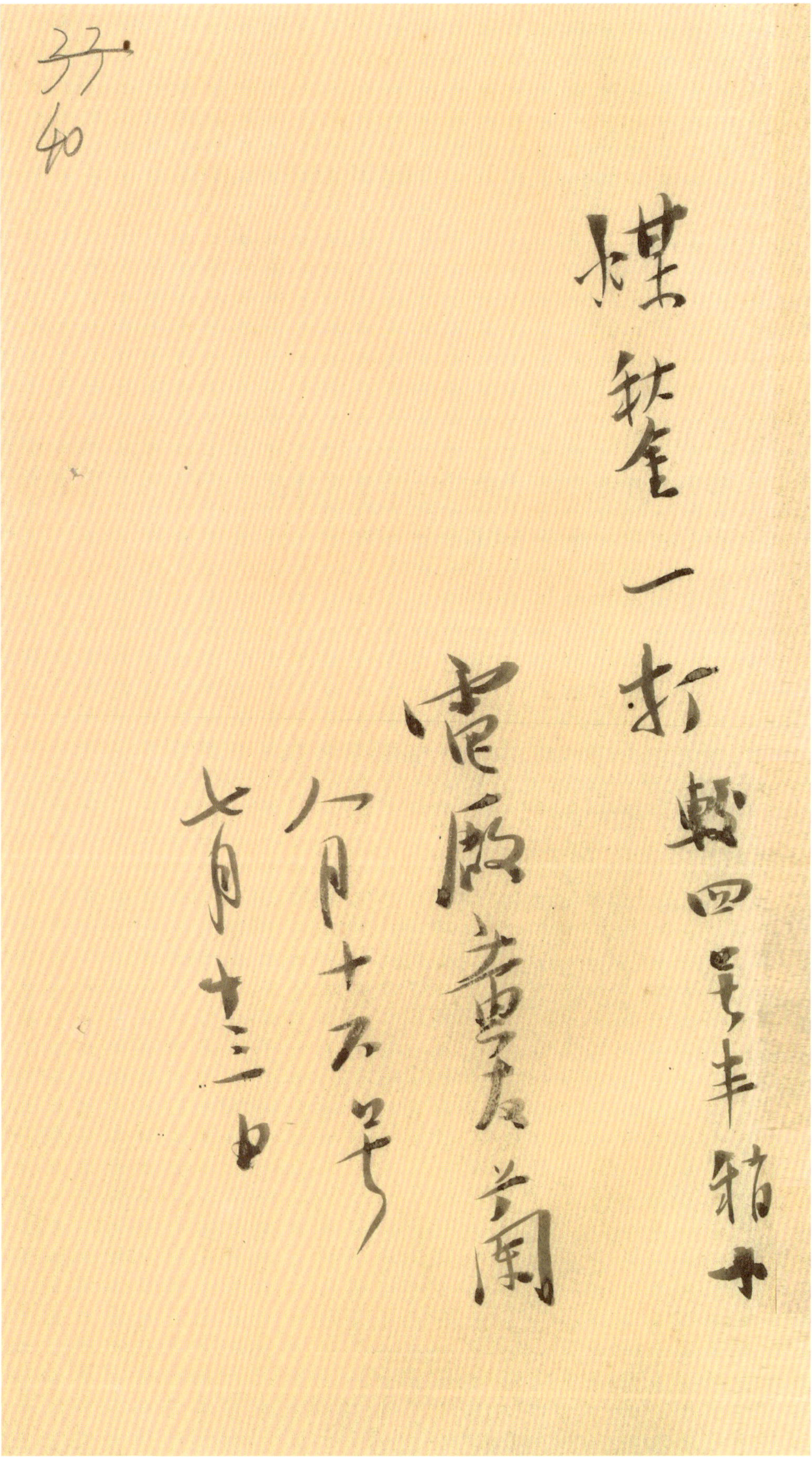

黄友兰关于代购煤锹的手条

（八月十六日）

煤锹一打，较四号半稍小。

电厂黄友兰

八月十六号

七月十三日

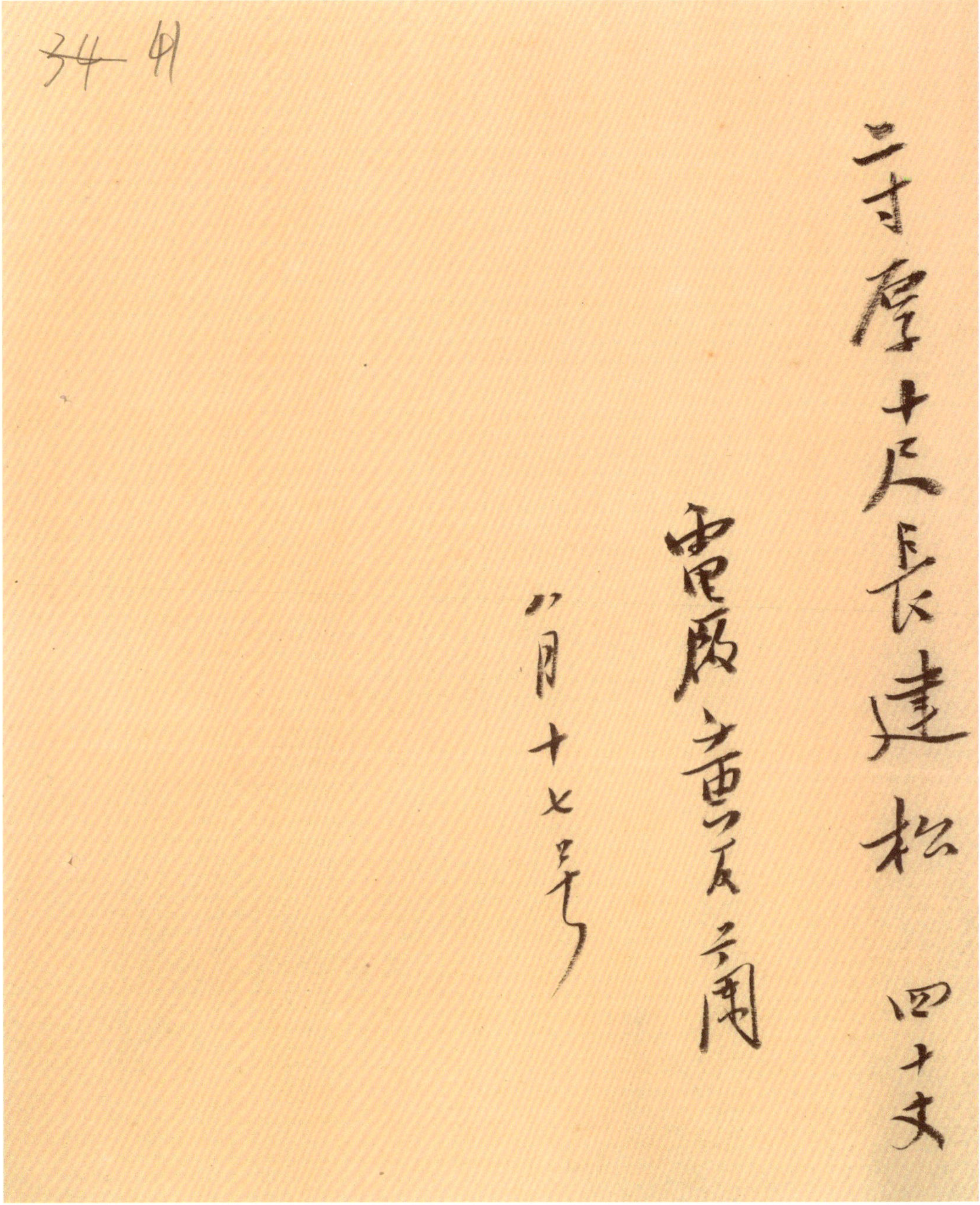

34 41

二寸厚十尺長建松 四十丈

電廠黃反 周

八月十七号

张謇与天生港电厂

黄友兰关于代购建松的手条

（八月十七日）

二寸厚十尺长建松四十丈。

电厂黄友兰

八月十七号

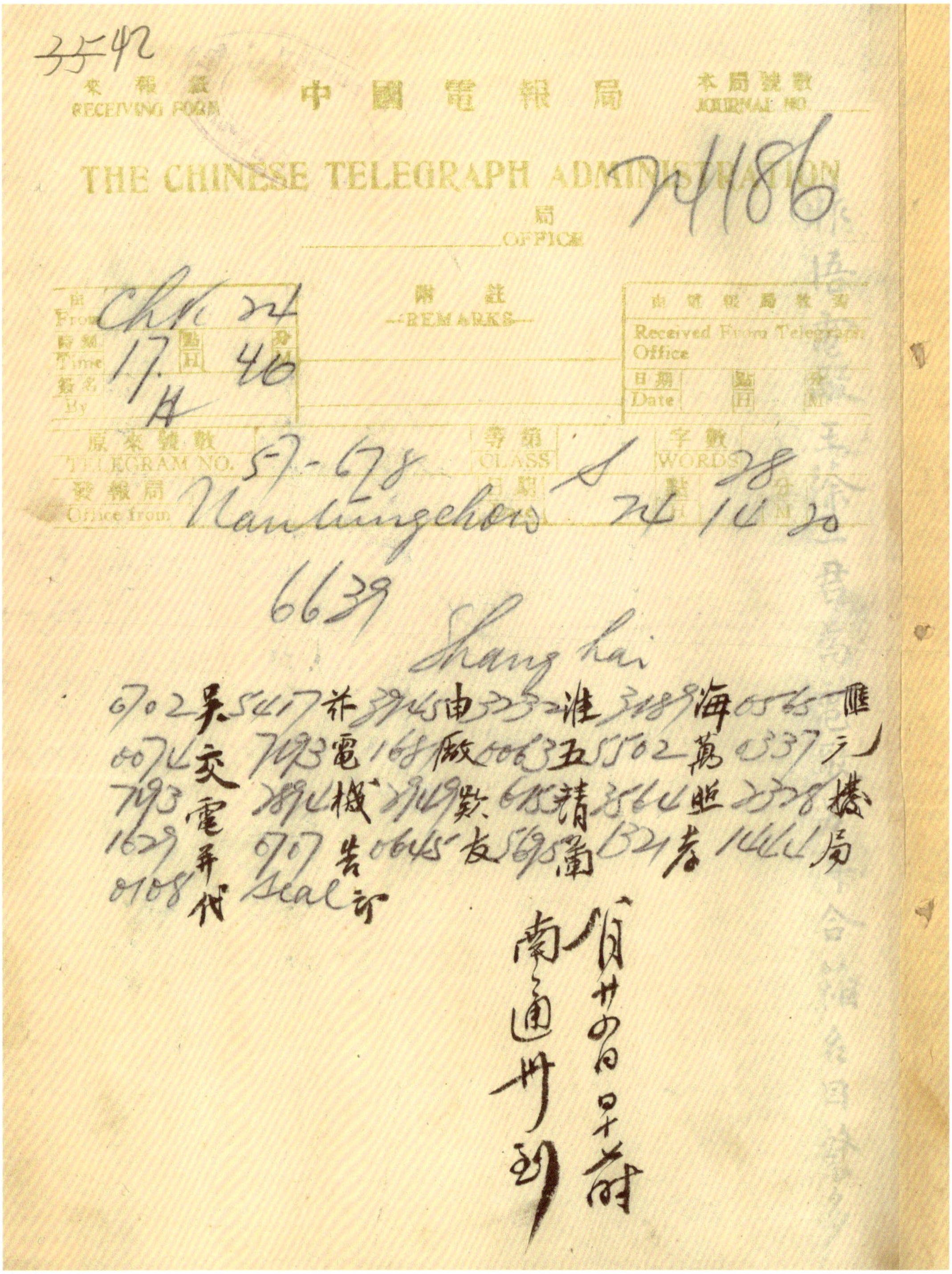

3542

來報紙 RECEIVING FORM　　中國電報局　　本局號數 JOURNAL NO. 74186

THE CHINESE TELEGRAPH ADMINISTRATION

局 OFFICE

由 From	Ch 24	附註 REMARKS	由何報局收到 Received From Telegraph Office
時刻 Time	17 點 H 40 分 M		日期 Date　點 H　分 M
簽名 By	H		

原來號數 TELEGRAM NO.	57-678	等第 CLASS	S	字數 WORDS	28
發報局 Office from	Nantungchow	日期 Date	24	點 H 14	分 M 20

6639

Shanghai

0702吳 5417忭 3945由 3293淮 3189海 0565匯
0074交 7193電 168廠 0063五 5502萬 0337元
7193電 2894機 2769數 6153精 3564照 2338樓
1629弄 0707告 0645支 5695蘭 1321春 1444局
0108代 Seal訂

育廿四日早發
南通卅到

张孝若致吴寄尘拨付电机款的电报

（八月二十四日）

吴：兹由淮海汇交电厂五万元电机款，请照拨，并告友兰。孝。局代订。

（八月廿四日早七时南通州到）

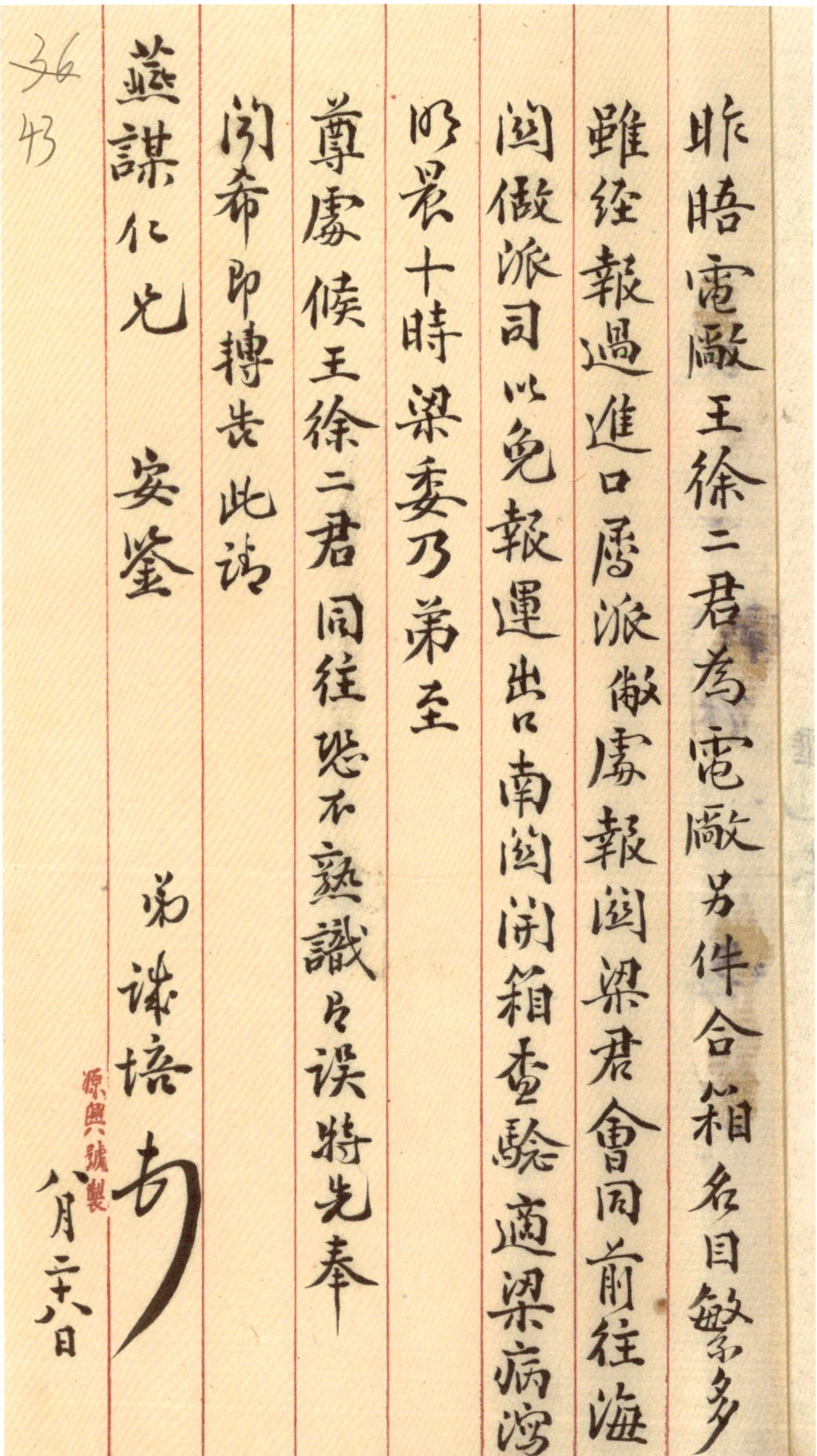

~~36~~ 43

昨晤電廠王徐二君爲電廠另件合箱名目繁多雖經報過進口屢派徹處報關梁君會同前往海關徹派司以免報運出口南關開箱查驗適梁病瀉明晨十時梁委乃弟至尊處候王徐二君同往恐不熟識貽誤特先奉聞希即轉告此請

燕謀仁兄 安鑒

弟 詠培 叩

源興六號製

八月二十八日

诚培致沈燕谋
关于前往海关办理派司的函

（八月二十八日）

昨晤电厂王、徐二君，为电厂另件合箱，名目繁多，虽经报过进口，属派敝处报关梁君会同前往海关做派司，以免报运出口南关开箱查验。适梁病泻，明晨十时，梁委乃弟至尊处，候王、徐二君同往。恐不熟识有误，特先奉闻，希即转告。此请

燕谋仁兄安鉴

弟诚培顿首

八月二十八日

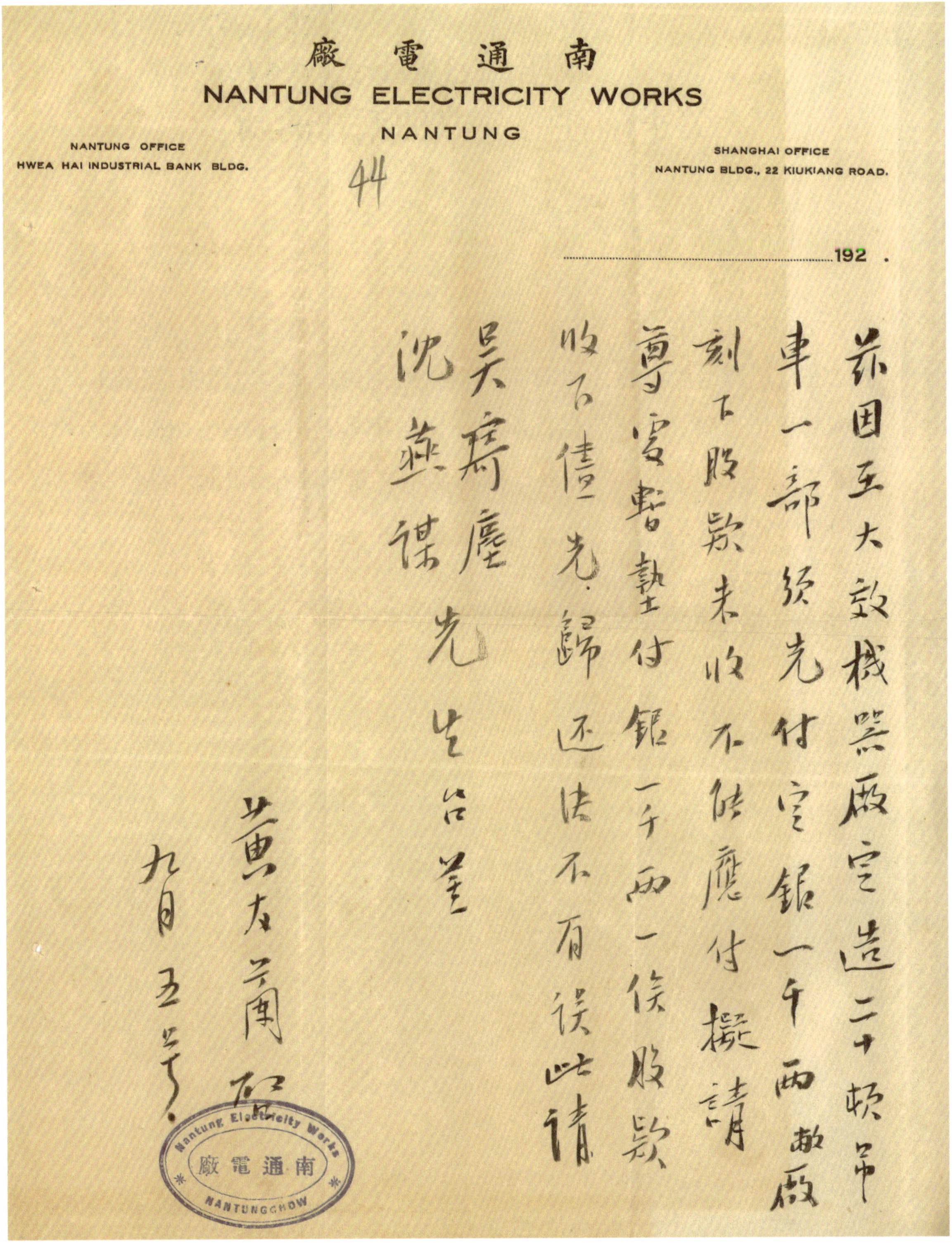

南通電廠
NANTUNG ELECTRICITY WORKS
NANTUNG

NANTUNG OFFICE
HWEA HAI INDUSTRIAL BANK BLDG.

SHANGHAI OFFICE
NANTUNG BLDG., 22 KIUKIANG ROAD.

44

.................................192 .

茲因至大致棧器廠定造二十噸吊車一部，須先付定銀一千兩。敝廠刻下股款未收，不能應付，擬請尊處暫墊付銀一千兩，一俟股款收足，儘先歸還，決不有誤。此請

吳寄塵
沈燕謀 先生台鑒

黃友蘭 啟
九月五號

Nantung Electricity Works
南通電廠
NANTUNGCHOW

黄友兰致吴寄尘、沈燕谋为请垫付定造吊车定银事的函

（九月五日）

兹因在大效机器厂定造二十吨吊车一部，须先付定银一千两。敝厂刻下股款未收，不能应付，拟请尊处暂垫付银一千两，一俟股款收下，尽先归还，决不有误。此请
吴寄尘、沈燕谋先生台鉴

黄友兰启
九月五号

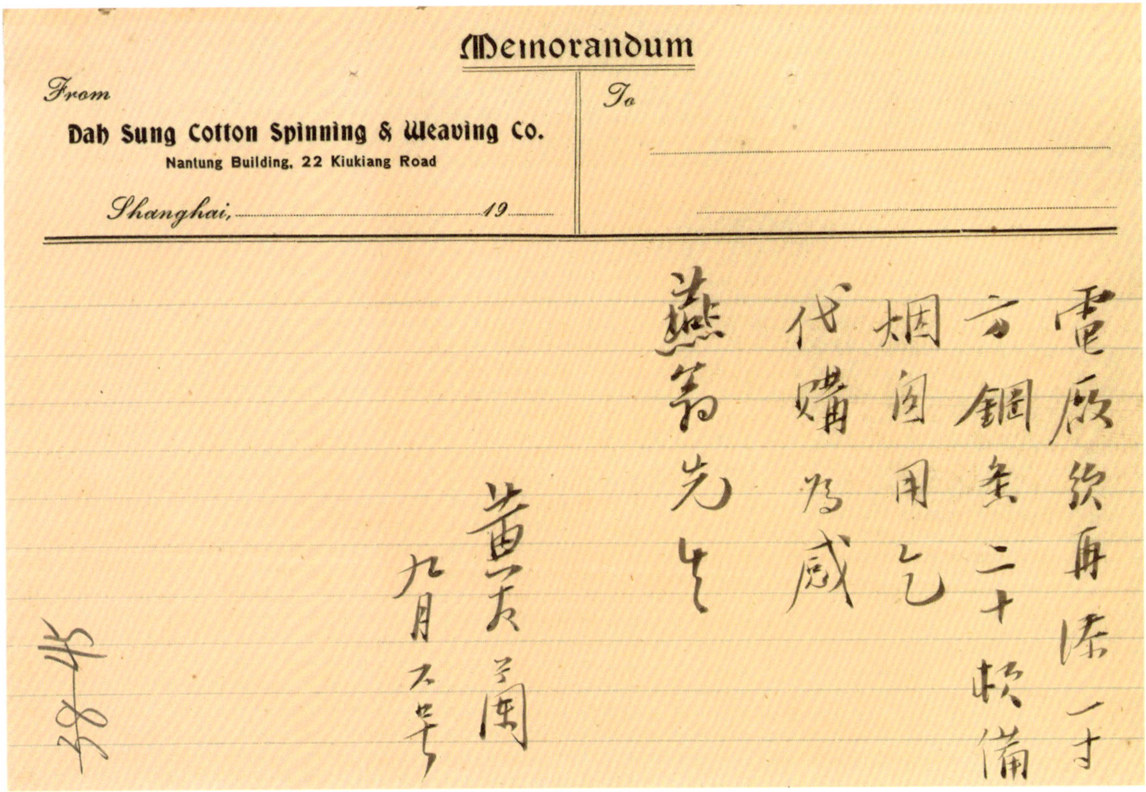
Memorandum

From

Dah Sung Cotton Spinning & Weaving Co.

Nantung Building, 22 Kiukiang Road

Shanghai, ...19........

To

電廠欲再添一寸方鋼条二十枚備烟囱用乞代備為感

燕翁先生

黄炎[illegible]

九月六号

黄友兰致沈燕谋代购钢条的函

（九月六日）

电厂须再添一寸方钢条二十吨，备烟囱用，乞代购为感。

燕翁先生

黄友兰

九月六号

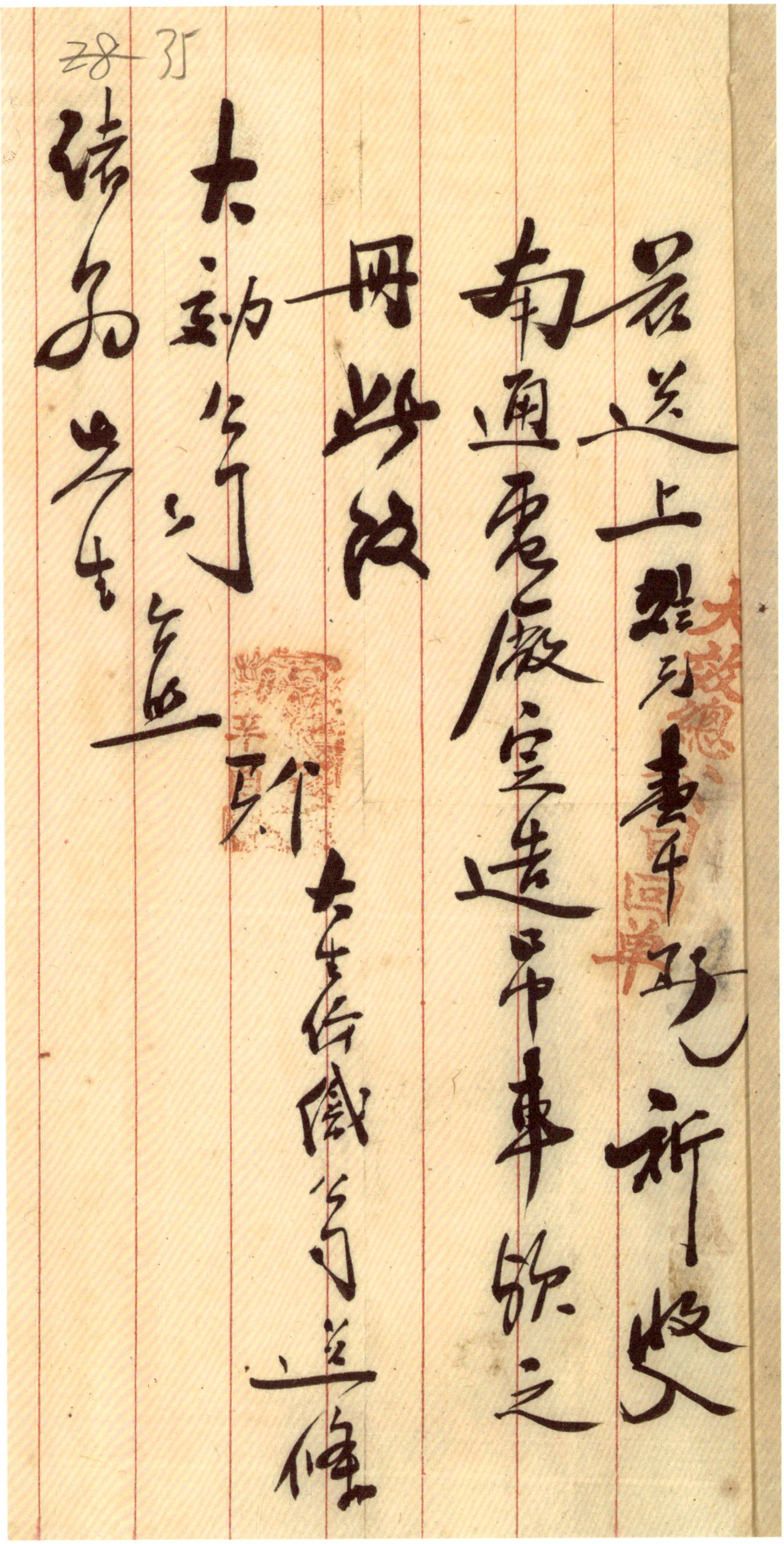
28 35

茲送上鉛印書乙份，祈收受。
南通電廠宣告建築事項之冊，此致
大生公司 所
大生紗廠公司 送 條
先生 台鑒

大生纺织公司致大效公司送吊车款的手条

（辛酉年八月初六）

兹送上九八元壹千两，祈收入南通电厂定造吊车款之册。此致

大效公司诸翁先生台照

大生纺织公司送条

辛酉八月初六[1]

① 1921 年 9 月 7 日。

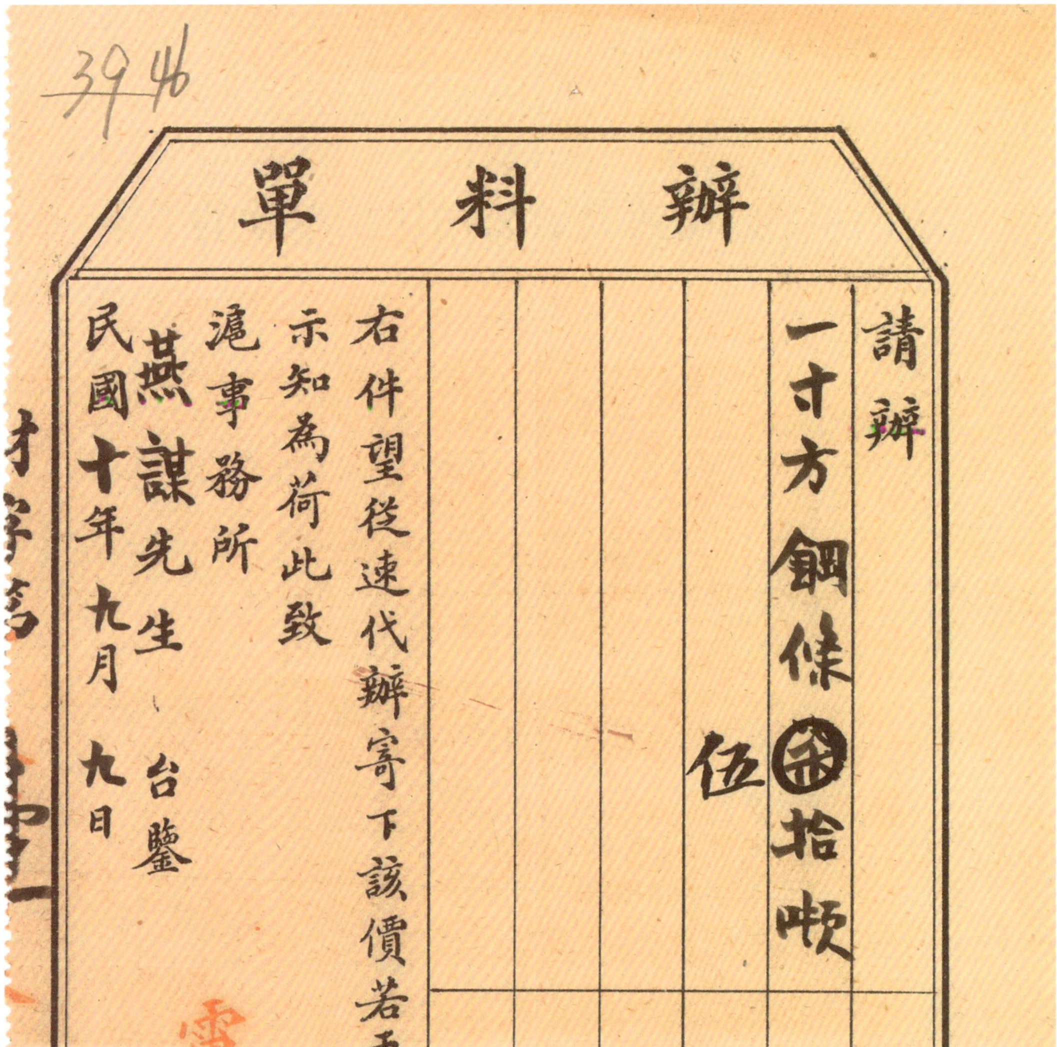

~~39~~ 46

辦料單

請辦

一寸方鋼條 拾噸

伍

右件望從速代辦寄下該價若干請發貨價單

示知為荷此致

滬事務所

燕謀先生台鑒

民國十年九月九日

電廠材料帳房

謹啟

电厂材料帐房致沈燕谋代购钢条的办料单

（一九二一年九月九日）

请办

一寸方钢条伍拾吨。

右件望从速代办寄下。该价若干请发货价单示知为荷。此致

沪事务所燕谋先生台鉴

电厂材料帐房谨启

民国十年九月九日

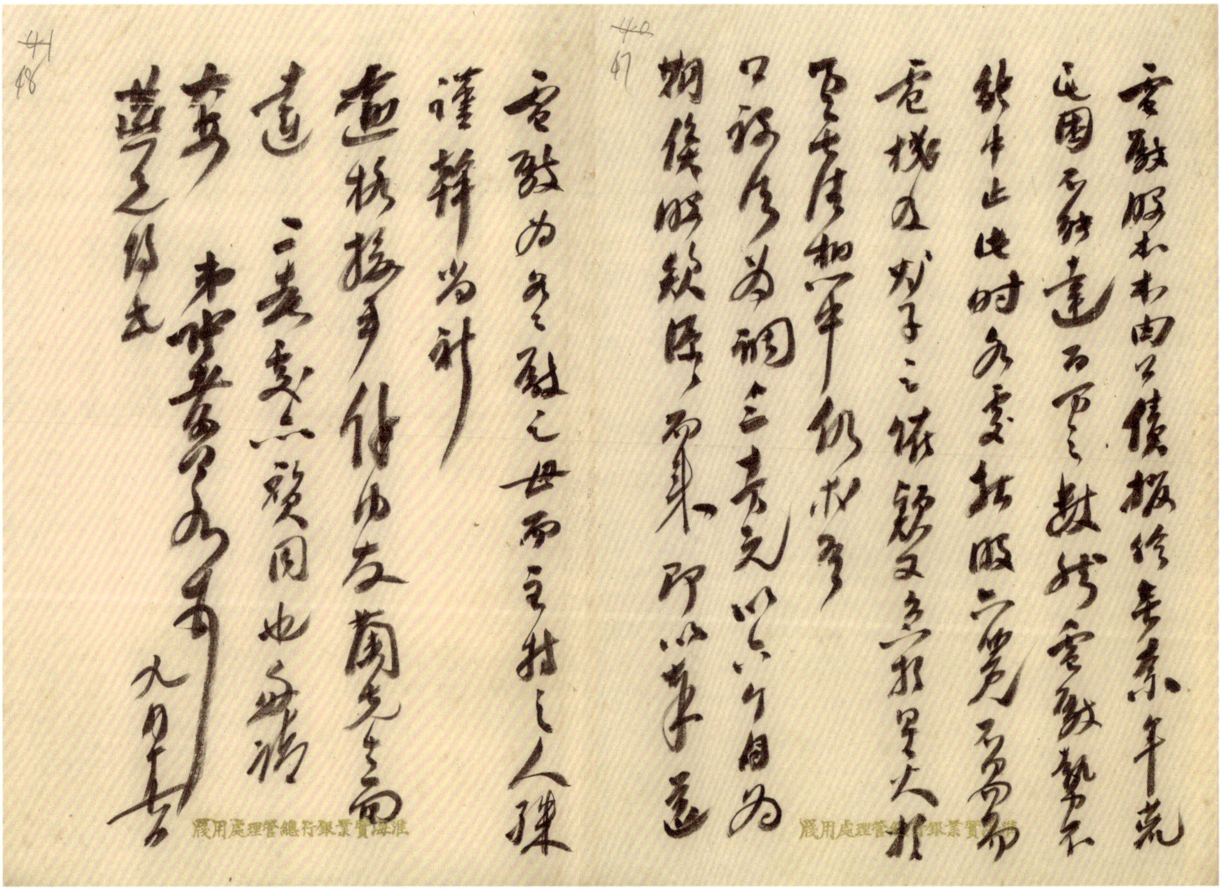
淮海實業銀行總管理處用箋
淮海實業銀行總管理處用箋

张孝若致吴寄尘代办调款三十万元的函

（九月十七日）

电厂股本本由公债拨给，无奈年荒民困，不能达百万之数。然电厂势不能中止，此时各处招股亦免不易，而电机及炉子之储款又急于星火，于万无法想中，仍求吾公设法为调三十万元，以六个月为期，俟股款源源而来，即以奉还。电厂为各工厂之母，而主持之人殊谨干，尚祈逾格接手。余由友兰先生面达。二老处亦赞同也。匆请

大安

燕兄均此

弟张孝若顿首

九月十七日

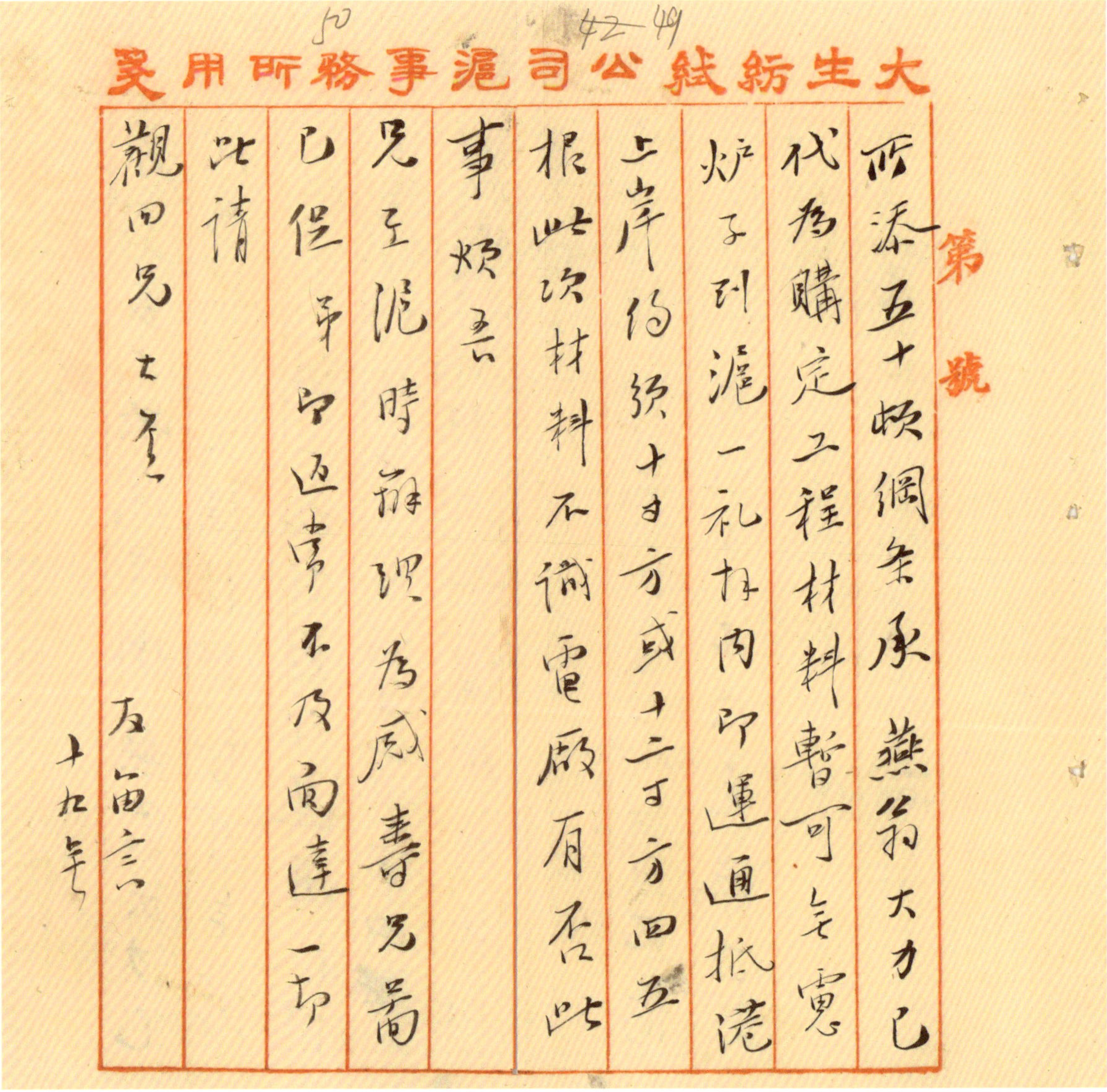
大生紡織公司滬事務所用箋

第　號

所添五十噸鋼条承燕翁大力已代為購定工程材料暫可無慮爐子到滬一礼拜內即運通抵港上岸仍須十寸方或十二寸方四五根此次材料不識電廠有否此事煩吾兄至滬時轉詢為感壽兄當已促早日逕寄不及兩達一切此請

觀回兄大鑒

友苗言

十九号

黄友兰致高鉴为采办和运输锅炉等事的函

（十九日）

所添五十吨钢条，承燕翁大力，已代为购定。工程材料暂可无虑。炉子到沪，一礼拜内即运通抵港，上岸约须十寸方或十二寸方四五根，此项材料不识电厂有否？此事烦吾兄在沪时办理为感。寿兄图已促。弟即返常，不及面达一切。此请

观四兄大鉴

友兰言

十九号

43 81

燕謀學長大鑒　昨得友蘭信　知大批鍋爐
已到滬擬煩電廠同事任君國常前
去巡料一切現任君已定今晚乘大德赴滬
用特專函介紹到請
指教一切以便任君如囑辦理此請
公安
弟韓國鈞拜言
九月廿一日

钱国钮致沈燕谋派任国常赴沪接收锅炉的函

（九月二十一日）

燕谋学长大鉴：

昨得友兰信，知大批锅炉已到沪，拟烦电厂同事任君国常前去照料一切。现任君已定今晚乘大德赴沪，用特专函介绍，到请指教一切，以便任君如嘱办理。此请

公安

弟钱国钮拜言

九月廿一日

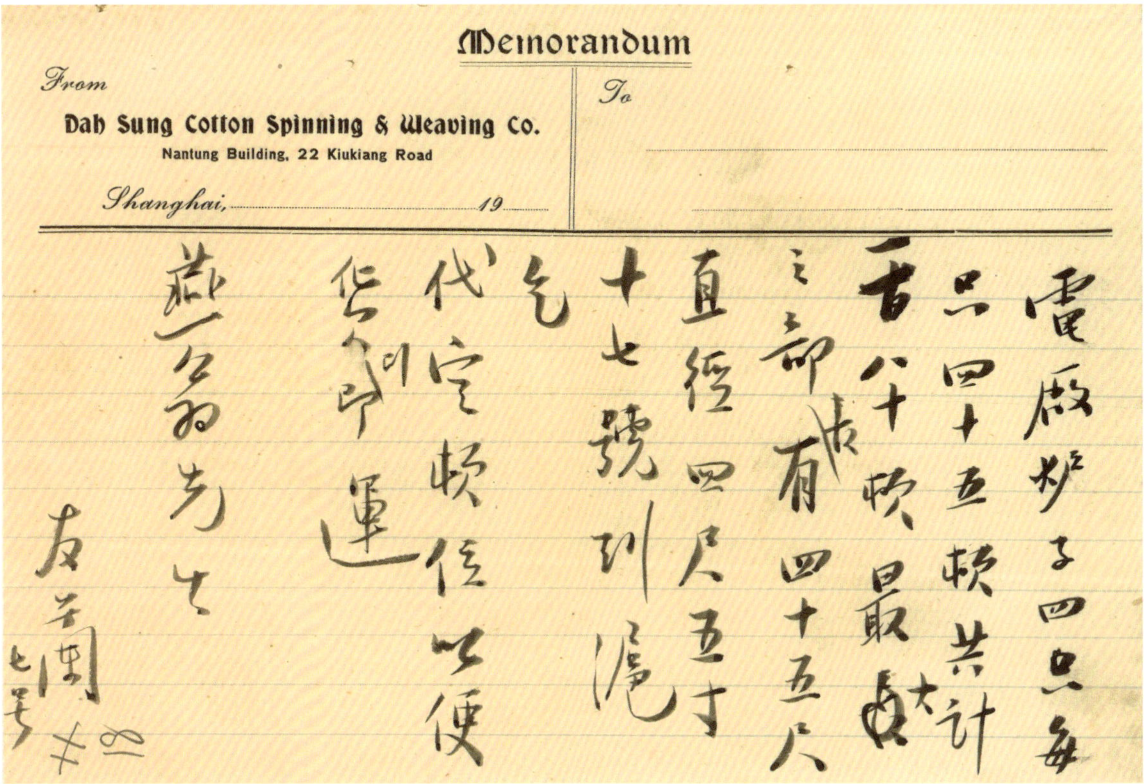

Memorandum

From

Dah Sung Cotton Spinning & Weaving Co.

Nantung Building, 22 Kiukiang Road

Shanghai, ... 19......

To

電廠炉子四只每只四十五噸共計百八十噸最大之部長有四十五尺直徑四尺五寸十七號到滬乞代定噸位以便偕小輪即運

燕公翁先生

友芸閣

七號

十八

黄友兰致沈燕谋关于电厂锅炉运输的函

（七日）

电厂炉子四只，每只四十五吨，共计一百八十吨。最大之部，长有四十五尺，直径四尺五寸。十七号到沪，乞代定吨位，以便货到即运。

燕翁先生

友兰

七号

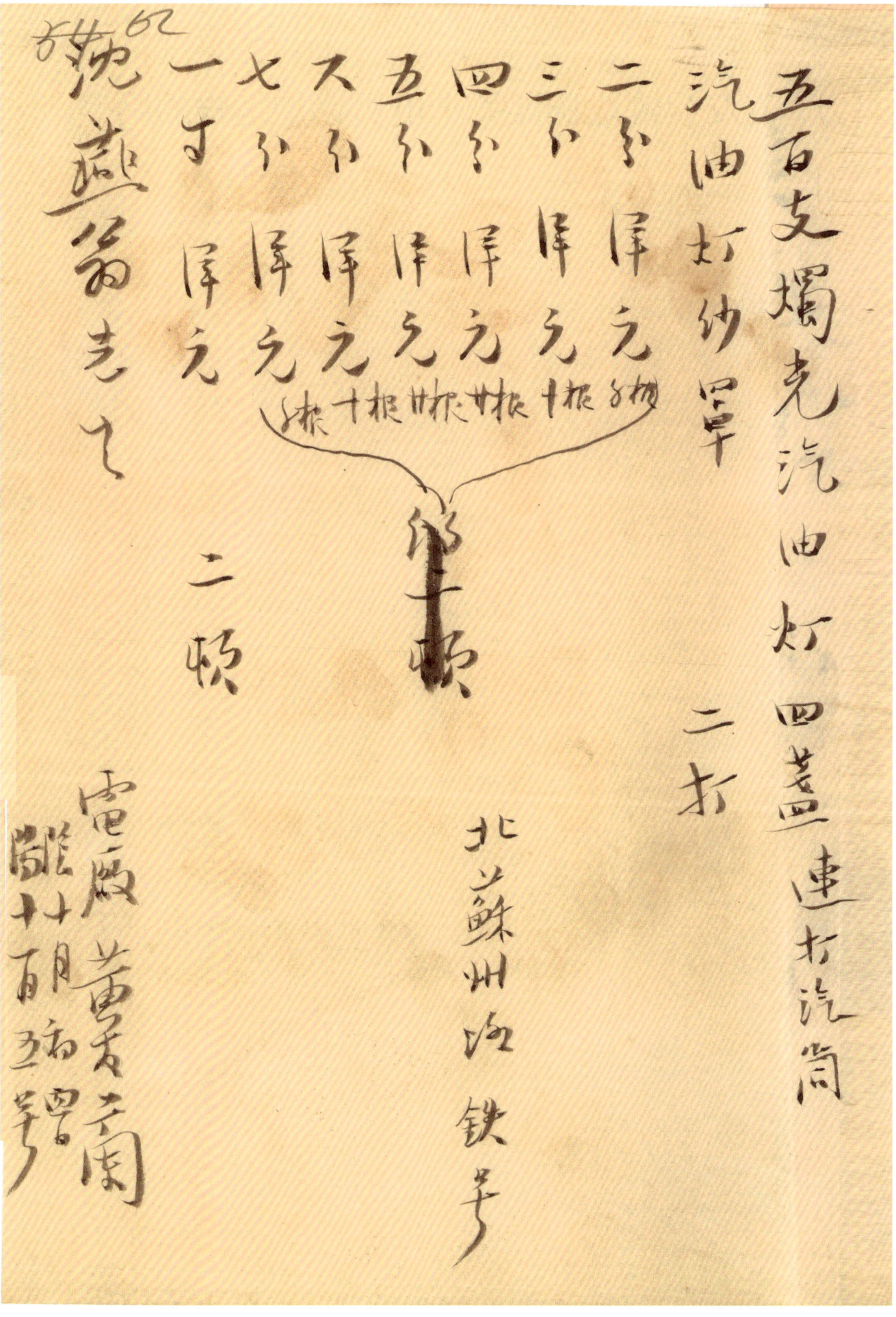
五百支燭光汽油灯四盏連打汽筒
汽油灯纱罩
二打
二分洋元
三分洋元
四分洋元
五分洋元
六分洋元
七分洋元
一寸洋元
8根 十根 廿根 廿根 十根 8根
十噸
二噸
北蘇州河
電廠

黄友兰致沈燕谋为代购物资的函

（十一月三日）

五百支烛光汽油灯	四盏（连打汽筒）
汽油灯纱罩	二打
二分洋元	五根
三分洋元	十根
四分洋元	廿根
五分洋元	廿根
六分洋元	十根
七分洋元	五根
一寸洋元	二吨

北苏州路铁号

沈燕翁先生

电厂黄友兰

阴十月初四日

阳十一月五号[1]

① 此处疑为笔误，推测为阳历十一月三日。

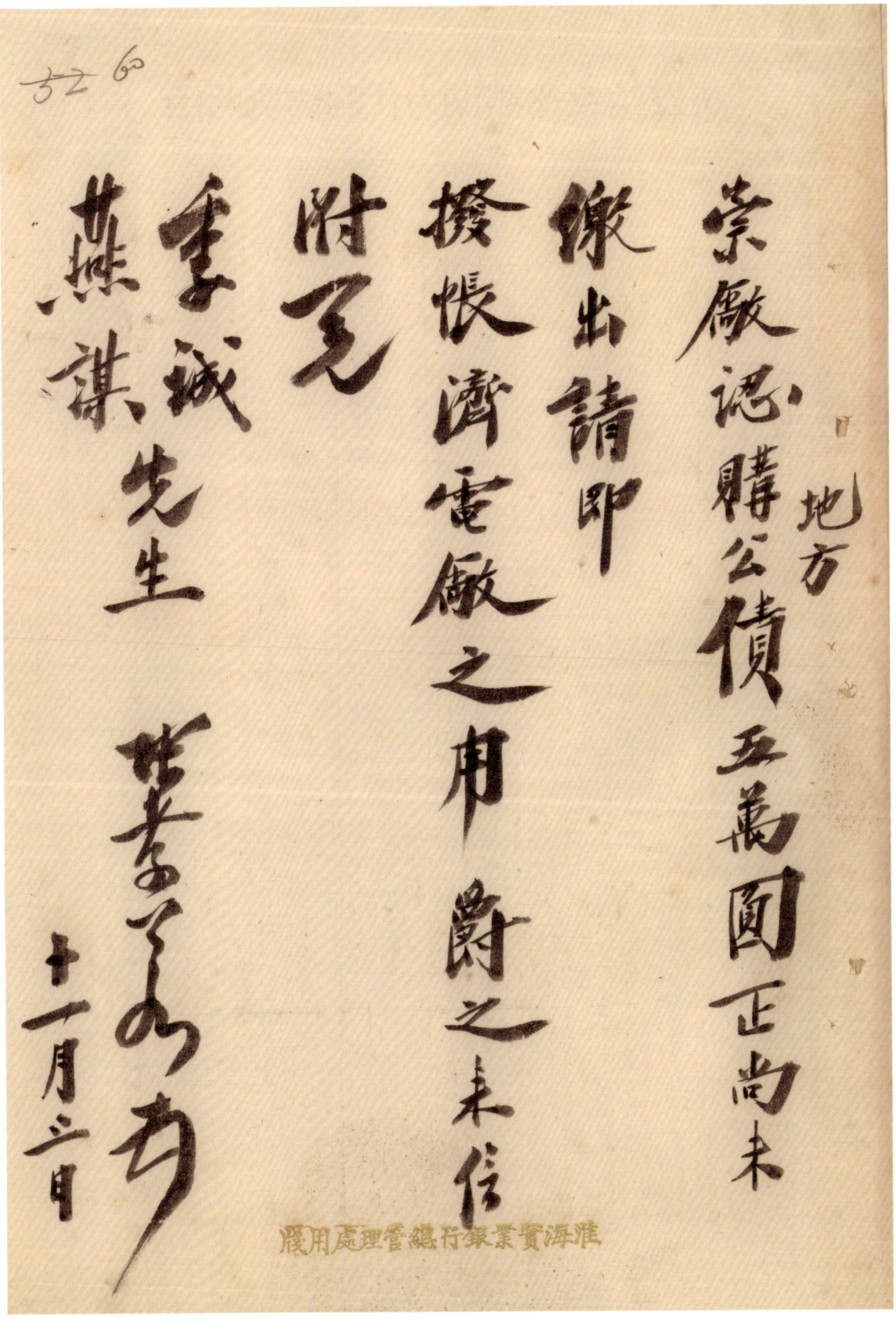
52 60

崇廠認購地方公債五萬圓正尚未
繳出請即
撥悵濟電廠之用尉之来信
附覽
季誠
燕謀先生
張謇頓首
十一月三日

淮海實業銀行總管理處用牋

张孝若致吴寄尘、沈燕谋催缴崇厂地方公债的函

（十一月三日）

崇厂认购地方公债五万圆正，尚未缴出，请即拨账济电厂之用。爵之来信附阅。

季诚、燕谋先生

张孝若顿首

十一月三日

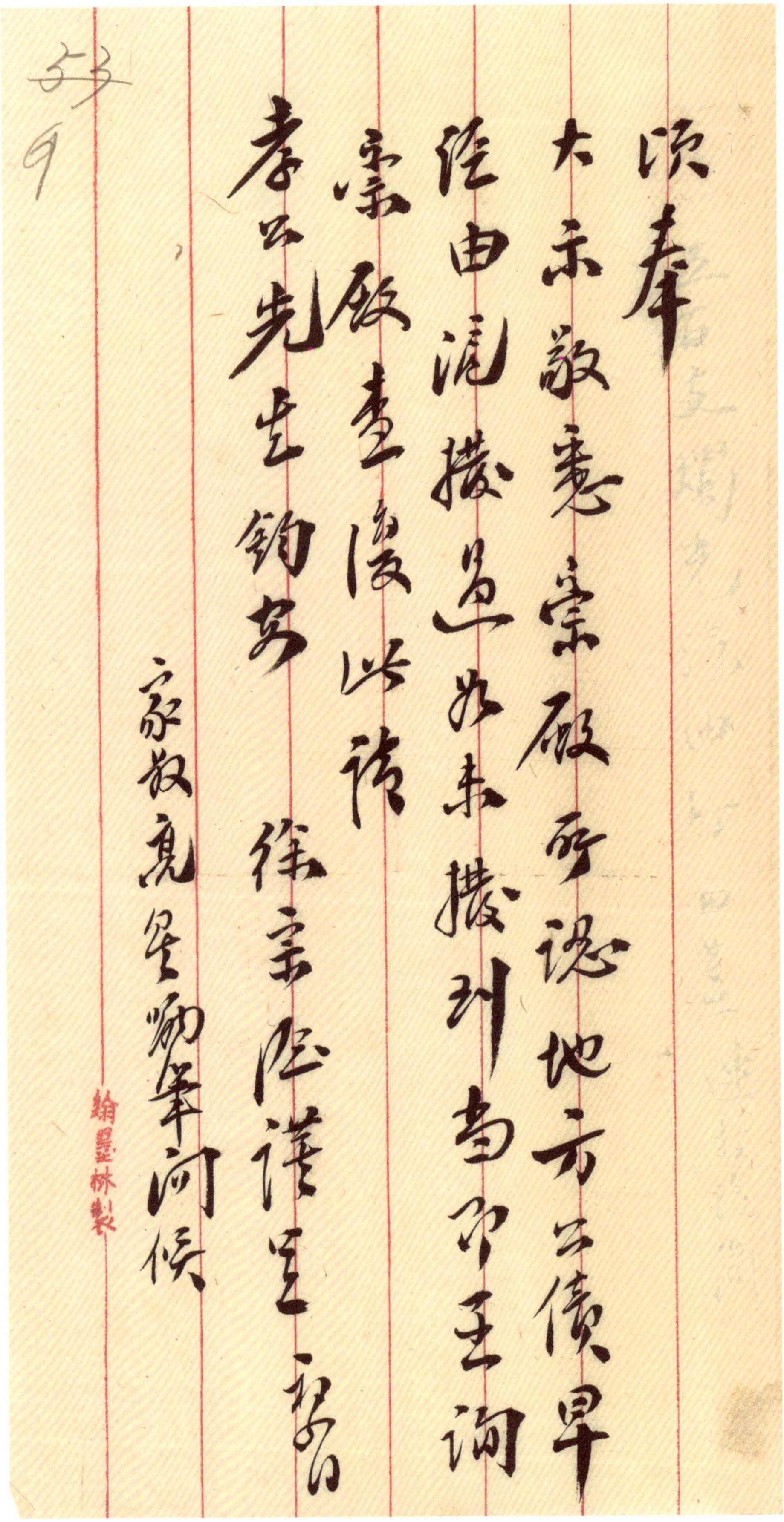
頃奉
大示敬悉。崇啟所認地方公債早
經由滬撥過，如未撥到，當即函詢
崇啟查復。此請
孝公先生鈞安
徐宗陸謹呈 十一月八日
家叔亮星囑筆問候
翰墨林製

徐宗溍致张孝若
告知大生二厂已购公债的函

（初四日）

顷奉大示敬悉。崇厂所认地方公债，早经由沪拨过，如未拨到，当即函询崇厂查复。此请

孝公先生钧安

徐宗溍谨呈

初四日

家叔亮星嘱笔问候

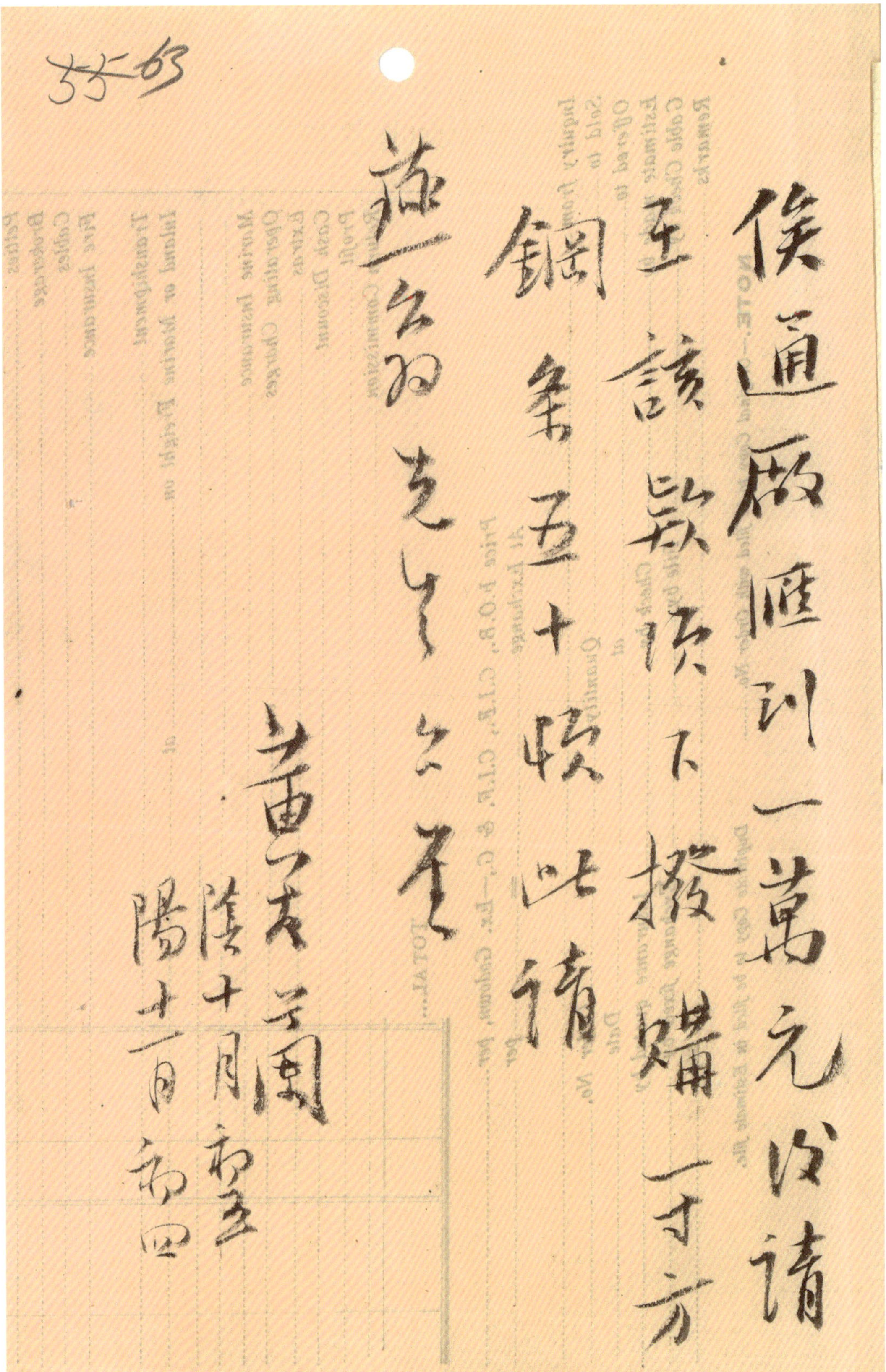

55-63

倘通厰滙到一萬元收請
至該款項下撥購一寸方
鋼条五十噸此請
燕翁先生台鉴
黄美閎
陰十月廿五
陽十一月廿四

黄友兰致沈燕谋为拨购钢条的函

（十一月四日）

俟通厂汇到一万元后，请在该款项下拨购一寸方钢条五十吨。

此请

燕翁先生台鉴

黄友兰

阴十月初五

阳十一月初四

57 65

南通電廠用箋

第　號第　頁

燕若先生惠鑒頃奉
手函承
壽
尊處代付總站不勝感荷崇廠認
公債五万元當遵
示請　退公囑崇廠會計付滬
以完手續綱條五十噸其中一寸
分至少需三十五噸餘可配不分

中華民國　年　月　日

~~58~~ 66

南通電廠用箋

第　號第　頁

及四分者即請
傳備為存汽油灯四盞夜工待用
務祈
速備交大達壽通公私慶炊
清神心緒不安不知何以為報弟
五通尚有數日接洽零星借款及
招股兩事鈞爲明晚來滬書此即
頌
釗安
弟　右今闓手拜

中華民國　年十二月八日

黄友兰致沈燕谋为采购钢条和汽油灯、崇厂认购公债的函

（十一月八日）

燕翁先生惠鉴：

顷奉手函，承寄尊处代付总账，不胜感荷！崇厂认公债五万元，当遵示请退公嘱崇厂会计付沪，以完手续。钢条五十吨，其中一寸方至少需三十五吨，余可配六分及四分者，即请便购为荷。汽油灯四盏，夜工待用，务祈速购，交大达寄通。公私屡烦清神，心颇不安，不知何以为报。弟在通尚有数日，接洽零星借款及招股两事。钮翁明晚来沪。专此。即颂

刻安

弟友兰手拜

十一月八日

5.9.67

南通電廠用箋

第　號第　頁

燕謀學長先生賜鑒：刻接
代購汽油灯一盞，獲之欣喜，即晚開
夜工，電廠得早一日完工。前託購汽
油灯共四盞，其餘三盞倘蒙
續購運通，尤為感激。弟明知汽
油灯所費不貲，而
尊處代墊之款已巨，然為工程
起見，不得不再冒昧煩

中華民國　年　月　日

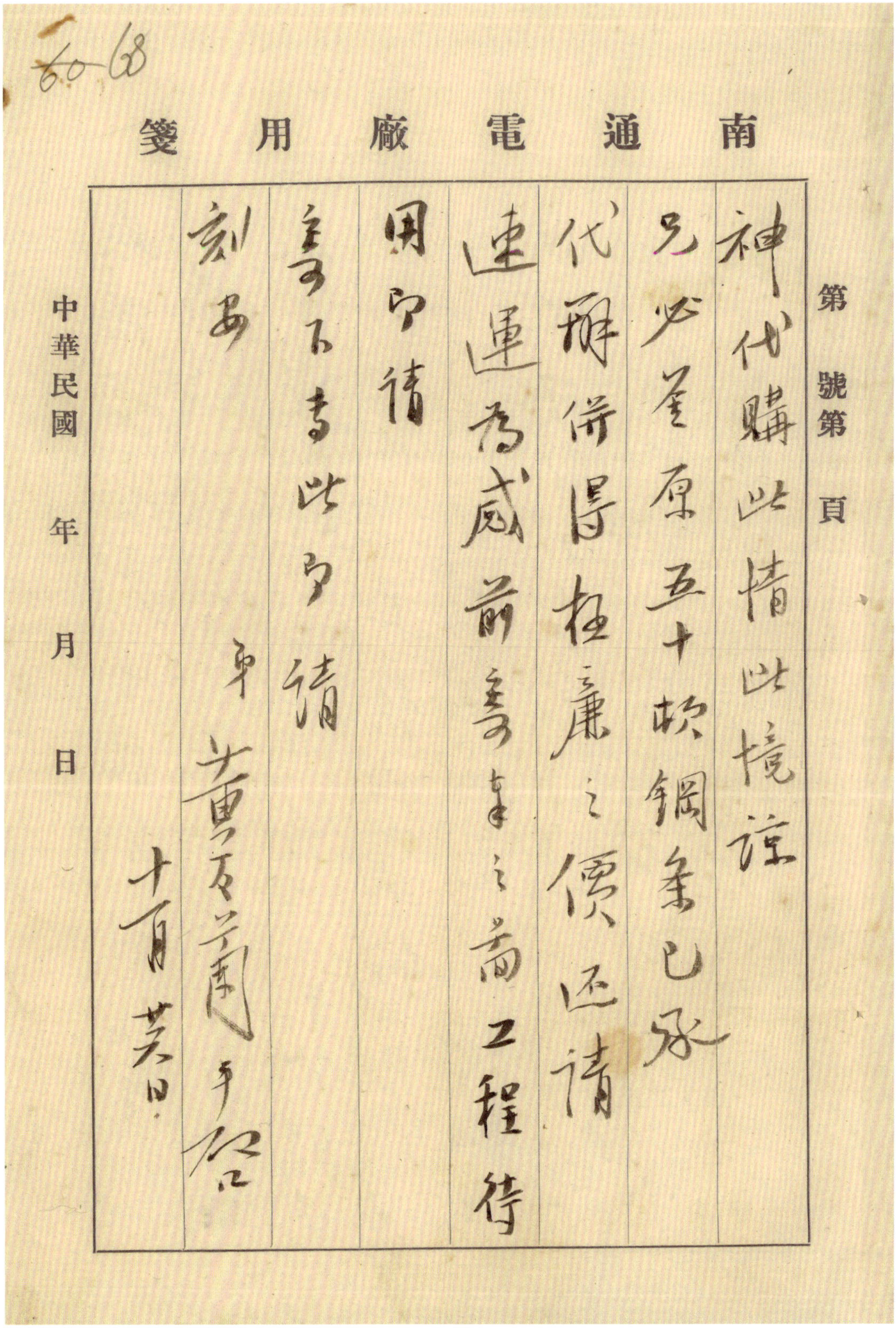
60-68

南通電廠用箋

第　號第　頁

神代購此情此境諒
兄必蒙原五十枝鋼條已承
代辦偕得極廉之價還請
速運為感前奉華之函工程待
用即請
奉示書此即請
刻安
弟黃右蘭手啓
十月廿日

中華民國　年　月　日

黄友兰致沈燕谋为续购三盏汽油灯等事的函

（十一月廿六日）

燕谋学长先生赐鉴：

刻接奉代购汽油灯一盏，获之颇喜，即晚开夜工，电厂得早一日完工。前托购汽油灯共四盏，其余三盏，倘蒙续购运通，尤为感激。弟明知汽油灯所费不赀，而尊处代垫之款已巨，然为工程起见，不得不再冒昧烦神代购。此情此境，谅兄必鉴。原五十吨钢条已承代办，并得极廉之价，还请速运为感。前寄奉之图，工程待用，即请寄下。专此。即请

刻安

弟黄友兰手启

十一月廿六日

圍圓以卅三英寸為標準不及卅二英寸者不收增大以不加價為限

上兩項圍圓較標準稍差之杆木無論甲種或乙種均不得過全數十分之一逾限不收

(五)形狀

上列甲乙兩種杆木自頭至尾圍圓須漸漸縮小無論在杆之何段每長一英尺兩端之圍圓相差不得過半英寸圍圓伸縮無定例者不收

(六)灣度

所有杆木均以正直不曲者為標準稍有灣曲亦可但自杆頂起至距離杆頭六英尺處止中間灣曲最甚之處以十英尺寸距離為限(自上云兩端相接之直線橫量至杆木最灣處之中心)逾限不收壹杆而有多灣者亦不收此項灣度不逾十英寸之杆木無論甲種或乙種均不得過全數廿分之一多即選退

(七)質地

所有杆木均須皮色清潔毫無損傷有裂縫及旋紋者不收質輕心空枯舊嫩弱者亦不收

南通電廠電杆木説明書

(一)種類　電杆木分甲乙兩種統用正廣木承攬人不得以他種杆木混雜供給

(二)數目　甲種廣木電杆共需肆百根

乙種廣木電杆共需柒百伍拾根

承攬人擔任供給之數無論為全數或全數之一部分必須於一月内交貨

(三)長度　甲種杆長自頭至尾以卅五英尺為標準不及卅四英尺者不收增長以不加價為限此項長度不及標準之杆木根數不得過全數十分之一逾限不收（乙種杆長與甲種同限制亦同）

(四)圍圓　甲種杆頂圍圓以廿二英寸為標準不及廿一英寸者不收杆之下部即距離杆頭六英尺之處（自根眼上量起）圍圓以卅八英寸為標準不及卅六英寸者不收增大以不加價為限

南通电厂电杆木说明书

（一）种类

电杆木分甲、乙两种，统用正广木，承揽人不得以他种杆木混杂供给。

（二）数目

甲种广木电杆共需肆百根。

乙种广木电杆共需柒百伍拾根。

承揽人担任供给之数，无论为全数或全数之一部分，必须于一月内交货。

（三）长度

甲种杆长，自头至尾以卅五英尺为标准，不及卅四英尺者不收，增长不加价为限。此项长度不及标准之杆木根数，不得过全数十分之一，逾限不收（乙种杆长与甲种同，限制亦同）。

（四）围圆

甲种杆顶，围圆以廿二英寸为标准，不及廿一英寸者不收。杆之下部，即距离杆头六英尺之处（自根眼上量起），围圆以卅八英寸为标准，不及卅六英寸者不收，增大以不加价为限。

乙种杆顶，围圆以十九英寸为标准，不及十八英寸半者不收。杆之下部，即距离杆头六英尺之处（量法同），围圆以卅三英寸为标准，不及卅二英寸者不收，增大以不加价为限。

上两项围圆较标准稍差之杆木，无论甲种或乙种均不得过全数十分之一，逾限不收。

（五）形状

上列甲乙两种杆木，自头至尾，围圆须渐渐缩小，无论在杆之何段，每长一英尺，两端之围圆相差不得过半英寸，围圆伸缩无定例者不收。

（六）湾〔弯〕度

所有杆木均以正直不曲者为标准，稍有湾〔弯〕曲亦可，但自杆顶起至距离杆头六英尺处止，中间湾〔弯〕曲最甚之处以十英寸距离为限（自上云两端相接之直线，横量至杆木最湾〔弯〕处之中心），逾限不收。壹杆而有多湾〔弯〕者亦不收。此项湾〔弯〕度不逾十英寸之杆木，无论甲种或乙种均不得过全数廿分之一，多即选退。

（七）质地

所有杆木，均须皮色清洁，毫无损伤，有裂缝及旋纹者不收，质轻、心空、枯旧、嫩弱者亦不收。

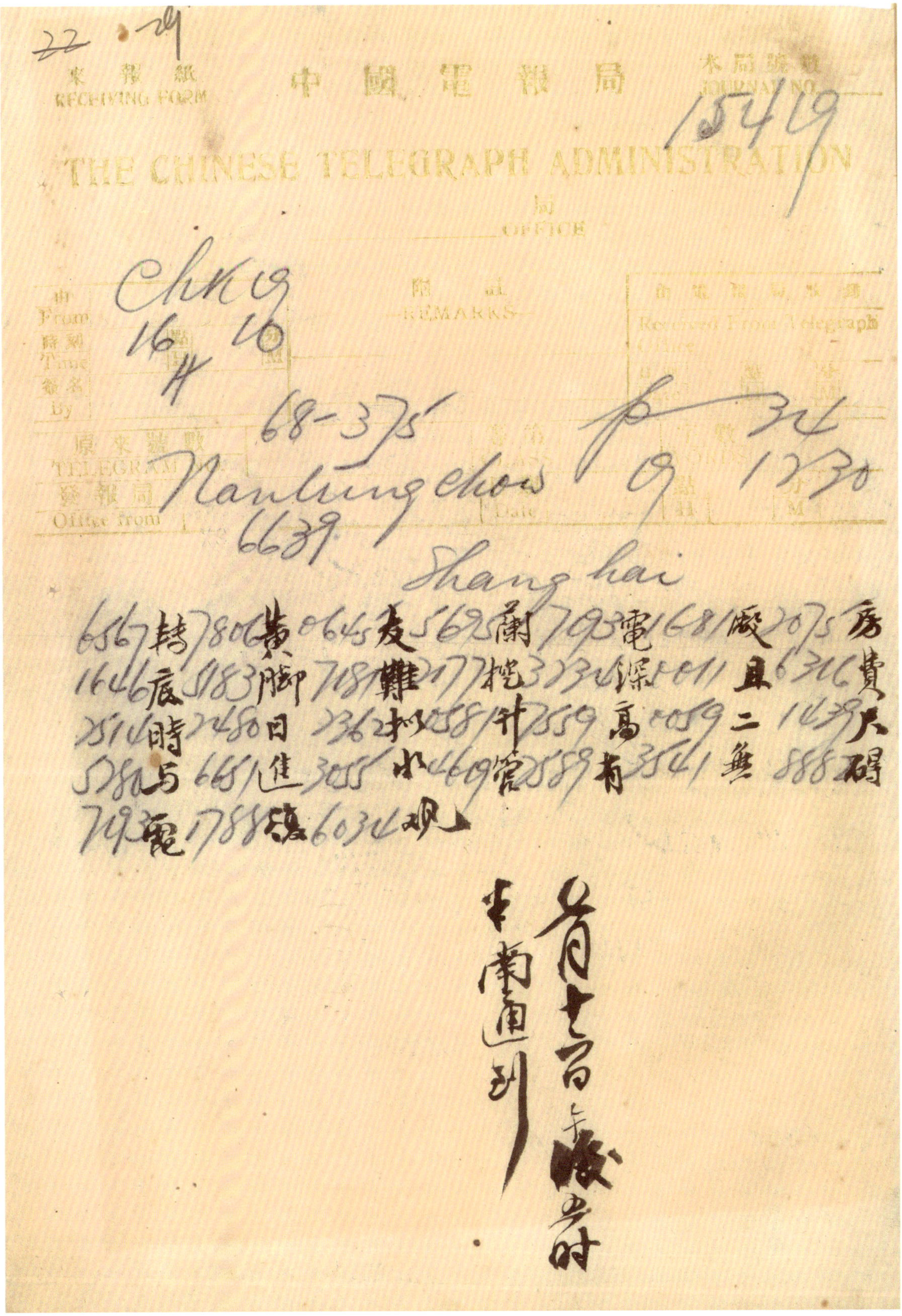
22 29

來報紙 RECEIVING FORM

中國電報局

本局號數 JOURNAL NO. 15419

THE CHINESE TELEGRAPH ADMINISTRATION

局 OFFICE

由 From ChK 9

時刻 Time 16 點 H 10 分 M

簽名 By H

附註 REMARKS

由電報局收到 Received From Telegraph Office

原來號數 TELEGRAM No. 68-375

字數 WORDS 34

發報局 Office from Nantungchow 6639

日期 Date 9

點 H 12 分 M 30

Shanghai

6567 轉 7806 黄 0645 夏 5695 蘭 7193 電 1681 殿 2075 房

1646 底 5183 脚 7181 難 2177 挖 3734 探 0011 且 6316 貴

2514 時 2480 日 3362 拟 2581 針 7559 高 0059 二 1639 大

5280 与 6651 進 3055 水 4469 管 2589 有 3541 無 8882 碍

7193 電 1788 復 6034 觀

高鉴致黄友兰关于电厂地基挖掘的电报

（七月十六日）

转黄友兰：电厂房底脚难挖深，且费时日，拟升高二尺，与进水管有无碍？电复！观

（七月十六日午后五时半南通到）

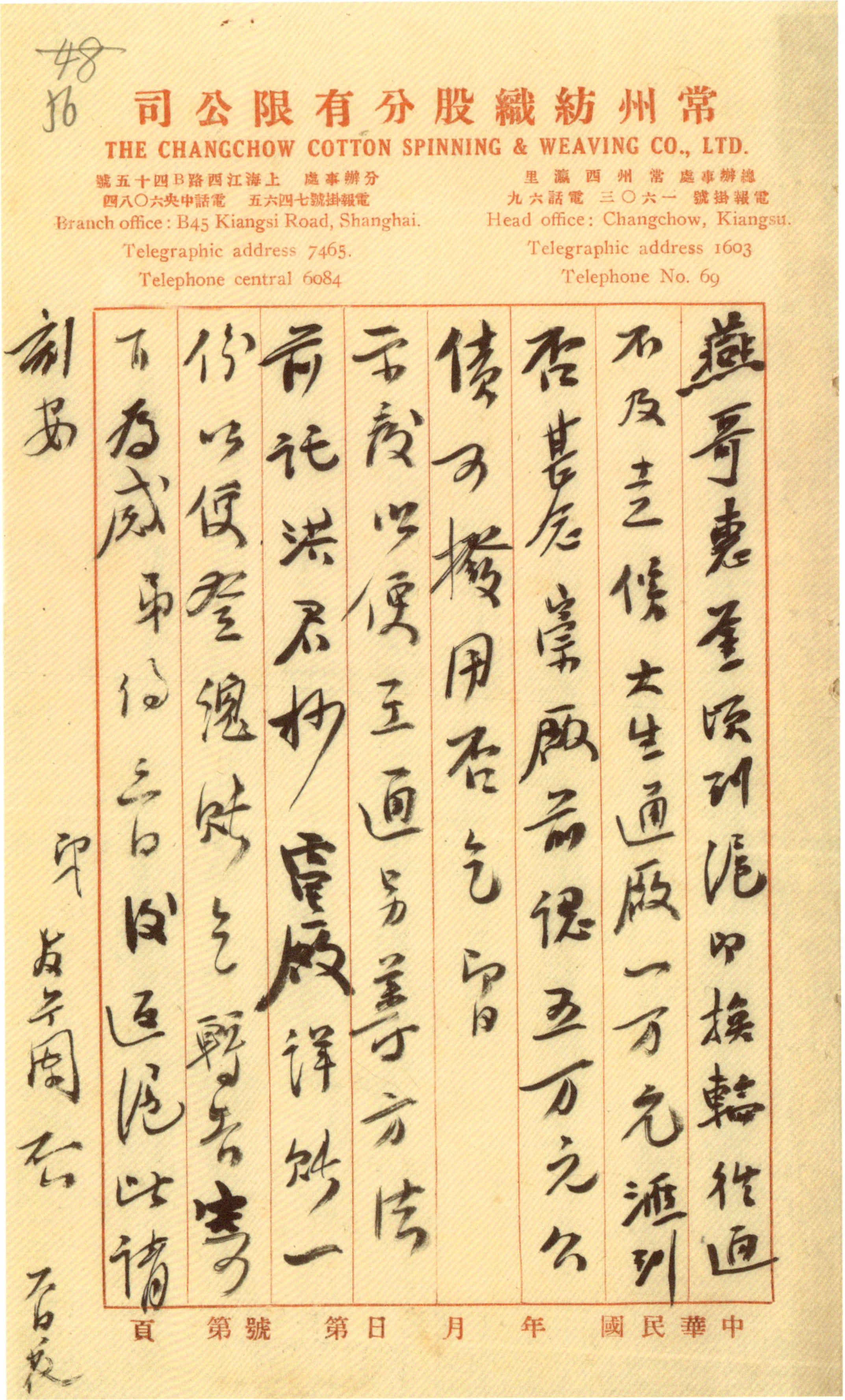

48
86

常州紡織股份有限公司
THE CHANGCHOW COTTON SPINNING & WEAVING CO., LTD.

分辦事處 上海江西路B四十五號
電報掛號七四六五 電話中央六〇八四
Branch office: B45 Kiangsi Road, Shanghai.
Telegraphic address 7465.
Telephone central 6084

總辦事處 常州西瀛里
電報掛號 一六〇三 電話六九
Head office: Changchow, Kiangsu.
Telegraphic address 1603
Telephone No. 69

燕哥惠鉴：顷到沪，即换轮往通，不及趋候。大生通厂一万元汇到否？甚念。崇厂前促五万元公债可拨用否？乞示复，以便至通另筹方法。前托洪君抄寄厂详账一份，以便登总账之需，专寄下为感。弟今日回通返沪，此请刻安。

印
岁午周启
廿二日夜

中華民國　年　月　日　第　號第　頁

黄友兰致沈燕谋
为资金转账拨付和邮寄电厂详账的函

（六日）

燕哥惠鉴：

顷到沪，即换轮往通，不及走候。大生通厂一万元汇到否？甚念。崇厂前认五万元公债，可拨用否？乞即日示复，以便在通另筹方法。前托洪君抄电厂详账一份，以便登总账，乞转告寄下为感。弟约三日后返沪。此请

刻安

弟友兰启

六日夜

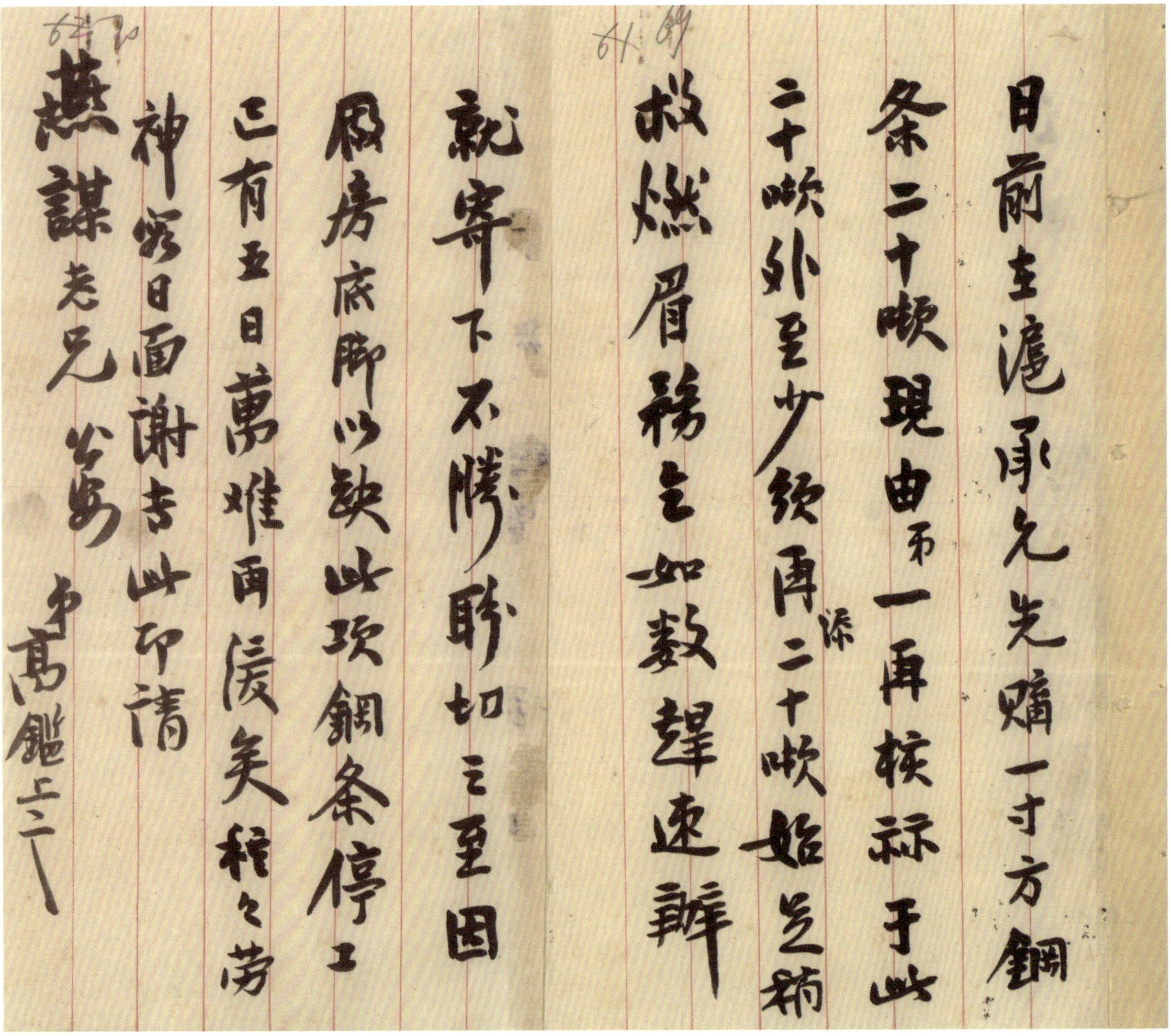
日前在滬承兄先購一寸方鋼
条二十噸現由下一再核算于此
二十噸外至少須再添二十噸始足稍
救燃眉務乞如數趕速辦
就寄下不勝盼切之至因
廠房底脚以缺此項鋼条停工
已有五日萬难再緩矣種々勞
神容日面謝专此即請
燕謀老兄 公安
弟 高鑑 上 三一

高鉴致沈燕谋续购钢条的函

日前在沪，承允先购一寸方钢条二十吨，现由弟一再核算，于此二十吨外，至少须再添二十吨始足，稍救燃眉，务乞如数赶速办就寄下，不胜盼切之至。因厂房底脚以缺此项钢条，停工已有五日，万难再缓矣。种种劳神，容日面谢。专此。即请

燕谋老兄公安

弟高鉴上言

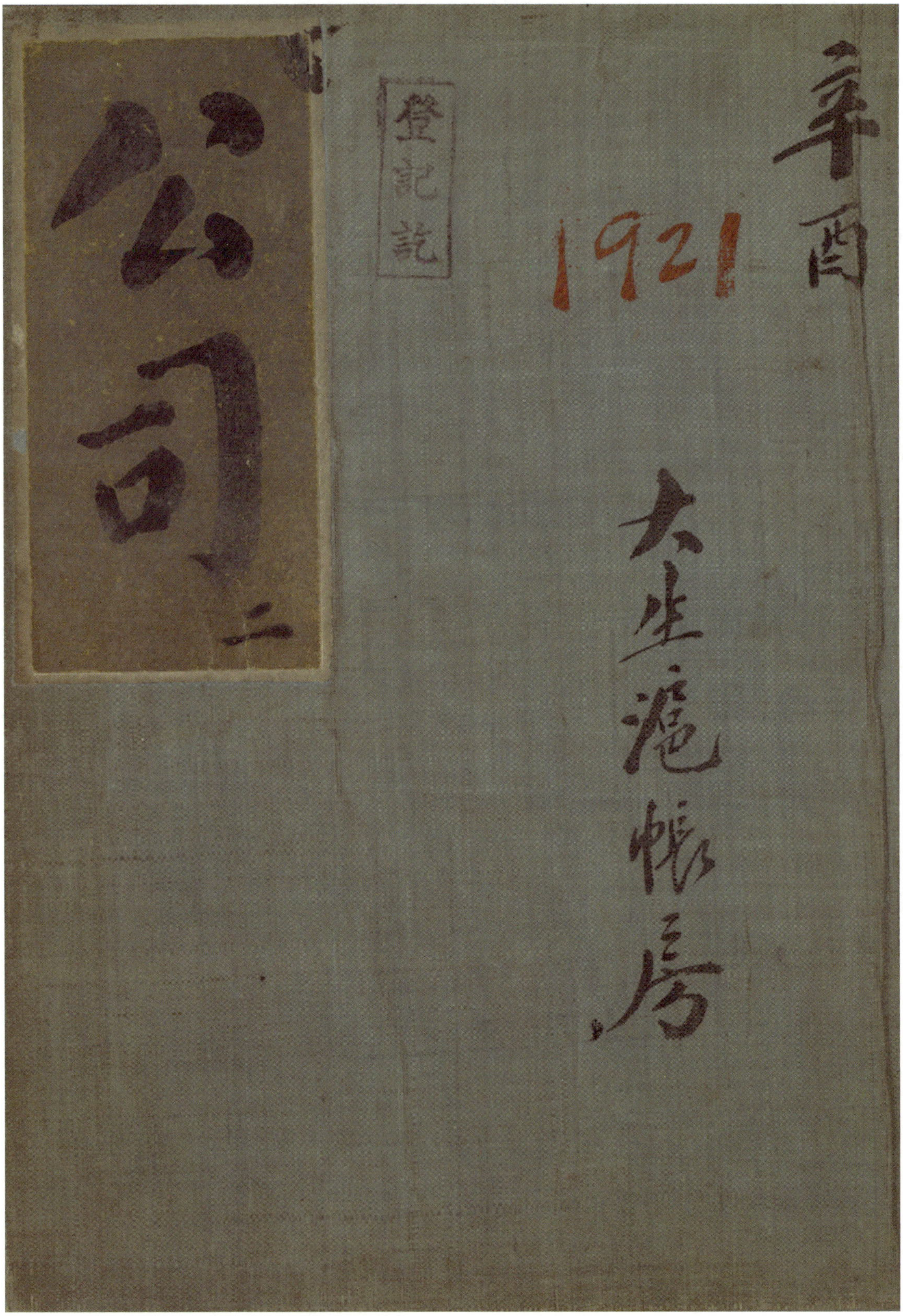
公司 二
登記說
辛酉
1921
大生滬帳房

054

電廠

上負過來七月底止結欠元拾九萬六千五百四拾五兩[illegible]分[illegible]

收淮海實 洋五萬元 [illegible]元叁萬[illegible] 止

付電燈三枝 統 元[illegible]

付[illegible] 元[illegible]

付煤鑪二打 統 元[illegible]

付[illegible] 元[illegible]

付杉板[illegible] 統 元[illegible]

付[illegible] 元五兩[illegible]

付碎玻璃兩快 統 元[illegible]

付[illegible] 元[illegible]

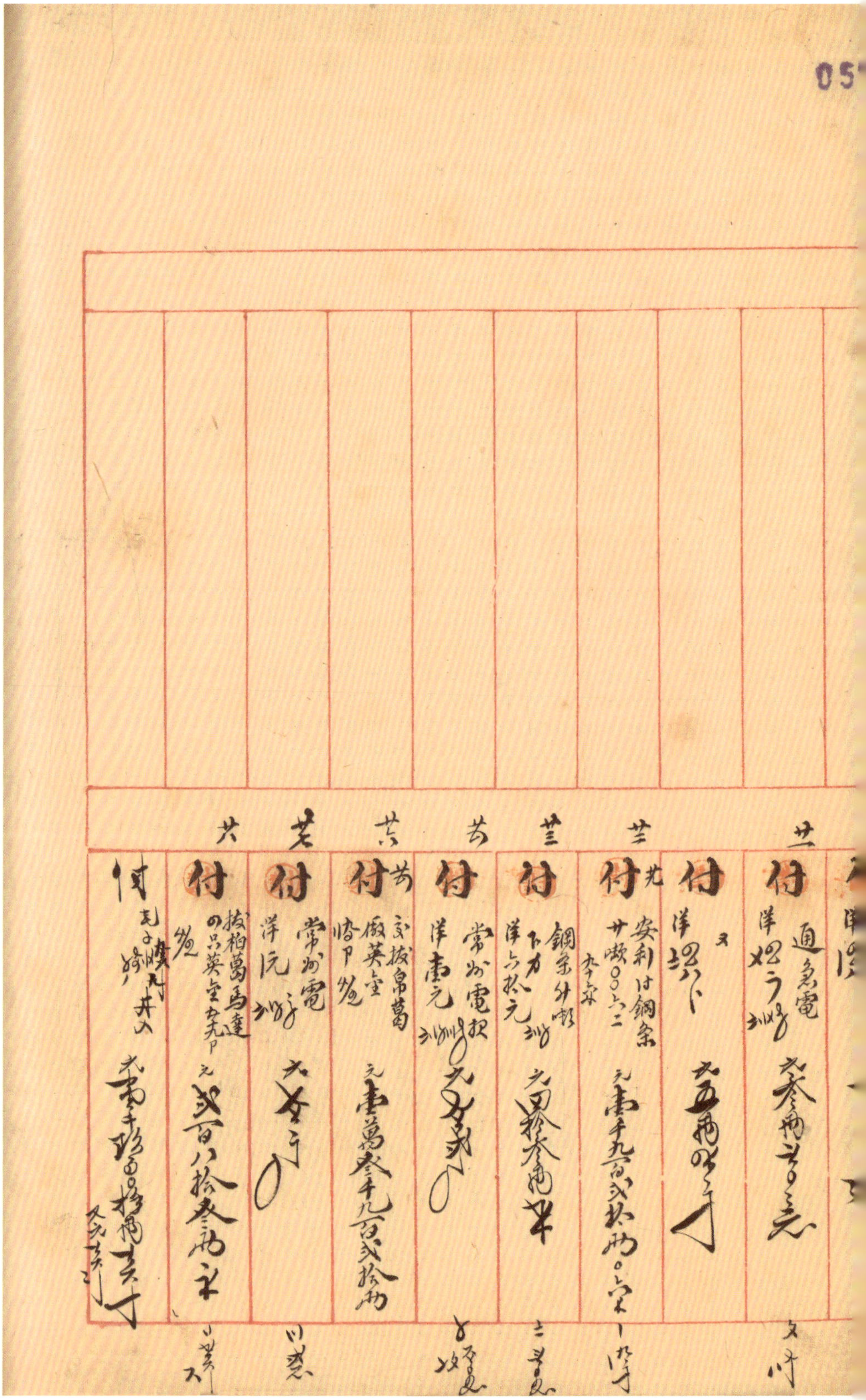
廿一 付 通急電 洋烟弍 元叁角弍分五厘
付 洋烟 又 元五角四分
廿二 付 安利付鋼条 廿嗽〇〇六二 元壹千九百弍拾两〇六钱
廿三 付 鋼条升 洋六拾元 元四拾叁角半
廿四 付 常州電报 洋壹元 元壹角弍
廿五 付 抜帛萬 廠英金 元壹萬叁千九百弍拾两
廿六 付 常州電 洋阮 元壹角
廿七 付 抜柏葛馬達 英金 元弍百八拾叁两
廿八 付 元壹千玖百拾两

付 钢条 [illegible] 九[illegible]两[illegible]

付 安利付 方钢条 [illegible] 元 叁千[illegible]四拾[illegible]两[illegible]

付 钢条 [illegible]支 駁力 洋四拾贰元 [illegible] 元[illegible]两[illegible]

付 通兴電 洋[illegible] [illegible] 元[illegible]两[illegible]九[illegible]

付 黄灰八箱子 慎昌洲 量似器 元 四百八拾七两

付 吊車 定与 元 壹千两

付 钢条廿[illegible] 下力 洋廿の元 [illegible] 元[illegible]两[illegible]

付 [illegible]片二块 洋六千の元 [illegible] 元[illegible]两[illegible]

付 钢条廿[illegible] 駁車力 洋七十[illegible]元 [illegible] 元[illegible]两[illegible]

付 黄八[illegible] [illegible]

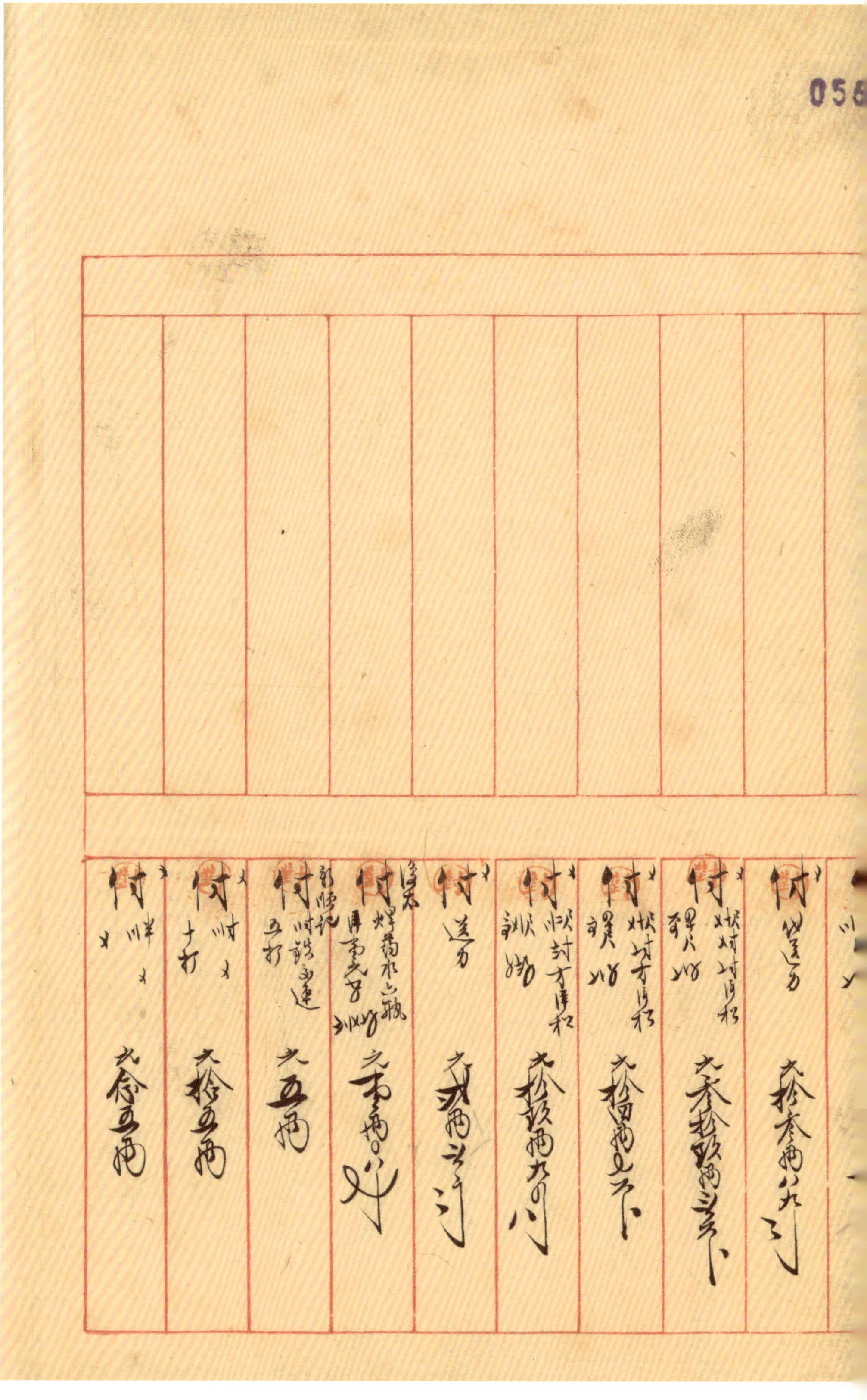

光

付 恩姐手 大洋[illegible]

付 外国 洋仁得松外尺 大洋[illegible]

付 伙食力 大洋[illegible]

付 对方得松波 撑轮 大洋[illegible]

付 伙食力 大洋[illegible]

付 对仁得松欲 大洋[illegible]

付 对久 大洋[illegible]

付 伙食力 大洋[illegible]

付 乡托 对仁得松 大洋[illegible]

付 对寸 [illegible]

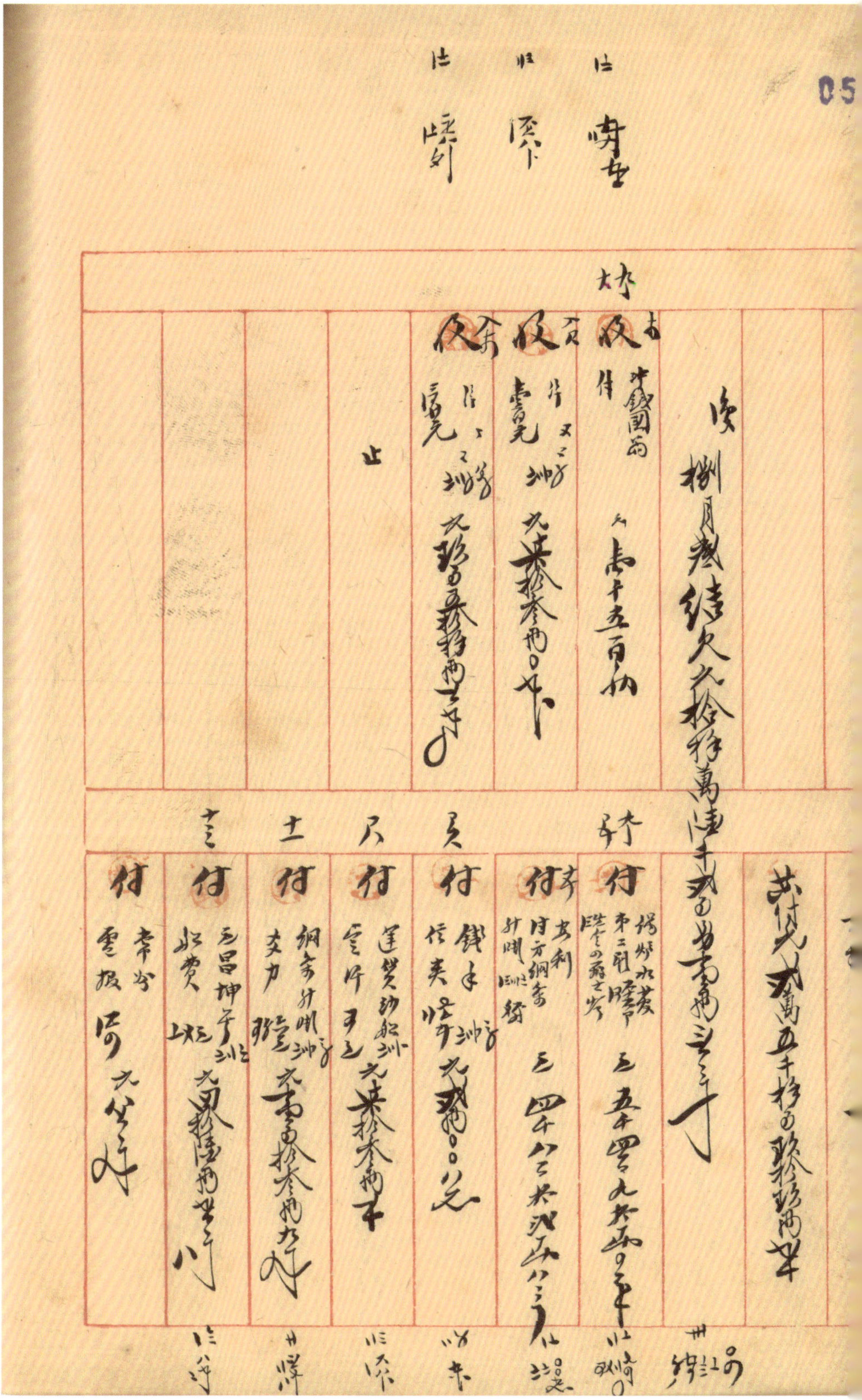

付 對鐵五連 五打 大拾五兩

付 對方〃 五打 大五兩半

付 對陣黄五連 二對 大拾五兩

付 對銅摃手 二付 大拾貳兩

付 對銅擂角 廿支 大拾兩九錢

付 對〃〃 四千二支 大壹百叁拾五兩九錢

付 對〃〃 大五拾壹兩廿六

付 對五鐵窗鈎 四千支 大貳兩

付 對〃〃 四千支 大陸兩

付 五節擂鈸

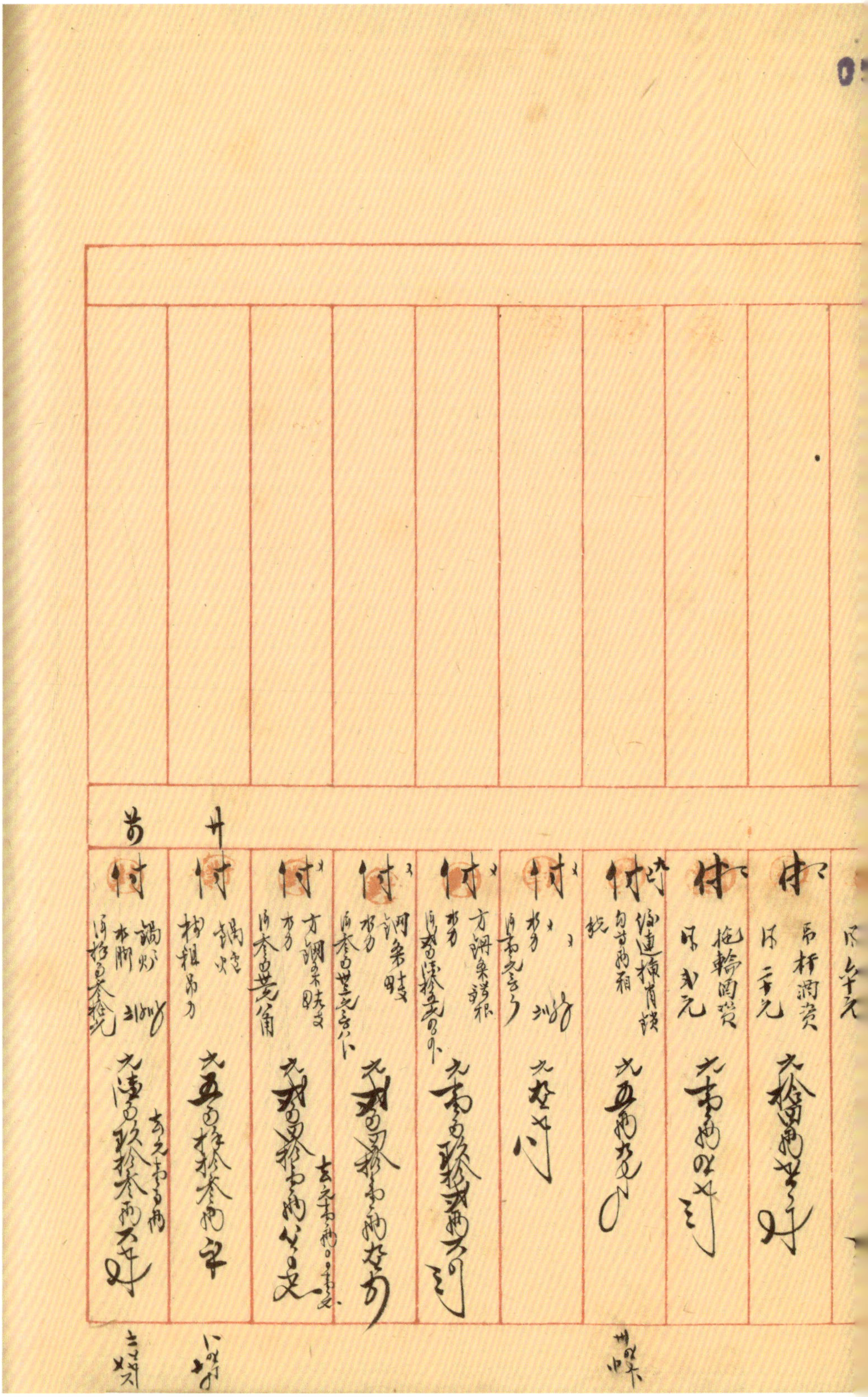

市

付 西门子 [illegible] 通关税　元 壹千五百两

付 [illegible]　元 玖拾五两[illegible]

付 合[illegible] 费　元 壹百四拾五[illegible]

付 [illegible]　元 贰百五拾[illegible]

大

付 [illegible]　元 壹千[illegible]

付 [illegible]　元 拾[illegible]

付 [illegible]　元 拾[illegible]

付 [illegible]　元 壹百叁拾[illegible]

付 [illegible]　元 玖拾[illegible]

[illegible]

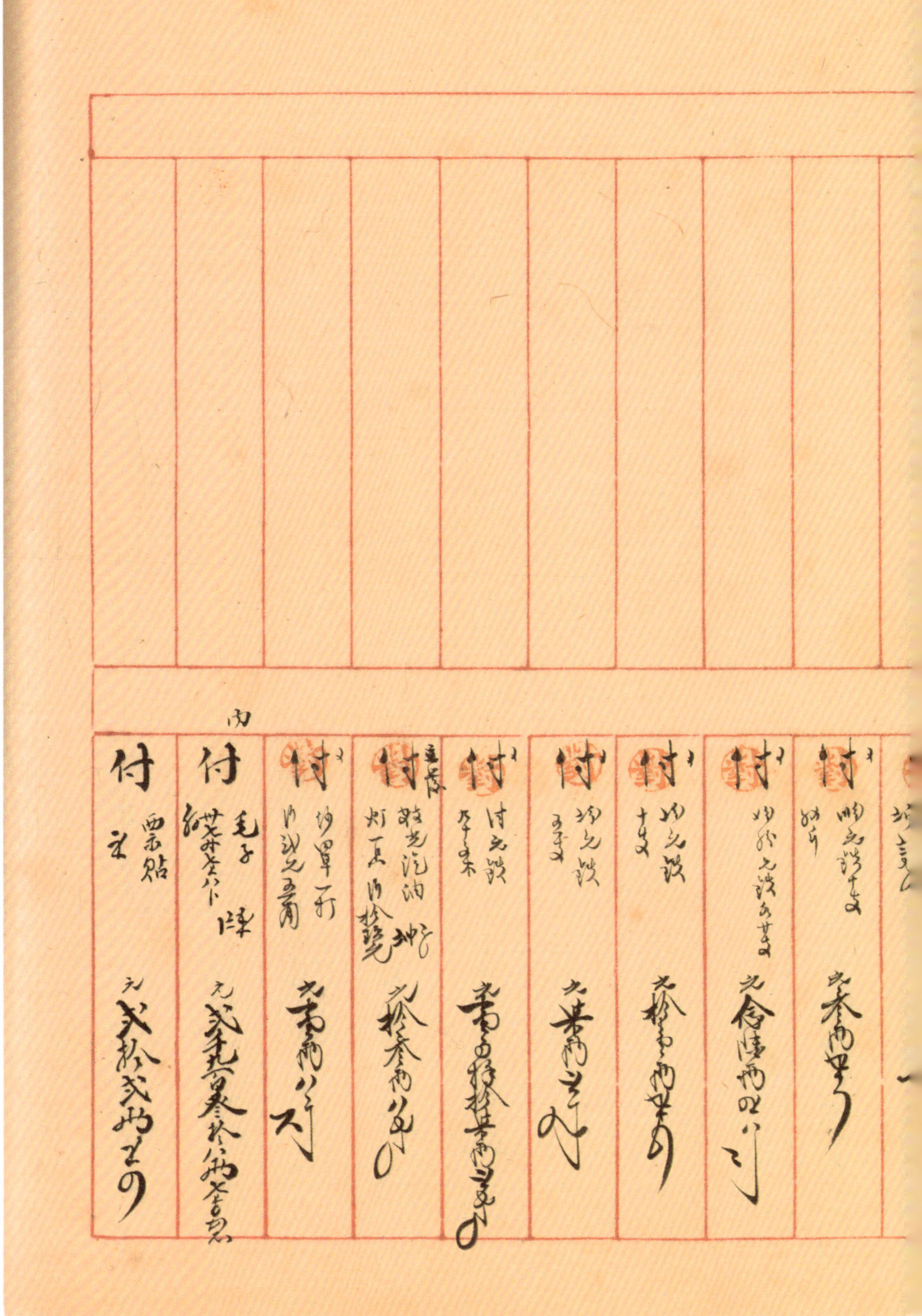

收 ……如……
刘 ……
江 ……

找物 珍月製結欠元貳拾萬〇陸千貳百玖拾陸兩……

廿一 收 ……長生…… 元九萬六千九百六十九兩七千

八 收 ……董……行長……元 元貳千貳百叁拾兩

十 收 ……五萬元 元叁萬陸千貳百肆拾貳兩半

心

廿 付 ……鎢炮…… 元……千……百……拾兩

廿 付 ……行…… 元八千兩

廿 付 …… 元四千〇貳拾肆兩八……

付 …… 元叁兩八分

廿一 付 廣長盛…… 元五萬叁千叁百叁拾叁兩……

付 …… 元五萬叁千〇叁拾……

廿九 付 方鋼条 元四千貳百兩

廿六 付 鋼条…… 元七拾九兩六六……

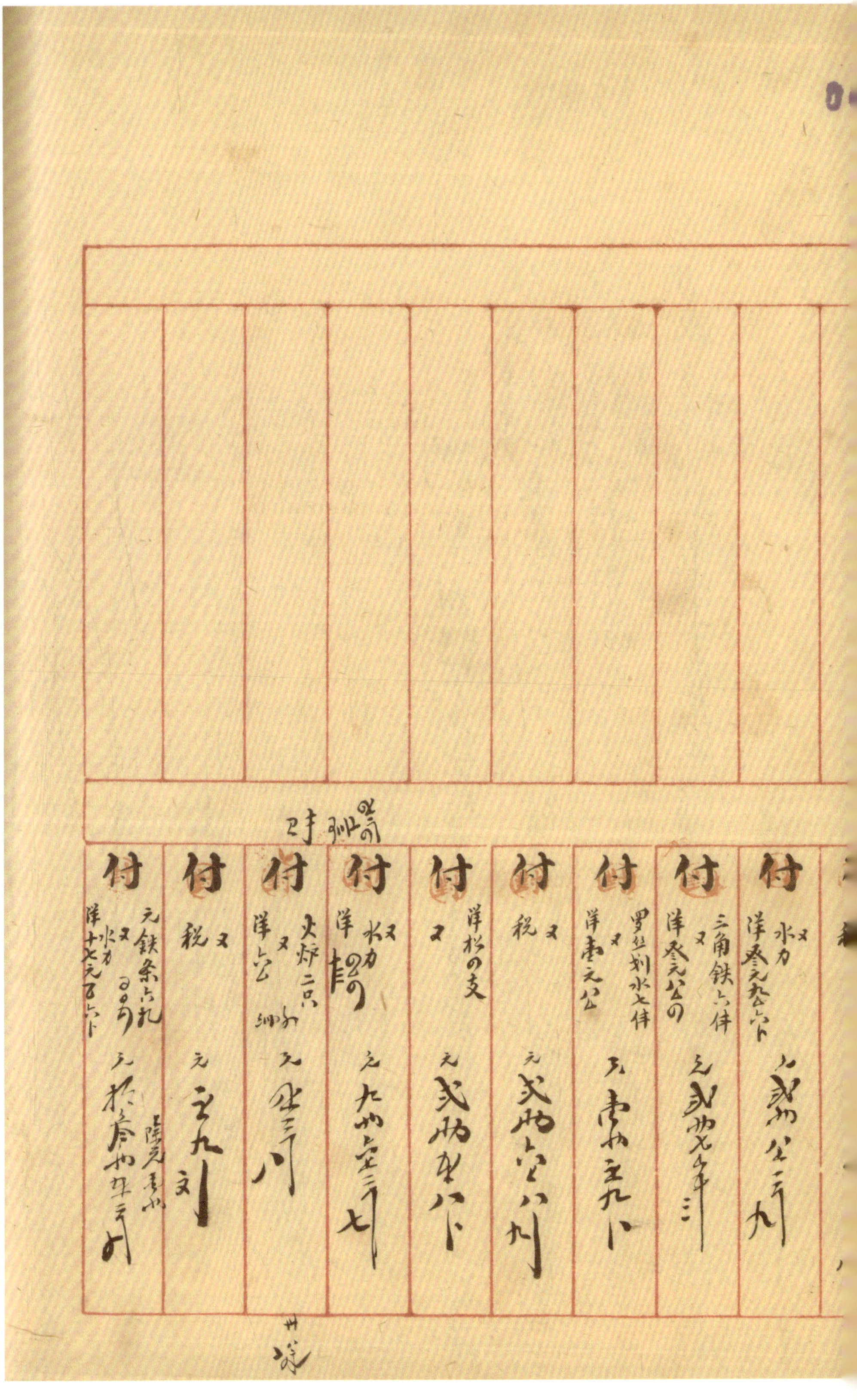
付 又 水力 洋叁元叁角六分
付 又 三角铁六件 洋叁元叁角
付 又 罗丝剉水七件 洋壹元八角
付 又 税
付 又 洋松四支
付 又 水力 洋四角
付 又 火炉二只 洋六角
付 又 税
付 又 元铁条六扎 又 水力 洋十七元

滚抄 十月底结欠元拾八萬〇叁百八拾叁两五九分

已付

收 冲销 元贰百两

正

时 付 铜条计呐 弹力 [illegible]元 元四拾八两五斗

卅四〇 [illegible]

昔 付 [illegible]元 [illegible] 元四拾叁两九斗

已付 付 电器〇件 大达水力 元四拾两〇五三

收〇[illegible]

付 又 骚力 洋壹元 元壹两〇〇四

付 又 税 元四拾五两五斗

付 又 电料三箱 元六两五二

付 又 骚力 洋台 元[illegible]

付 又 又 洋元 一箱 元[illegible]

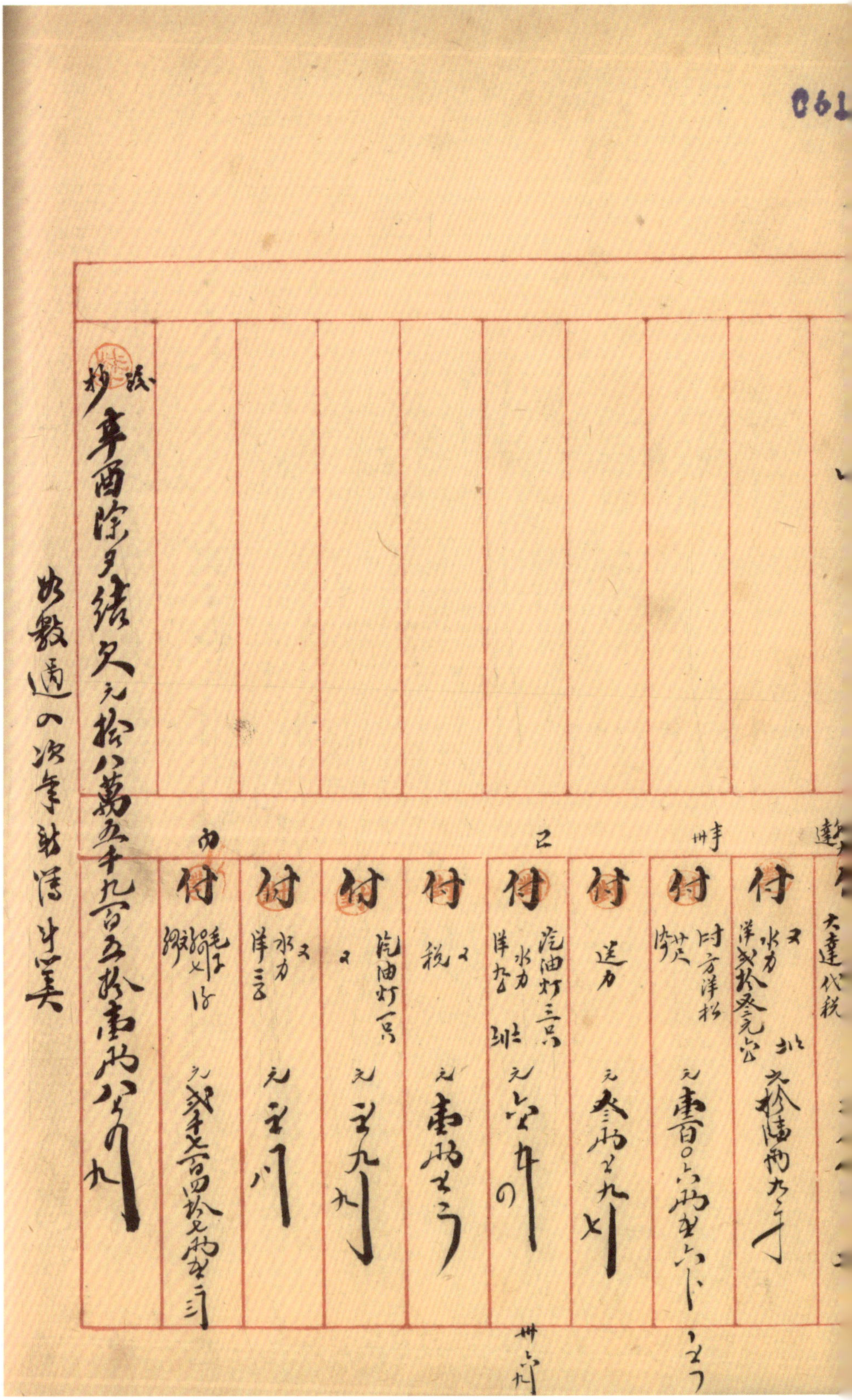
061
大達代税
付 又 水力 洋贰拾叁元 元拾陆两九
付 时方洋松 元壹百〇六两
付 送力 元叁两
付 汽油灯三只 水力 洋
付 又 税 元壹两
付 又 汽油灯一只 元
付 又 水力 洋 元
付
辛酉除夕结欠元拾八万五千九百五拾壹两八分九
收数适の次年新账清矣

登

丙　卅　排贰

付 汽油灯一只 又 洋三元 八千八

付 税 又 元 叁千三

付 钢条铆支 水力 元 贰百两

付 洋 又 又 驳九拾斤 元 壹百贰拾九两八钱八

付 驳力 又 洋卅二元四九三 元 贰拾叁两七钱二分

付 三件 修汽油灯 三具 洋五拾六元 元 四拾贰两五钱

付 汽油灯沙罩 二打 洋陆元 元 四两三钱八

付 毛子 洋七十八 元 贰千壹百七拾壹两七钱一

付 粟站 又 元 米

上

大生沪所辛酉年电厂往来账

（一九二一年）

电　厂

上页过来七月底止结欠元拾九万六千五百四拾五两五钱八分一厘

八月廿五

收淮海交洋五万元（七二四八七五）　元叁万陆千贰百四拾叁两七钱五分

止

八月初一

付电线三卷税　元贰两八钱

付又水力洋七角五（七二三七五）　元五钱四分三厘

付煤锹一打税　元四钱四分八厘

付又水力洋五角六分　元四钱〇五厘

付松板三百九十五块税　元捌两八钱五分

付又水力洋七元九角　元五两七钱一分七厘

付□□玻璃两块税　元七钱四分七厘

付又水力洋柒角　元五钱〇七厘

付钢条六百六十六根六百七十二□、水力洋五百叁拾元〇八角八分

元叁百捌拾四两二钱二分四厘

八月初二

初七付安利一寸方钢条八万九千六百廿六镑（九十六两）

元叁千八百四拾壹两一钱一分

八月初三

付钢条六百七十支、驳力洋四拾贰元（七二三五）　元叁拾两〇三钱八分七厘

八月初五

付通州电洋一元四角二分（七二四三七五）　元壹两〇二分九厘

八月初五

付黄友翁手慎昌测量仪器　元四百八拾七两

八月初六

十一付吊车定银　元壹千两

八月十一

付钢条四十吨、下力洋廿四元（七二四二五）　元拾柒两三钱八分二厘

八月十四

付厚片二块洋六十四元（七二四二五）　元四拾陆两三钱五分二厘

八月十七

付钢条廿吨、驳车力洋七十五元（七二四二五）元五拾四两三钱一分九厘

八月十八

付黄友兰翁电通洋壹元五角四分（七二四五）　元壹两一钱一分六厘

八月廿

付电常州洋一元四角八分（七二四一二五）　元壹两〇七分二厘

八月廿一

付通急电洋四元四角二分（七二四七五）　元叁两二钱〇三厘

付又洋七元四角八分　元五两四钱二分一厘

八月廿二

廿九付安利1寸钢条廿吨〇〇六二（九十六两）

元壹千九百贰拾两〇六钱

八月廿三

付钢条五十吨、下力洋六拾元（七二五）　元四拾叁两五钱

八月廿五

付常州电报洋壹元（七二五三七五）　　元七钱贰分五厘

八月廿六

廿五付交拔帛葛厂英金二千九百镑 4/2　　元壹万叁千九百贰拾两

八月廿七

付常州电洋一元（七二五一五）　　元七钱二分五厘

八月廿八

付拔柏葛马达四只英金五十九镑 4/2　　元贰百八拾叁两二钱

付毛子五千七百二十四两九钱六分九厘（十两入）

元壹千玖百〇捌两一钱六分一厘

又元一钱六分二厘

付票贴二钱　　元四两四钱一分二厘

八月廿九

付顺太一寸半十二寸洋松一千〇十一尺（六七）元陆拾柒两七钱三分七厘

付又代送力　　元贰两〇三分二厘

付又十四寸方洋松八支六千五百三十三尺（七六）

元四百玖拾陆两五钱〇八厘

付又代送力　　元拾四两八钱九分五厘

付又二寸十二寸洋松四千八百尺（六四）　　元叁百〇柒两二钱

付又三寸又二千一百六十尺（六七）　　元壹百四拾两七钱二分

付又代送力　　元拾叁两五钱五分八厘

付久记四寸十二寸洋松二千尺（六四）　　元壹百念捌两

付又三寸六寸又二千〇〇一尺（六四）　　元壹百念捌两〇六分四厘

付久记一寸六寸二号企口板三千尺（六九）　　元贰百〇柒两

付又代送力	元拾叁两八钱九分二厘
付又四十尺四寸六寸洋松六百四十尺（六一五）	元叁拾玖两三钱六分
付又四十尺六寸方洋松二百四十尺（六一五）	元拾四两七钱六分
付又三十二尺八寸方洋松三百四十一尺（五八五）	元拾玖两九钱四分八厘
付又送力	元贰两二钱二分二厘
付复太焊药水六瓶洋壹元五角（七二四六五）	元壹两〇八分七厘
付新顺记二寸铁交连〔铰链〕五打	元五两
付又三寸又十打	元拾五两
付又三寸半又又	元念五两
付又四寸铁交连〔铰链〕五打	元拾五两
付又四寸方又一打	元五两五钱
付又八寸弹簧交连〔铰链〕二对	元拾五两
付又十寸铜推手二付	元拾贰两
付又四寸铜插肖〔销〕卅二支	元捌两九钱六分
付又十八寸又九十二支	元壹百拾五两九钱二分
付又八寸又又	元五拾壹两五钱三分
付又四寸西铁窗钩四十支	元贰两
付又八寸又九十支	元玖两
付又西珠插锁五十把	元叁拾柒两五钱
付又大门铜暗锁壹把	元柒两

共付元贰万五千捌百玖拾玖两五钱

复捌月底结欠元拾捌万陆千贰百另壹两三钱三分一厘

九月十八

十四收冲钱国翁付　　元壹千五百两

入初八收又洋壹百元（七三〇五）　　元柒拾叁两〇五分

入十四收又洋一千三百廿元（七二五八七五）

元玖百五拾捌两一钱五分五厘

止

九月初五

付锅炉水管第二期一千一百六十六镑十三先令四办（便）士 4/3

元五千四百九拾两〇二钱

十五付安利一寸方钢条五十吨（一三三七）（九十六两）

元四千八百拾贰两八钱三分

九月初六

付钱手信夹二元七角五分（七三〇二五）　　元贰两〇〇八厘

九月初八

付运货沙船定纤一百元（七三一）　　元柒拾叁两一钱

九月十一

付钢条五十吨驳力一百五十六元（七三〇二五）

元壹百拾叁两九钱一分九厘

九月十三

付元昌坤号船费六十四元（七二七）　　元四拾陆两五钱二分八厘

付常州电报一元一角四分　　元八钱二分九厘

十四付西门子推平运通关税　　元壹千五百两

九月十四

付王顺兴船等装电机水力洋一千三百廿元（七二六三七五）

元玖百五拾捌两八钱一分五厘

付会德丰拖驳费　　　　　　　　　　　　元壹百四拾五两

十五付招商局驳费　　　　　　　　　　　元贰百五拾两〇七分五厘

九月十八

十四付德机税饷　　　　　　　　　　　　元壹千贰百拾五两三钱六分

又付验关报费　　　　　　　　　　　　　元拾两

又付贴石子船□舱　　　　　　　　　　　元拾两

又付二寸四寸十寸洋松　　　　　　　　　元壹百叁拾壹两八钱四分

又付施□照等装机水力洋一千二百八十元（七二六三七五）

元玖百念玖两七钱六分

又付赶卸驳力洋六十元　　　　　　　　　元四拾叁两五钱八分二厘

十四付贴船期洋六十元　　　　　　　　　元四拾叁两五钱八分二厘

又付吊杆酒资洋二十元　　　　　　　　　元拾四两五钱二分七厘

又付拖轮酒资洋贰元　　　　　　　　　　元壹两四钱五分三厘

九月初一付绞连〔铰链〕插肖〔销〕锁勾等两箱税

元五两九钱七分五厘

又付又又水力洋壹元三角二分（七二五七五）　元九钱五分八厘

又付方钢条三百卅五根水力洋贰百陆拾五元四角四分

元壹百玖拾贰两六钱四分三厘

又付钢条四百十支水力洋叁百卅三元三角八分

元贰百四拾壹两九钱五分

又付方钢条四百十九支水力洋叁百卅一元八角

元贰百四拾壹两八钱〇五厘（去元壹两〇〇壹厘）

九月廿

付锅炉栈租吊力　　　　　　　　　　　　元五百捌拾叁两二钱

九月廿四

付锅炉水脚洋捌百叁拾元（七一五二五）　　元陆百玖拾叁两六钱五分七厘

（去元壹百两）

九月廿五

付锅炉子口税　　元壹千四百四拾两

九月廿七

付电常州洋壹元贰角（七一九二五）　　元八钱六分三厘

九月卅

毛子五千八百九十五两九钱四分四厘（廿〇五钱）

元四千〇贰拾捌两八钱九分五厘

付票贴二钱　　元叁两八钱一分九厘

伏抄玖月底结欠元贰拾万〇陆千柒百玖拾陆两九钱七分三厘

十月初二

收售英金二万镑四先令一办（便）士二五

元九万六千九百六十九两七钱

入七月廿七收通厂划交黄友翁洋壹万元（七二四）

元柒千贰百四拾两

十月十四

收分厂交洋五万元（七二二二五）　　元叁万陆千壹百拾贰两五钱

止

十月初一

付出上海英金一万镑三先令四九办（便）士

元五万叁千叁百叁拾叁两三钱三分

付出浙江银行一万镑三先令四九办（便）士二五

元五万叁千〇叁拾八两六钱七分

十月廿四

廿九付一寸方钢条五十吨（八十四两）　　元四千贰百两

十月廿六

廿五付钢条五十吨税　　元七拾九两六钱三分七厘

十月廿九

付又车力六十元（七三〇二五）　　元四拾叁两八钱一分五厘

付慎记二分元铁五支七斤八七五　　元五钱九分一厘

付又三分元铁十支五十四斤　　元叁两五钱一分

付又四分五分元铁各廿支　　元念陆两四钱八分二厘

付又六分元铁十支　　元拾壹两五钱五分

付又七分元铁五支　　元柒两二钱一分九厘

付又一寸元铁九十条　　元壹百捌拾柒两二钱七分五厘

付立发五百支光汽油灯一只洋拾玖元（七三〇二五）

元拾叁两八钱七分五厘

付又纱罩一打洋贰元五角　　元壹两八钱二分六厘

内付毛子五千〇卅七两七钱八[illegible]（一七五钱）

元贰千九百叁拾八两七钱〇五厘

付票贴二钱　　元贰拾贰两一钱四分

复抄十月底结欠元拾[illegible]万〇叁百八拾叁两三钱九分八厘

十一月初一

收　　元贰百两

止

十一月初一

付钢条五[illegible]吨驳力洋陆拾陆元（七三〇五）　　元四拾八两二钱一分三厘

十一月廿四

付任有七手洋陆拾元（七二九二五）　　元四拾叁两七钱五分五厘

十月初一

付电器零件大达水力　　元四拾两〇三钱二分

付又验力洋壹元四角（七一七）　　元壹两〇〇四厘

付又税　　元四拾五两一钱五分六厘

付电料三箱又　　元六两三钱二分二厘

付又验力洋六角　　元四钱三分

付又一箱又洋二角　　元一钱四分三厘

付又税　　元六两三钱二分三厘

付电料六箱税　　元拾四两九钱三分八厘

付又水力洋叁元九角六分　　元贰两八钱三分九厘

付三角铁六件又洋叁洋叁元八角四分　　元贰两七钱五分三厘

付罗丝划水七件又洋壹元八角　　元壹两二钱九分

付又税　　元贰两六钱八分九厘

付洋松四支又　　元贰两五钱八分

付又水力洋拾三元四角四分　　元九两六钱三分七厘

十一月初一

付火炉二只又洋六角（七三〇五）　　元四钱三分八厘

付又税　　元二钱九分九厘

付元铁条六扎又一百〇五水力洋十七元一角六分

元拾三两五钱五钱三分五厘（除元壹两）

付汽油灯一只又洋三角　　元二钱一分九厘

付又税　　元五钱二分三厘

付钢条八百四十支水力　　元贰百两

付又又洋二百五十九元九角五分二厘　　　　　　　元壹八拾九两八钱九分五厘

付又验力洋卅二元四角九分三厘　　　　　　　　元贰拾叁两七钱三分六厘

十一月卅

付立发五百支汽油灯三只（十九元）洋五拾柒元（七二八二五）

元四拾壹两五钱一分

付又汽油灯纱罩二打洋陆元　　　　　　　　　　元四两三钱六分九厘

内付毛子五千四百廿八两一钱七分八厘（十二两）

元贰千壹百七拾壹两二钱七分一厘

付票贴二钱　　　　　　　　　　　　　　　　　元一钱

复抄十一月底结欠元拾八万叁千〇五拾六两六钱八分五厘

止

内十月初一转大达付王甡记打桩机一部大达代税元拾八两六钱七分二厘

付又水力洋贰拾叁元六角（七一七）　　　　　　元拾陆两九钱二分一厘

十二月卅

付十二寸方洋松一千九百廿尺　　　　　　　　　元壹百〇六两五钱六分

付送力　　　　　　　　　　　　　　　　　　　元叁两一钱九分七厘

十二月初一

付汽油灯三只水力洋九角（七二七）　　　　　　元六钱五分四厘

付又税　　　　　　　　　　　　　　　　　　　元壹两一钱二分

付汽油灯一只又　　　　　　　　　　　　　　　元二钱九分九厘

付又水力洋三角　　　　　　　　　　　　　　　元二钱一分八厘

内付毛子五千四百九十五两〇四分七厘（一五）

元贰千七百四拾七两五钱二分三厘

复抄辛酉除夕结欠元拾八万五千九百五拾壹两八钱四分九厘

如数过入次年新簿计算

共收 洋叁拾四萬四仟貳佰四拾壹元四角貳分貳不

共收 規元叁拾萬〇壹仟壹佰捌拾柒兩叁錢陸分捌厘

存款

一存南通總工程處 洋壹萬壹仟貳佰貳拾陸元玖角貳分壹厘 材料

一存大生庶務所 洋捌仟〇伍拾壹元伍角伍分伍不 材料

一存澤生公司 洋肆佰柒拾伍元貳角 杉板

一存大達輪步 洋壹仟叁佰玖拾肆元叁角玖分捌厘 水腳

一存達通公司 洋叁佰貳拾陸元壹角貳分 駁力

一存大山砂石公司 洋伍仟柒佰伍拾元〇叁角柒分四厘 石子黃砂

一存振大公司 洋壹佰伍拾陸元柒角貳分 水泥

一存王桂廷 洋捌佰拾陸元捌角 石子碎碼

2

電廠辛酉年工程材料機器及各項開銷銀錢帳畧

收款

一收自治會營業股　洋壹萬貳仟陸佰伍拾陸元壹角伍分貳厘

一收自治會工程股　洋陸萬壹仟伍佰貳拾伍元玖角叁分　此係在淮海行所付之款

一收淮海銀行　洋伍萬陸仟元　內五千元係上海滬帳房轉來

一收黃友翁手　洋叁仟元　係上海滬帳房轉來

一收黃友翁手　洋壹仟〇伍拾元　係在淮海所付來轉帳

一收大生一廠　洋拾壹萬元　係上海滬帳房轉來

一收大生二廠　洋伍萬元　又

一收大生滬帳房　規元拾柒萬伍仟玖佰伍拾壹兩柒錢叁玖厘

一收張退記　洋伍萬元　係上海大生帳房轉來

5

一付桐木　洋柒仟捌伯四拾四元壹角叁分捌厘

一付洋松　洋壹萬陸仟陸伯四拾贰元〇贰分叁厘

一付白鐵　洋壹仟玖伯伍拾玖元捌角伍分陸不

一付鐵器　洋柒伯玖拾叁元捌角陸分柒不

一付煤鍪　洋伍拾壹元玖角伍分

一付洋釘　洋陸伯陸拾元〇陸角贰分柒厘

一付縫連帶肖　洋叁伯捌拾陸元伍角〇捌不

一付窗鈎珠鎖　洋柒拾陸元伍角陸分叁不

一付玻璃　洋叁伯叁拾叁元陸角壹分贰厘

一付螺絲鉸鏈　洋壹伯贰拾壹元陸角玖分四不

一付草紙　洋贰伯拾玖元

一存鄧繼芬　庫壹伯伍拾壹元　桐木

一存林阿玉　庫伍伯四拾捌元伍角陸分　水木作

共存　庫弍萬捌仟捌伯玖拾柒元陸角四分捌厘

收存兩共計　庫叁拾柒萬叁仟壹伯叁拾玖元○柒分

砝元叁拾萬○壹仟壹伯柒拾柒两叁錢陸分柒厘

付款

一付鋼条　庫四萬玖仟柒伯伍拾陸元弍角玖分陸厘

一付水泥　庫四萬陸仟伍伯拾柒元捌角陸分柒厘

一付黃砂　庫四仟捌伯陸拾元○叁角陸分伍厘

一付石子　庫壹萬陸仟玖伯柒拾叁元柒角五五厘

一付磚瓦　庫捌仟玖伯捌拾四元○四分四不

一付南通建築公司　洋叁伯拾元

一付王姓記　洋壹萬叁仟玖伯○玖元拾角玖分壹厘　泥水工

一付唐裕興　洋贰伯元　漆工

一付施小福　洋壹仟○○陸元拾角拾分　定磚瓦

一付羅恆大　洋壹伯零叁元壹角叁分拾厘　仝上

一付張四　洋壹伯零陸元玖角柒分叁厘　定石灰

以上工程用款共計　洋拾玖萬零零叁拾贰元拾角壹分叁厘

一付機器　鎊元贰拾伍萬壹仟贰伯伍拾四两柒錢叁分　滬怡和洋行

一付機器雜費　洋玖仟玖伯○壹元叁角○四不　駁力栈力在内

一付鋼皮鏈　洋叁伯玖拾叁元柒角贰分拾不

一付元鉄　洋陸伯四拾叁元陸角叁分玖不

一付蔴绳　　洋贰伯捌拾叁元四角伍分

一付稻草蘆蓆　　洋壹伯捌拾贰元叁角贰分柒厘

一付砂皮礬　　洋贰拾叁元柒角叁分叁厘

一付碟蘿扛子　　洋壹伯叁拾柒元壹角叁分

一付柏油白漆　　洋伍拾伍元陆角〇柒不

一付開溝做岸　　洋伍伯零贰元四角陆分

一付平房　　洋捌伯贰拾捌元四角陆分　　補料水木作小工与鐵工

一付物料所　　洋壹仟柒伯玖拾陆元陆角四分柒厘　　仝上

一付辦事房　　洋贰仟四伯贰拾玖元柒角零陆厘　　仝上

一付厠所　　洋贰伯零陆元陆角零伍厘　　仝上

一付機器棧房　　洋壹伯拾玖元伍角四分　　補料木工小工

瓦工小工

9

一付福食　洋壹仟零柒拾玖元柒角叁分陆厘
一付薪金　洋叁仟壹佰叁拾叁元贰角
一付工資　洋壹仟壹佰拾贰元陆角伍分
一付酬應　洋肆拾捌元玖角四分陆厘
一付車資　洋叁佰陆拾壹元捌角叁分陆厘
一付川資　洋贰佰元零零伍角陆分
一付電燈　洋玖拾叁元贰角玖分捌厘
一付電話　洋壹佰叁拾元
一付電報　洋柒拾柒元五角贰分
一付田租　洋拾元零伍角陆分
一付房租　洋拾伍元

一付金磅　規銀玖仟四伯零貳兩叁錢　沪帐房付来

一付利息　規元四萬零四伯四拾壹兩四錢柒分柒厘　仝上

一付票貼　規元捌拾捌兩玖錢壹分壹厘　仝上

一付電料　洋四伯玖拾貳元四角玖分壹厘

一付白鐵管　洋四拾柒元壹角柒分

一付測量　洋壹伯貳拾元零四角伍分捌厘

以上機器用款共計　洋壹萬壹仟伍伯玖拾捌元柒角玖分　規元叁拾萬零壹仟壹伯捌拾柒兩叁錢陸分捌厘

一付大生八廠　洋貳仟叁伯捌拾壹元柒角玖分四厘　鋼条

一付久安廠　洋玖拾玖元伍角玖分捌厘　仝上

一付各户暫記　洋貳伯陸拾四元壹角貳分

以上欠款共計　洋貳仟柒伯四拾伍元伍角壹分貳厘

一付庶務處　洋貳佰叁拾捌元零陸分捌厘

以上各項開銷共計　洋玖仟四佰伍拾貳元伍角陸分捌厘

一付兑换　洋拾伍萬玖仟叁佰零玖元叁角叁分玖厘

統共付　洋叁拾柒萬叁仟壹佰叁拾玖元零壹分貳厘

規元叁拾萬零壹仟壹佰捌拾柒兩叁錢陸分捌厘

收付兩抵淨存　洋伍分捌厘

电厂辛酉年工程材料机器及各项开销银钱账略

（一九二一年）

收款		
一收自治会营业股	洋壹万贰仟陆佰伍拾陆元壹角伍分贰厘	
一收自治会工程股	洋陆万壹仟伍佰贰拾伍元玖角柒分	此系在淮海行所付之款
一收淮海银行	洋伍万陆仟元	内五万元系上海沪帐房转来
一收黄友翁手	洋叁仟元	系上海沪帐房转来
一收黄友翁手	洋壹仟〇伍拾元	系在淮海所付未转账
一收大生一厂	洋拾壹万元	系上海沪帐房转来
一收大生二厂	洋伍万元	又
一收大生沪帐房	九八元拾捌万伍仟玖佰伍拾壹两捌钱四分玖厘	
一收张退记	洋伍万元	系上海大生帐房转来
一收洋余	洋玖元叁角	
一收兑换	九八元拾壹万伍仟贰佰叁拾伍两伍钱壹分玖厘	
共收	洋叁拾四万四仟贰佰四拾壹元四角贰分贰厘	
共收	九八元叁拾万〇壹仟壹佰捌拾柒两叁钱陆分捌厘	
存款		
一存南通总工程处	洋壹万壹仟贰佰贰拾陆元玖角贰分壹厘	材料
一存大生庶务所	洋捌仟〇伍拾壹元伍角伍分伍厘	材料
一存泽生公司	洋肆佰柒拾伍元贰角	杉板
一存大达轮步	洋壹仟叁佰玖拾肆元叁角玖分捌厘	水脚
一存达通公司	洋叁佰贰拾陆元壹角贰分	驳力
一存大山砂石公司	洋伍仟柒佰伍拾元〇叁角柒分四厘	石子黄砂
一存振大公司	洋壹佰伍拾陆元柒角贰分	水泥
一存王桂廷	洋捌佰拾陆元捌角	石子碎砖
一存邓继芬	洋壹佰伍拾壹元	桐木
一存林阿玉	洋伍佰四拾捌元伍角陆分	水木作
共存	洋贰万捌仟捌佰玖拾柒元陆角四分捌厘	

收存两共计	洋叁拾柒万叁仟壹佰叁拾玖元〇柒分
	九八元叁拾万〇壹仟壹佰捌拾柒两叁钱陆分捌厘
付款	
一付钢条	洋四万玖仟捌佰伍拾陆元贰角玖分陆厘
一付水泥	洋四万陆仟伍佰拾柒元捌角陆分柒厘
一付黄砂	洋四仟捌佰陆拾元〇叁角陆分伍厘
一付石子	洋壹万陆仟玖佰柒拾叁元柒角五分四厘
一付砖瓦	洋捌仟玖佰捌拾四元〇四分四厘
一付石灰	洋贰仟陆佰贰拾四元捌角捌分壹厘
一付广木	洋柒仟陆佰零壹元零零贰厘
一付桐木	洋柒仟捌佰四拾四元壹角叁分捌厘
一付洋松	洋壹万陆仟陆佰四拾贰元〇贰分叁厘
一付白铁	洋壹仟玖佰伍拾玖元捌角伍分陆厘
一付铁器	洋柒佰玖拾叁元捌角陆分柒厘
一付煤锹	洋伍拾壹元玖角伍分
一付洋钉	洋陆佰陆拾元〇陆角贰分柒厘
一付绞连〔铰链〕插肖（销）	洋叁佰捌拾陆元伍角〇捌厘
一付窗钩珠锁	洋柒拾陆元伍角陆分叁厘
一付玻璃	洋叁佰叁拾叁元陆角壹分贰厘
一付螺丝铅丝	洋壹佰贰拾壹元陆角玖分四厘
一付草纸	洋贰佰拾玖元
一付麻绳	洋贰佰捌拾叁元四角伍分
一付稻草芦藤	洋壹佰捌拾贰元叁角贰分捌厘
一付砂皮矾	洋贰拾叁元柒角叁分叁厘
一付煤箩扛子	洋壹佰叁拾柒元壹角叁分
一付柏油白漆	洋伍拾伍元陆角〇柒厘
一付开沟做岸	洋伍佰零贰元四角陆分

一付平房	洋捌佰贰拾捌元四角陆分	杂料水木作小工白铁工
一付物料所	洋壹仟柒佰玖拾陆元陆角四分捌厘	同上
一付办事房	洋贰仟四百贰拾玖元柒角零陆厘	同上
一付厕所	洋贰佰零陆元陆角零伍厘	同上
一付机器栈房	洋壹佰拾玖元伍角四分	杂料木工小工
一付厂房	洋柒佰柒拾捌元伍角四分叁厘	锯工小工
一付烟囱	洋伍佰四拾叁元柒角四分四厘	锯工小工
一付南通建筑公司	洋叁佰拾元	
一付王甡记	洋壹万叁仟玖佰〇玖元捌角贰分壹厘	厂房包工
一付唐裕兴	洋贰佰元	漆工
一付施小福	洋壹仟〇〇陆元捌角捌分	定砖瓦
一付罗恒大	洋壹佰零叁元壹角叁分捌厘	同上
一付张四	洋壹佰零陆元玖角柒分叁厘	定石灰
以上工程用款共计	洋拾玖万零零叁拾贰元捌角壹分叁厘	
一付机器	九八元贰拾伍万壹仟贰佰伍拾四两柒钱叁分	沪帐房经手
一付机器杂费	洋玖仟玖佰〇壹元叁角〇四厘	驳力抬力在内
一付钢丝绳	洋叁佰玖拾叁元柒角贰分捌厘	
一付元铁	洋陆佰四拾叁元陆角叁分玖厘	
一付金磅	九八元玖仟四佰零贰两叁钱	沪帐房转来
一付利息	九八元四万零四佰四拾壹两四钱贰分柒厘	同上
一付票贴	九八元捌拾捌两玖钱壹分壹厘	同上
一付电料	洋四佰玖拾贰元四角玖分壹厘	
一付白铁管	洋四拾柒元壹角柒分	
一付测量	壹佰贰拾元零四角伍分捌厘	
以上机器用款共计	洋壹万壹仟伍佰玖拾捌元柒角玖分	
	九八元叁拾万零壹仟壹佰捌拾柒两叁钱陆分捌厘	
一付大生八厂	洋贰仟叁佰捌拾壹元柒角玖分四厘	钢条
一付久安厂	洋玖拾玖元伍角玖分捌厘	同上

一付各户暂记	洋贰佰陆拾四元壹角贰分
以上欠款共计	洋贰仟柒佰四拾伍元伍角壹分贰厘
一付生财	洋贰仟零拾壹元玖角零陆厘
一付杂用	洋玖佰叁拾玖元贰角陆分捌厘
一付福食	洋壹仟零柒拾玖元柒角五分陆厘
一付薪金	洋叁仟壹佰叁拾叁元贰角
一付工资	洋壹仟壹佰拾贰元陆角伍分
一付酬应	洋肆拾捌元玖角四分陆厘
一付车资	洋叁佰陆拾壹元捌角叁分陆厘
一付川资	洋贰佰元零零伍角陆分
一付电灯	洋玖拾叁元贰角玖分捌厘
一付电话	洋壹佰叁拾元
一付电报	洋柒拾柒元五角贰分
一付田租	洋拾元零伍角陆分
一付房租	洋拾伍元
一付庶务处	洋贰佰叁拾捌元零陆分捌厘
以上各项开销共计	洋玖仟四佰伍拾贰元伍角陆分捌厘
一付兑换	洋拾伍万玖仟叁佰零玖元叁角贰分玖厘
统共付	洋叁拾柒万叁仟壹佰叁拾玖元零壹分贰厘
	九八元叁拾万零壹仟壹佰捌拾柒两叁钱陆分捌厘
收付两抵净存洋伍分捌厘	

旺磚	四万四仟塊合	叁万叁仟叁百合	壹万○柒百合	[illegible]	陆拾柒元九角柒分四厘
时瓦筒	壹百五拾只	壹百五拾只		[illegible]	
忖瓦筒	貳拾貳只		貳拾貳只	[illegible]	壹伯拾四元[illegible]
对瓦筒	壹百只	壹百只		[illegible]	
寸灣頭	貳拾只	貳拾只		[illegible]	
方京磚	捌塊		捌塊	貳元	拾陆元
廣木	[illegible]枝 壹百七拾壹兩[illegible]	[illegible]枝 壹百陆兩○[illegible]	[illegible]枝 陆拾伍兩[illegible]	[illegible]	[illegible]屋
西木	[illegible]枝 伍拾陆兩[illegible]	[illegible]枝 玖兩玖錢[illegible]	[illegible]枝 四拾陆兩[illegible]	[illegible]	[illegible]屋
栗長稍	叁伯四拾叁支		叁伯四拾叁支	[illegible]	叁伯[illegible]屋
連丰	[illegible]枝 玖拾壹兩[illegible]	[illegible]枝 捌拾四兩[illegible]	[illegible]枝 柒兩[illegible]	[illegible]	壹伯叁拾[illegible]屋
双桐	[illegible]枝 壹伯伍拾[illegible]	[illegible]枝 壹伯五拾[illegible]		[illegible]	

電廠辛酉年材料存數一覽表

名稱	收數	用數	存數	數價目	存數總價
水泥	陸仟伍伯貳拾陸桶	伍仟玖伯玖拾叁桶	伍伯叁拾叁桶	七元五〇川	叁仟柒伯玖拾玖元[illegible]
黄砂	壹仟玖伯貳拾四噸三七五	壹仟玖伯陸噸三七五	拾捌噸	叁元[illegible]	四拾伍元四角陸分捌厘
三分石子	壹仟陸伯〇伍噸一三五	壹仟伍伯〇伍噸一三五			
一分石子	壹仟玖伯玖拾四噸七五	壹仟玖伯玖拾四噸七五		五元五〇八	
石灰	壹仟捌伯七拾捌石七十斤	壹仟柒伯玖拾玖石	柒拾玖石玖拾斤	壹元叁角[illegible]	壹伯拾壹元陸角壹分
洋磚	五万五仟五百四拾塊	叁万伍仟玖伯塊	壹万玖仟陸伯四拾塊	壹元[illegible]	壹伯玖拾柒元玖角叁分五厘
大城磚	拾〇万四仟柒伯五拾五塊	玖万〇柒万塊	五万四千〇五拾五塊	運費伍厘七	叁伯〇捌元壹角壹分叁厘
中城磚	貳拾叁万捌千玖万貳塊	陸万四千貳万塊	拾柒万四千貳万貳塊	運費叁厘貳	五伯五拾玖元〇四分陸厘
斷城磚	捌仟〇陸拾陸籮	伍仟玖伯伍拾籮	貳仟壹伯拾陸籮	運費[illegible]	壹伯四拾陸元四角[illegible]柒厘

14

寸方洋松	贰拾壹块 [illegible]	贰块 [illegible]	拾玖块 [illegible]	壹角〇二	叁伯叁拾壹元捌角四分玖厘
寸方洋松	壹伯拾捌块 [illegible]	壹伯拾捌块 [illegible]	/	壹角〇九五	/
肆仁洋松	四拾贰块 [illegible]	叁拾五块 [illegible]	柒块 [illegible]	壹角〇六	拾元〇五角五分叁厘
肘仁洋松	壹千壹百拾七块 [illegible]	壹千壹伯拾叁块 [illegible]	肆块 [illegible]	九分〇九六四	拾玖元柒角贰分叁厘
肘仁洋松	叁拾陆块 [illegible]	贰拾玖块 [illegible]	柒块 [illegible]	壹角〇九	叁拾玖元五角叁分捌厘
肘仁洋松	叁拾叁块 [illegible]	叁拾叁块 [illegible]	/	九分〇六九	/
寸仁洋松	叁拾块 [illegible]	拾玖块 [illegible]	拾壹块 [illegible]	壹角一	贰伯叁拾四元玖角陆分
肘寸洋松	叁伯〇柒块 [illegible]	贰伯柒拾柒块 [illegible]	叁拾块 [illegible]	壹角〇九	五拾陆元壹角陆分
肘寸洋松	壹伯柒拾块 [illegible]	壹伯〇柒块 [illegible]	陆拾叁块 [illegible]	壹角[illegible]	四伯四拾捌元〇六分六厘
肘寸洋松	捌块 [illegible]	/	捌块 [illegible]	[illegible]	五拾四元贰角九分
肘寸洋松	拾块 [illegible]	拾块 [illegible]	/	壹	/

桶木	〢〣玖拾捌两半斤	〢〣柒拾柒两四斤	玖拾壹两半斤	[illegible]斤	壹佰捌拾陆元壹角捌分捌厘
估双	壹千〇柒拾四支	壹仟〇柒拾四支	/	六角〇分	/
估連	陆伯捌拾壹支	陆伯捌拾壹支	/	五角九二	/
估桶	壹仟四百叁拾支	壹仟四百叁拾支	/	五角二	/
八尺手	五伯叁拾支	伍伯叁拾支	/	〤角〢三	/
九尺子	柒拾捌支	柒拾捌支	/	四角八	/
松板	壹仟〇伯叁拾叁丈〇贰尺	壹仟壹百叁拾叁丈贰尺	/	叁元五分	/
柳板	拾伍丈	拾伍丈	/	〤元五二之	/
杉板	壹百贰拾捌丈五尺	壹百贰拾捌丈五尺	/	六元八分	/
条手板	壹百贰拾扎	壹百贰拾扎	/	九角〇八	/
企口板	壹仟壹百叁拾五塊	壹仟壹伯叁拾伍塊	/	壹角[illegible]	/

卅绞連	拾打	拾打		四元	
对絞連	伍打	叁打捌付	壹打四付	四元二角五	伍元捌角
对方绞連	壹打		壹打	七元五角九	七元五角五分玖厘
对彈簧絞連	贰對	贰對		拾元〇五	
对銅推手	贰付	贰付		捌元二五	
对銅插肖	叁拾贰支	叁拾贰支		叁角[illegible]	
对銅插肖	玖拾贰支	玖拾贰支		七角[illegible]	
对銅插肖	玖拾贰支	玖拾贰支		壹元[illegible]	
对鉄窗鈎	四拾支	四拾支		七分	
对白鉄窗鈎	玖拾支	玖拾支		壹角[illegible]	
白珠插鎖	伍拾把	伍拾把		壹元[illegible]	

寸討洋松	四塊 〢尺六尺	四塊 〤尺六尺	—	壹角	—
寸寸洋松	叁塊 〢十尺	贰塊 〣尺	壹塊 〣十尺	壹角	拾贰元壹角
寸附洋松	四塊 八尺六尺	四塊 八尺六尺	—	壹角	—
蔴栗	五百七拾五尺皮	五百七拾五尺	—	壹角贰分	—
鋼条	叁佰陆拾噸	贰佰五拾贰噸四	壹百〇柒噸五六	壹百拾元[illegible]	壹万伍仟陆佰叁拾[illegible]元四角
鉄器	叁仟捌佰[illegible]壹斤	叁仟捌百五拾壹斤	—	壹角拾分	—
収白鉄	拾陆箱	拾四箱贰拾張	壹箱四張	[illegible]	壹佰拾柒元捌角柒分[illegible]
收白鉄	五箱	叁箱拾張	壹箱贰拾叁張	[illegible]	壹佰五拾玖元[illegible]角叁分五厘
煤鑿	贰拾四把	贰拾四把	—	壹元[illegible]	—
西釘	捌桶	四桶陆斤	四桶柒斤	拾四元贰角	伍拾捌元壹角贰分五厘
美釘	叁拾陆桶	叁拾桶	陆桶四拾贰斤	拾四元[illegible]	玖拾捌元壹角柒分

19

稻草	三万〇伍伯叁拾斤	贰万〇伍伯叁拾玖斤		七角叁分元	
蘆蓆	壹百五拾張	壹百五拾張		六分九厘	
粗蔴繩	贰仟柒伯叁拾六斤半	贰仟柒伯柒拾四斤半	陸拾伍斤	陸元七角	四元贰角叁分贰厘
細蔴繩	玖伯五拾柒斤半	捌伯五拾柒斤半	壹伯斤	拾元〇贰角	拾元〇贰角玖分四厘
煤籮	贰伯柒拾四只	贰伯柒拾四只		叁拾叁元叁角	
石子竹籮	贰百只	贰百只		拾七元七角	
扁担	四拾条	四拾条		柒分	
槓子	壹伯玖拾贰根	壹伯四拾根	五拾贰根	壹角二分	陸元四角四分柒厘
蓬布	贰拾壹尺	贰拾壹尺		六角	
櫈	柒伯贰拾壹斤	柒伯贰拾壹斤		贰分七厘四	
竹?建松板	叁伯玖拾伍塊 計尺	叁伯玖拾伍塊 計尺		壹元三角	

大門銅暗鎖	壹把		壹把	[illegible]	玖元陸角陸分玖厘
仝 鉛絲	四拾斤	四拾斤		[illegible]	
仝 鉛絲	弍伯斤	弍伯斤		[illegible]	
白鉄刹水	四拾斤半	四拾斤半		六角	
仝 美板螺絲	五包	五包		[illegible]	
牛螺絲	四包	四包		[illegible]	
玻璃	以呎 弍千壹伯玖拾陸尺[illegible]	以呎 弍仟壹伯玖拾陸尺[illegible]		[illegible]	
刹红绿玻璃	弍塊	弍塊		[illegible]	
柏油	弍桶	弍桶		[illegible]	
白漆	弍听	弍听		[illegible]	
焊錫	拾伍斤	拾伍斤		[illegible]	

中文档案

紂插肖	弍打	弍打		壹元五
紂插肖	叁打	叁打		壹元八角
紂插肖	捌支	捌支		弍角四分
紛螺丝	弍包	弍包		叁角捌分
花鎖丝	四圈	四圈		十六元二三
洋鋼煤鏊	陸把	陸把		弍元九角
洋白鐵螺丝	四拾斤又半	四拾斤又半		六角
三角鉄	七百弍拾四斤半	七佰弍拾四斤半		壹角四分

共結材料存數總值洋弍萬捌仟肆佰捌拾玖元柒角零叁厘

电厂辛酉年

（一

名称	收数	用数
水泥	陆仟伍佰贰拾陆桶	伍仟玖佰玖拾叁桶
黄砂	壹仟玖佰贰拾四吨三七五	壹仟玖佰〇陆吨三七五
八分石子	壹仟伍佰〇伍吨一二五	壹仟伍佰〇伍吨一二五
六分四分石子	壹仟玖佰玖拾四吨七五	壹仟玖佰玖拾四吨七五
石灰	壹仟捌佰七拾捌石九十斤	壹仟柒佰玖拾玖石
洋砖	五万五仟五百四拾块	叁万伍仟玖佰块
大城砖	拾四万四仟柒佰五拾五块	玖万〇柒百块
中城砖	贰拾叁万捌千玖百〇贰块	陆万四千贰佰块
断城砖	捌仟〇陆拾陆箩	伍仟玖佰伍拾箩
碎砖	壹万伍仟贰百〇壹箩	壹万叁仟五百四拾五箩
三线瓦	四拾万〇伍仟伍佰四拾片	贰拾玖万伍仟伍百四拾片
旺砖	四万四仟块（合）	叁万叁仟叁百合
十二寸瓦筒	壹百五拾只	壹百五拾只
二十四寸瓦筒	贰拾贰只	
九寸瓦筒	壹百只	壹百只
六寸湾头	贰拾只	贰拾只
方京砖	捌块	
广木	八百六十九支（壹百七拾壹两四钱三分五）	四百三十六支（壹佰〇陆两（
西木	四百三十六支（伍拾陆两二钱五分二）	一百三十六支（玖两玖钱柒分

斗存数一览表

一年）

存数	价目	存数总价
拾叁桶	七元一角二分八	叁仟柒佰玖拾玖元贰角贰分四厘
	贰元五角二分六	四拾伍元四角陆分捌厘
	四元四角五分三	
	五元一角四分八	
石玖拾斤	壹元叁角九分七	壹佰拾壹元陆角壹分
仟陆佰四拾块	壹佰元〇〇七角八分二	壹佰玖拾柒元玖角叁分五厘
千〇五拾五块	运费伍厘七	叁佰〇捌元壹角壹分叁厘
四仟柒佰〇贰块	运费叁厘贰	五佰五拾玖元〇四分陆厘
佰拾陆箩	运费六分九厘二	壹佰四拾陆元四角贰分柒厘
佰五拾陆箩	叁角〇二厘二七	伍佰元〇〇伍角伍分玖厘
片	廿四元九角九分二	贰百七拾四元玖角壹分贰厘
柒百合	陆拾叁元五角二分七	陆拾柒元九角柒分四厘
	壹元〇七分	
只	五元贰角贰分	壹佰拾四元捌角四分
	捌角五分五厘	
	五角贰分二	
	贰元	拾陆元
十三支（陆拾伍两三钱六分	叁拾叁元一角一分	贰千壹百陆拾四元贰角叁分五厘
（四拾陆两二钱八分二）	贰拾七元五角一分	壹千贰百柒拾叁元贰角壹分捌厘

名称	收数	用数
栗（长稍）	叁佰四拾叁支	
连半	九百三十四支（玖拾壹两三钱二分）	八百〇四支（捌拾四两一钱三
双桐	七百三十二支（壹佰伍拾两〇二钱八分）	七百三十二支（壹佰五拾两〇 八分）
桶木	八百六十九支（捌拾捌两五钱九分五）	七百六十九支(柒拾柒两四钱
估双	壹千〇柒拾四支	壹仟〇柒拾四支
估连	陆佰捌拾壹支	陆佰捌拾壹支
估桶	壹仟四百叁拾支	壹仟四百叁拾支
八尺子	五佰叁拾支	伍佰叁拾支
九尺子	柒拾捌支	柒拾捌支
松板	壹仟壹佰叁拾丈〇贰尺	壹仟壹百叁拾丈〇贰尺
柳板	拾伍丈	拾伍丈
杉板	壹百贰拾捌丈五尺	壹百贰拾捌丈五尺
条子板	壹百贰拾扎	壹百贰拾扎
企口板	壹千壹百叁拾五块（一万〇五百尺）	壹仟壹百叁拾伍块(一万〇五
十四寸方洋松	捌块（六千五百卅三尺）	
十二寸方洋松	肆块（一千九百廿尺）	
八寸方洋松	贰拾壹块（三千四百卅九尺半）	贰块（三百四十一尺）
六寸方洋松	壹百拾捌块（八千八百卅二尺）	壹佰拾捌块（八千八百卅二尺
一寸半十二寸洋松	四拾贰块（一千四百五十二尺）	叁拾五块（一千三百五十三尺

存数	价目	存数总价
拾叁支	壹元壹角	叁佰七拾七元四角壹分贰厘
支（柒两一钱九分）	拾八元一角〇六	壹佰叁拾元〇壹角捌分贰厘
	拾七元九角五分三	
（拾壹两一钱二分五）	□六元七角三分六	壹佰捌拾陆元壹角捌分捌厘
	六角五分四五	
	五角五分九二	
	五角贰分二	
	贰角七分六三	
	四角六分	
	叁元五角三分五	
	贰元五角三分三	
	六元八角九分五	
	九角四分八	
	壹角贰分五三七	
六千五百卅三尺）	壹角一分三八	柒佰四拾贰元壹角贰分叁厘
一千九百廿尺）	七分八厘八五	壹佰伍拾壹元叁角捌分九厘
（三千〇九十八尺半）	壹角〇七一	叁佰叁拾壹元捌角四分玖厘
	壹角〇九厘五	
九十九尺）	壹角〇六六	拾元〇五角五分叁厘

名称	收数	用数
二寸十二寸洋松	壹千壹百拾七块（三万八千三百六十尺）	壹千壹佰拾叁块（三万八千一百七十八尺）
三寸十二寸洋松	叁拾陆块（三千一百卅二尺）	贰拾玖块（二千七百五十九尺
四寸十二寸洋松	叁拾叁块（贰千七百六十八尺）	叁拾叁块（贰千七百六十八尺
六寸十二寸洋松	叁拾块（六千六百九十六尺）	拾玖块（四千五百六十尺）
三寸六寸洋松	叁佰〇柒块（六千一百四十一尺）	贰佰柒拾柒块（五千六百〇一
三寸十寸洋松	壹佰柒拾块（一万一千三百〇七尺半）	壹佰〇柒块（七千二百五十七
四寸六寸洋松	捌块（六百四十尺）	
四寸十寸洋松	拾块（六百九十九尺）	拾块（六百九十九尺）
六寸八寸洋松	四块（二百八十八尺）	四块（二百八十八尺）
六寸十寸洋松	叁块（二百十尺）	贰块（一百尺）
六寸十四寸洋松	四块（八百九十六尺）	四块（八百九十六尺）
麻栗	五百七拾五尺（一支）	五佰七拾五尺
钢条	叁佰陆拾吨	贰佰五拾贰吨四四
铁器	叁仟捌佰伍拾壹斤	叁仟捌百五拾壹斤
二四白铁	拾陆箱	拾四箱贰拾张
二六白铁	五箱	叁箱拾张
煤锹	贰拾四把	贰拾四把
西钉	捌桶十三斤五两	四桶陆斤五两

存数	价目	存数总价
贰千〇二尺）	九分七厘六四	拾玖元柒角贰分叁厘
三百七十三尺）	壹角〇六厘	叁拾玖元五角叁分捌厘
	九分六厘	
（二千一百卅六尺）	壹角一分	贰佰叁拾四元玖角陆分
（五百四十尺）	壹角〇四	五拾陆元壹角陆分
块（四千〇五十尺半）	壹角壹分〇六贰	四佰四拾捌元〇六分六厘
六百四十尺）	捌分四厘八六	五拾四元贰角九分
	壹角	
	壹角一分	
一百十尺）	壹角一分	拾贰元壹角
	壹角一分	
	壹角贰分	
柒吨五六	壹佰四拾伍元三角八分三	壹万伍仟陆佰叁拾柒元四角
	壹角捌分	
张	九拾四元一角八分	壹佰拾柒元捌角柒分柒厘
拾叁张	九拾叁元九角五分三	壹佰五拾玖元四角叁分五厘
	壹元〇角一分八	
斤	拾四元贰角	伍拾捌元壹角贰分五厘

名称	收数	用数
美钉	叁拾陆桶五拾九斤	叁拾桶O拾七斤
二寸绞连〔铰链〕	伍打	伍打
三寸绞连〔铰链〕	拾打	拾打
三寸半绞连〔铰链〕	拾打	拾打
四寸绞连〔铰链〕	伍打	叁打捌付
四寸方绞连〔铰链〕	壹打	
八寸弹簧绞连〔铰链〕	贰对	贰对
十寸铜推手	贰付	贰付
四寸铜插肖〔销〕	叁拾贰支	叁拾贰支
八寸铜插肖〔销〕	玖拾贰支	玖拾贰支
十八寸铜插肖〔销〕	玖拾贰支	玖拾贰支
四寸白铁窗钩	四拾支	四拾支
八寸白铁窗钩	玖拾支	玖拾支
白珠插锁	伍拾把	伍拾把
大门铜暗锁	壹把	
一七铅丝	四拾斤	四拾斤
一八铅丝	贰佰斤	贰佰斤
白铁划水	四拾斤半	四拾斤半
六分夹板螺丝	五包	五包

存数	价目	存数总价
拾贰斤	拾四元九角六分五	玖拾捌元壹角柒分
	壹元四角	
	贰元壹角	
	四元	
付	四元三角五分	伍元捌角
	七元五角五分九	七元五角五分玖厘
	拾元〇五角	
	捌元三角	
	叁角八分七	
	七角七分三	
	壹元七角五分	
	七分	
	壹角三分八	
	壹元〇三分五	
	玖元六角六分九	玖元陆角陆分玖厘
	贰角贰分	
	贰角四分六厘贰	
	六角	
	贰元八角三分七六	

名称	收数	用数
一寸半螺丝	四包	四包
玻璃	一千〇十四块贰千柒佰玖拾陆尺六寸八分	一千〇十四块贰仟柒佰玖拾陆寸八分
五二、二六、二分玻璃	贰块	贰块
柏油	贰桶	贰桶
白漆	贰听	贰听
焊锡	拾伍斤	拾伍斤
砂皮	壹佰捌拾张	壹佰捌拾张
草纸	壹百拾五石四拾壹斤	壹百拾五石四拾壹斤
稻草	贰万〇伍佰叁拾玖斤	贰万〇伍佰叁拾玖斤
芦蓆	壹百五拾张	壹百五拾张
粗麻绳	贰仟捌佰叁拾九斤十贰两	贰仟柒佰柒拾四斤十贰两
细麻绳	玖佰五拾柒斤十贰两	捌佰五拾柒斤十贰两
煤箩	贰佰柒拾四只	贰佰柒拾四只
石子竹箩	贰百只	贰百只
扁担	四拾条	四拾条
扛子	壹佰玖拾贰根	壹佰四拾根
蓬布	贰拾壹尺	贰拾壹尺
矾	柒佰贰拾壹斤	柒佰贰拾壹斤

存数	价目	存数总价
	七角八分	
	九分叁厘贰	
	卅三元〇六分五	
	拾叁元三角	
	七元四角七分	
	四角五分七	
	贰分贰厘	
	壹元九角	
	七角三分七厘	
	六分九厘	
斤	陆元五角一分	四元贰角叁分贰厘
	拾元〇贰角九分五	拾元〇贰角玖分四厘
	叁拾叁元六角二分五	
	拾七元五角	
	捌分	
根	壹角二分五	陆元四角四分捌厘
	六角	
	贰分七厘四	

名称	收数	用数
二寸十尺建松板	叁佰玖拾伍块（八千尺）	叁佰玖拾伍块（八千尺）
五寸插肖〔销〕	贰打	贰打
六寸插肖〔销〕	叁打	叁打
八寸插肖〔销〕	捌支	捌支
五分螺丝	贰包	贰包
花铅丝	四圈	四圈
四号半钢煤锹	陆把	陆把
二寸二寸半白铁螺丝	四拾斤〇半	四拾斤〇半
三角铁	七百贰拾四斤半	七百贰拾四斤半
共结材料存数总值洋贰万捌仟肆佰捌拾玖元壹角零叁厘		

存数	价目	存数总价
	壹元〇九分五	
	壹元五角	
	壹元八角	
	贰角四分	
	叁角八分	
	十六元二角三分	
	贰元九角九分	
	六角	
	壹角四分	

三線瓦	捌万陸仟捌伯捌拾片	弍拾四元玖角九斗	弍伯拾六元〇三
旺磚	壹万柒仟叁伯塊	六拾叁元伍角二斗	壹伯九元九角〇二
吋瓦筒	壹伯伍拾隻	壹元〇七	壹伯六拾元〇伍角
对瓦筒	壹伯隻	捌角五分五厘	捌拾伍元伍角
吋灣頭瓦筒	弍拾隻	伍角二斗	拾元〇四角〇
柳板	拾伍丈	弍元五角三	叁拾捌元
𠁽杉木條子板	壹伯弍拾札	玖角〇八	壹伯拾叁元七六
吋吋洋松	壹万〇弍伯六拾四尺 註塊	九分七厘六	壹仟〇弍元壹角七
吋吋洋松	弍仟〇〇壹尺 七十七塊	壹角〇〇	弍伯〇捌元壹角〇〇
八尺子	叁拾支	弍角七	捌元弍角八
廣木	叁拾四支 碼[illegible]八斤	叁拾叁元五	弍伯拾壹元四角〇七

3
20

電廠辛酉年建築工料細帳

辦事房

材料

名稱	數目	價目	總價
水泥	玖拾伍桶	七元壹角二川	六佰七拾七元壹角乂
六分石子	陸噸	五元五〇八川	叁拾元〇捌角八 八
黃砂	叁拾叁噸	弍元五二乂	捌拾叁元叁角七 八
洋磚	壹万弍仟弍伯塊	壹伯元〇〇六八二	壹伯弍拾弍元九角七 の
碎磚	玖伯叁拾伍籮	叁角〇弍二乂	弍伯捌拾弍元六角二 三
城磚	伍万〇弍伯塊	伍厘七 每塊運費	弍伯捌拾六元壹角の
中磚	壹万柒仟弍伯塊	叁厘弍 又	伍拾伍元〇の

運費

对寸洋松	贰伯六拾七尺四块	壹角〡	贰拾九元三角七
上寸方洋松	伍伯捌拾捌尺七块	壹角〇九五	六拾四元三角八
寸寸企口板	壹万〇叁伯、拾尺石四块	壹角〤〇	壹仟叁伯〇壹元六角〇五
上寸寸洋松	贰伯捌拾捌尺四块	壹角〡	叁拾壹元六角八
〡寸寸洋松	四仟捌伯拾玖尺六拾贰块	壹角壹分〇五	伍伯叁拾贰元九角八
上分方钢条	壹伯伍拾伍磅贰支	壹伯四拾五元三八三 每吨	拾元〇〦
〡分方钢条	柒伯贰拾伍磅廿七支	壹伯四拾五元三八三	四拾七元〇五
〤分方钢条	伍伯伍拾壹磅十六支	壹伯四拾五元三八三	叁拾伍元七角六
〡分钢丝	叁伯贰拾磅贰捲	壹伯四拾壹元六八三	贰拾元〇七角六
〡分〤寸〡寸玻璃	贰块	叁拾三元〇六〤	六拾六元一角二
〡寸绞链	四打	壹元四角	伍元六角

4
22

估桶	壹伯陸拾支	伍角二〡	捌拾叁元伍角二	
双桐	拾支碼壹両四千九	拾七元九角五〡	貳拾六元七角五	
估双	壹伯〇六支	六角五〇8	六拾玖元叁角七	七
桶木	貳伯貳拾柒支 碼六両五千三	拾六元七角三〡八	四伯七拾七元四角七	八
估連半	伍支	五角五九二	貳元七角九	八
連半	壹伯四拾貳支 碼五両五千三	拾捌元壹角〇八	貳伯六拾四元八角九	一
吋洋松	貳仟柒伯六拾八尺 叁拾貳塊	玖分六厘	貳伯六拾伍元七角二	八
吋洋松	捌伯玖拾六尺 四塊	壹角	玖拾捌元伍角六	
吋洋松	壹伯尺 貳塊	壹角	拾壹元	
麻栗	伍伯柒拾伍尺	壹角二	六拾玖元	
西木	六支 碼九錢	貳拾七元五二	貳拾四元七角八	八

寸美釘	伍拾柒斤	拾四元九〇八	拾壹元叁角七 三
吋法西釘	弍伯弍拾四斤	拾四元角	四拾弍元四角一
吋美釘	壹伯〇叁斤	拾四元九〇八	弍拾元〇五角 二
吋美釘	四拾伍斤	拾四元九〇八	捌元九角七 九
吋美釘	弍伯捌拾斤半	拾四元九〇八	伍拾伍元九角〇 八
对白鉄窗鈎	四拾支	七分	弍元捌角
吋白鉄窗鈎	柒拾六支	壹角三八	拾元〇四角八 八
吋方玻璃	念捌塊	九分三厘二	弍元六角 一
玻璃	伍伯玖拾弍塊	九分三厘二	壹伯柒拾伍元壹角〇〇
白鉄划水	伍斤半	六角	叁元叁角
焊錫	伍斤	四角五	弍元弍角八

寸絞鏈	壹打半	四元叁角五分	六元伍角二
吋絞鏈	四打〇拾塊	贰元壹角	玖元贰角七
吽絞鏈	半打	四元	贰元
吋銅插肖	玖拾壹支	壹元七角五	壹伯伍拾玖元贰角五
寸銅插肖	玖拾弍支	七角七三	柒拾壹元壹角
寸銅插肖	叁拾弍支	叁角八七	拾贰元三角八
白珠插鎖	叁拾把	壹元〇三八	叁拾壹元〇五
寸彈簧絞鏈	兩對	拾元〇五角	贰拾壹元
寸銅推手	兩付	捌元三角	拾六元六角
吋分螺絲	壹包	叁角八	叁角八
吋螺絲	弍包	七角八	壹元伍角六

稻草	四拾柒石捌拾斤	七角三〥	叁拾伍元贰角贰 九
细麻绳	壹伯斤	六元五〥 十元〇贰元〥	拾元〇贰角九 〇
水泥 阴沟用	拾六桶	七元五〥 八	壹伯拾四元〇〇 入
碎砖 围墙底脚	四伯拾箩	叁角〇贰分三七	壹伯贰拾叁元九〇三 一
吋方丁贰	斤	拾四元九分六	叁角九 乂
吋方丁四	斤	拾四元九分八	柒角九 〢
细麻绳	壹伯叁拾伍斤	拾元〇贰角九 〇	拾叁元捌角九 乂
粗麻绳	叁伯玖拾捌斤半	六元伍角壹分	贰拾伍元九角〇 二
桐油	伍拾斤	贰角壹分入二	拾元〇捌角
小粉	壹伯斤	捌〥	捌元
绞链螺丝			伍拾壹元玖角贰

卅号白铁	拾四张	九拾四元六八 每箱廿四	伍拾四元玖角三〡	九
卅号白铁	四拾弍张	九拾三元九分五〣 每箱卅三张	壹伯拾九元五角七	〤
铁器	四伯叁拾弍斤拾四两	壹角捌〡	柒拾柒元九角〡	八
草纸	伍拾捌石	壹元玖角	壹伯拾元〇弍角	
白漆	半听	七元四角七	叁元七角三	8
山分押板螺丝	弍包	弍元六角三〥	伍元六角七	8
蓬布	六尺	六角	叁元六角	
砂皮	壹伯叁拾四张	弍分弍〡〡	弍元九角〇	八
煤箩	伍拾伍只	叁拾三元六分〇〦	拾捌元四角九	三
扁担	拾条	捌分	捌角	
杠子	伍拾支	壹角二〇	六元弍角	

兩共總結洋壹万弍仟伍伯四拾玖元〇四分伍厘

石灰廣膠	弍拾元〇七角五
雜料	叁拾七元伍角〇八
共結材料價洋壹万〇弍伯四拾捌元叁角伍分伍厘	
工價	
水木作工	壹仟叁伯玖拾壹元玖角八
樓梯間水作工	弍伯叁拾捌元六角七
樓梯間木作工	弍伯叁拾六元三角二
白鉄工	叁拾弍元〇三
小工	壹伯六拾四元四角五
刮磚工	柒拾元
三和土工	六拾元〇四角八

81

吋吋洋松	四仟七伯捌拾捌尺 双塊	九分七厘〥〇	四伯六拾七元伍角	
吋吋洋松	叁仟六伯尺 弍伯塊	壹角〇〇	叁伯七拾四元四角	
吋方洋松	六伯九拾六尺 〢塊	壹角〇九厘〤	柒拾六元弍角〡	〢
連半	柒拾壹支 碼〢	拾捌元〇角〥	玖元三角〡	〨
桶木	壹伯柒拾玖支 碼〢	拾六元七角三〥	弍伯六拾四元二角〇	〨
估連半	拾六支	伍角〤九〢	捌元玖角〇	〧
杉板	六拾弍丈伍尺	六元捌角九〨	四拾叁元〇捌角	八
松板	壹伯叁拾弍丈四尺	叁元五角三〨	四伯六拾捌元〇三	〇
估桶	四拾叁支	五角弍三	弍拾叁元四角〇	〥
啤美釘	壹伯六拾伍斤	拾四元九〥〨	叁拾弍元九角弍	〨
啤美釘	柒拾弍斤	拾四元九分〥〨	拾四元叁角〥	〥

330

物料所

材料

名稱用	數	價目	總價
水泥	贰拾四桶	七元〇二	壹伯七拾壹元〇七二
峪石子	叁噸	伍元〇〦	拾伍元〇角〇
黄砂	四拾壹噸	贰元〇〡〢〤	壹伯〇叁拾九元〇〧〤
城磚	叁万伍仟塊	伍厘七 每塊運費	壹伯九拾玖元伍角
中磚	四万塊	叁厘六 又	壹伯贰拾捌元
洋磚	伍仟塊	壹伯元〇〇六八斗	伍拾元〇三角九
碎磚柴	仟羅	叁角〇贰厘二七	贰仟壹伯拾伍元捌角九
斷磚	贰仟四伯羅	六分九厘二 運費	壹伯六拾六元〇八

33

白漆壹听半	七元四角七	拾壹元贰角〇五	
蓬布拾贰尺	六角	柒元贰角	
砂皮贰拾壹張	贰分贰厘	四角六	二
草紙贰拾柒石四拾壹斤	壹元九角	伍拾贰元〇七	九
煤籮贰拾只	叁拾三元六角	六元七角二	8
煤鍬拾把	壹元四角一八	拾四元壹角八	
扁担拾六支	捌分	壹元贰角八	
杠子拾伍条	壹角二	壹元八角	
細麻繩贰拾叁斤	拾元〇贰角六	贰元三角六	小
粗麻繩壹伯〇伍斤	六元五角	六元八角三	入
竹籮拾六只	叁拾三元六角	伍元三角八	

32

〣寸美釘	玖拾伍斤半	拾四元九〇六八	拾玖元五	〥
〢寸美釘	四拾壹斤	拾四元九〇六八	捌元壹角捌	一
〡寸美釘	伍拾柒斤	拾四元九〇六八	拾壹元叁角七	三
〣号白鉄	叁伯拾四張	九拾四元一六	壹仟叁伯叁拾叁元壹角九	乂
〣号白鉄	貳拾叁張	九拾三元九〇五一	四拾伍元四角捌	三
〣半絞鏈	壹伯玖拾六塊	四分	叁拾叁元六角六	乂
〣寸〣半白鉄螺絲	拾叁斤	六角	柒元捌角	
〢分螺絲	半包	三角八	壹角九	
〡半螺絲	壹包	七角八	柒角八	
白鉄刬水	拾六斤	六角	玖元六角	
〢分押版螺絲	貳包	貳元八角三分七六	伍元六角七	〥

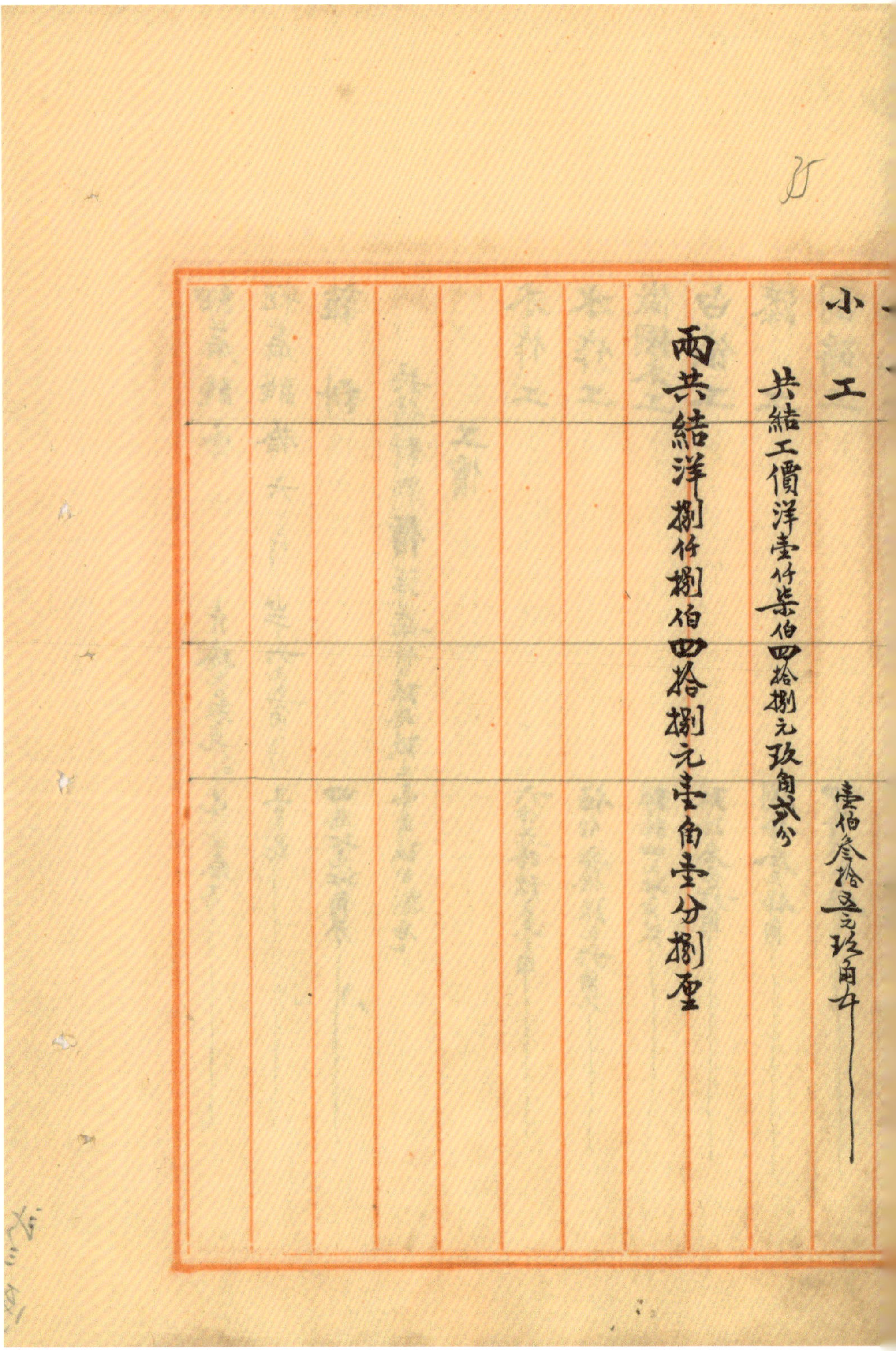
小工
共結工價洋壹仟柒伯四拾捌元玖角貳分
壹伯叁拾五元玖角五
兩共結洋捌仟捌伯四拾捌元壹角壹分捌厘

廿
34

细蔴繩壹　斤拾元貳角九○壹角叁下

粗蔴繩拾六斤半　六元五角○　壹元○七

雜料　四拾七元七角八　八

共結材料價洋柒仟○玖拾玖元壹角玖分捌厘

工價

木作工　六伯五拾玖元壹角

水作工　伍伯叁拾玖元六角八

做橱木工　玖拾四元七角八

白鐵工　玖拾叁元六角

漆工　捌拾叁元伍角

刮磚工　四拾玖元○伍分

吋吋洋松	柒拾贰尺 三块	壹角〡〡	柒元玖角贰
連半	伍拾支 碼罗本〤	拾八元一角〇〤	捌拾叁元四角〤 九
估双	壹伯玖拾伍支	六角〡の〨	壹伯贰拾七元六角贰 八
估連半	壹伯叁拾伍支	五角〡九〢	柒拾伍元四角九 二
估桐	壹伯四拾支	五角贰〢	柒拾叁元捌
松板	贰拾四文	叁元伍角三〨	捌拾四元八角の
桶木	贰伯玖拾叁支 美灰	拾六元七角三〣	四伯七拾叁元壹角壹
双桐	拾四支 隙	拾七元九角〦〣	叁拾元〇一角〤 一
鋁粉螺絲	半 包	叁角八	壹角玖分
吋半螺絲	壹 包	七角八	七角八
吋半白鉄螺絲	拾叁斤半	六角	捌元壹角

+36

平房

材料

名稱	用數	價目	總價
水泥	弍拾捌桶	七元一二八	壹伯九拾九元伍角八〇
黃砂	四噸	弍元五二六	拾元〇壹角〇四分
玻璃	柒伯玖拾柒尺談丸	九分三厘二	七拾四元六八
城磚	叁仟塊	伍厘七 費 每塊運	拾柒元壹角
中磚	弍仟塊	叁厘弍 又	六元四角
斷磚	壹万伍仟籮	六分九厘二 費 運	壹仟〇叁拾捌元
三線瓦	六万伍仟片	弍拾四元九九斗	壹伯六拾弍元〇角〇 八
洋磚	壹万壹仟柒伯塊	壹伯元〇〇六八斗	壹伯拾七元九角 8

39

铁器	伍伯拾斤〇十二两	壹角捌	玖拾壹元玖角叁 8
㓒白铁	贰拾贰张	九拾三元九分三	六拾贰元六角叁 入
討 白铁窗钩	拾四支	壹角三八	壹元玖角三 二
白珠插销	贰拾把	壹元〇三 8	贰拾元〇七角
竹箩	拾四只	叁拾三元叁三〇	四元七角〇七
蓬布	叁尺	六角	壹元捌角
焊锡	壹斤半	四角五分七厘	六角八 入
白铁剡水	拾六斤	六角	玖元六角
砂布	贰拾伍张	贰分贰厘	伍角五
煤箩	贰拾只	叁拾三元六三〇	六元七角二 8
扁担	拾四条	捌	壹元壹角二

一分押版螺絲	壹包	叁元八角三分六	叁元八角三	
一吋半美釘	四拾伍斤	拾四元九久八	捌元玖角七	九
一吋美釘	柒拾伍斤	拾四元九久八	拾四元九久	8
一吋半美釘	四拾四斤	拾四元九久八	捌元七角七	九
一吋美釘	叁拾四斤半	拾四元九久八	六元捌角八	〇
一吋絞鏈	兩打	四元三角五	捌元七角	
一吋絞鏈	伍打拾四塊	叁元壹角	拾壹元七角二	8
一吋半絞鏈	壹打四塊	四元	四元六角六	七
一吋絞鏈	壹打	壹元四角	壹元四角	
一吋插肖	貳拾四支	壹元伍角 每打	叁元	
一吋插肖	叁拾六支	壹元捌角 每打	伍元四角	

41

兩共總結洋四仟弍佰四拾伍元柒角伍分捌厘

3/60

攅子	四支	壹角〇	四角 入
草紙	叁拾担	壹元九角	伍拾柒元
粗麻繩	弍伯伍拾斤	六元伍角	拾六元弍角七 8
雜料			六元壹角〇

共結材料價洋叁仟四伯弍拾叁元四角叁分捌厘

工價

墊泥工			拾七元叁角七
三和土工			四拾六元〇九
木作工			弍伯七拾叁元〇〥
水作工			叁伯捌拾元〇壹角五
白鐵工			拾捌元四角二

玻璃 四拾尺○川二 貳拾四塊 九分叁厘二 叁元七角九

黄砂 拾壹噸 貳元伍角二分 貳拾七元七角八

共結材料價洋壹伯六拾玖元伍角○叁厘

工價

水木工 壹伯七拾四元捌角五

白鉄工 伍元六角七

三和土工 拾叁元捌角五

小工 拾四元貳角○

共結工價洋貳伯○六元六角○五厘

兩共結洋叁伯柒拾六元壹角壹分貳厘

4
九

廁所材料

名稱	用數	價目	總價
石灰	弍拾担	壹元三角九分	弍拾七元玖角〇
中磚	伍仟塊	叁厘弍毫 無切運	拾六元
城磚	伍伯塊	伍厘七	弍元捌角
斷磚	弍伯捌拾羅	六分九厘三 運費	拾玖元三角七 八
水泥	壹桶	七元一分	七元壹角二 八
啞白鐵	四張	九拾三元九分	拾壹元叁角八 八
肘方丁	伍拾斤	拾四元九分	玖元九角七 七
白鉄刬水	叁斤	六角	壹元捌角
旺磚	壹千合	六拾叁元	六元叁角七 三

9

粉石子	叁伯四拾捌啢六三五	五元〇〇八	壹仟七伯九拾四元七〇二	二
黄砂	壹仟六伯弍拾啢八七五	弍元伍角二分	四仟〇九拾四元三角二	
碎砖	壹万壹仟伍伯箩	叁角〇叁厘二七	叁仟四伯七拾六元一角〇五分	
洋砖	伍拾塊	壹伯元〇〇六二	伍角〇四分	
1寸方洋松	壹仟四伯〇三尺 拾捌塊	壹角〇九厘五	壹伯伍拾叁元六角二	九
1寸1寸洋松	玖仟伍伯伍拾玖尺 弍伯拾叁塊	九分七厘又〇	玖伯叁拾叁元三角〇	一
1寸1寸建松板	柒伯柒拾尺 叁拾捌塊	壹元〇九〇 每塊	四拾壹元五角七	二
双桐	六伯伍拾壹支 碼架〇〇七	拾七元九分弍三	弍仟叁伯四拾六元六角三	七
連半	拾四支 碼刃弍斤	拾八元壹角〇六	弍拾七元七角九	三
估桶	伍伯〇四支	伍角弍分弍元	弍伯六拾叁元〇八	八
估双	四伯四拾四支	六角五分〇五	弍伯九拾元〇五角九	八

廠房

材料

名稱	用數	價目	總價
〡寸方鋼条	四拾壹万伍仟〇捌下 弍仟九佰六拾捌支	每噸 壹佰四拾五元三六斗	弍万六仟九百叁拾五元二六八〇
〧分方鋼条	弍万壹仟捌伯四拾下 弍伯八支	壹伯四拾五元三六斗	壹仟四伯拾七元四角八二
〦分方鋼条	玖仟六伯拾下 壹伯弍拾四支	壹佰四拾伍元三六斗	六伯弍拾叁元七角〡八
〥分方鋼条	四仟捌伯六拾下 玖拾支	壹伯四拾五元三六斗	叁伯拾伍元四角〡九
〤分方鋼条	弍万弍仟弍伯捌拾四下 六伯四拾玖支	壹伯四拾伍元三六斗	壹仟四伯四拾六元〡九
〣分方鋼条	弍万叁仟四伯叁拾玖下 壹仟弍伯〇壹支	壹伯四拾伍元三六斗	壹仟伍伯弍拾壹元三八〡
〢分元鋼絲	六仟玖伯拾叁下 四拾四捲	壹伯四拾五元三六斗	四伯四拾捌元六角〡〇
水泥	四仟叁伯弍拾叁桶	七元壹角〡川	叁万〇捌伯拾四元三三〇〇

47

吽美釘	弍拾玖斤	拾壹元九分	伍元柒角捌八
吩法西釘	弍斤	拾四元弍角	叁角七九
𡁜新鉛絲	弍拾捌斤	弍角弍	六元壹角八
𡁜新鉛絲	壹伯捌拾柒斤	弍角四分	四拾六元○三九
杠子	捌支	壹角二分	玖角九二
煤籮	壹伯四拾玖隻	叁拾叁元叁三分	伍拾元○九九
細麻繩	壹伯叁拾捌斤	拾元弍角九分	拾四元弍角○六
粗麻繩	壹仟叁伯捌拾斤	六元五角	捌拾玖元捌角二八
煤鍬	捌把	壹元	拾壹元叁角○○
𡁜羊鋼煤鍬	六把	弍元九角九	拾七元九角○
明礬	壹伯四拾六斤	弍分七厘	四元

西木	叁拾支 碼〤〥〥	弍拾七元〥〢	六拾叁元〥七 〡
桶木	柒拾支 碼〤〥〨〥	拾六元七〢〣 〨	捌拾壹元伍角八 八
廣木	玖支 碼〣〥〥	叁拾叁元〥〢	四拾四元弍角〇〥 ㄴ
估連半	壹伯六拾六支	五角〇〥九二	玖拾弍元捌角〤 七
杉板	壹丈伍尺	六元捌角〥	拾元叁角〇 三
松板	六拾尺	叁元伍角〣〥	弍拾壹元弍角〡
八尺子	伍伯支	弍角〢〨〣	壹伯叁拾捌元壹角七
九尺子	柒拾捌支	四角〨	叁拾伍元八角八
鍻白鉄	叁張	玖拾三元九〥〣	捌元伍角〇 一
石灰	叁伯四拾伍担	壹元叁角九〤	四伯捌拾壹元玖角六 〤
紂美釘	弍拾玖斤	拾四元九〥〤	伍元七角八 〨

49

鋸工 叁元伍角四

小工 叁伯玖拾壹元伍角一

挑泥工 贰伯伍拾六元

淘石子工 拾柒元

共結洋柒伯〇四元四角捌分柒厘

兩共結洋玖万叁仟叁伯捌拾六元贰角玖分叁厘

洗石子籮 贰伯隻 拾七元伍角 叁拾伍方 八

蘆蓆 伍拾張 六角九分 叁元四角五

铁器 伍伯伍拾柒斤六两五 壹角捌 壹伯元〇〇五角七 三

呌洋松 壹伯四拾玖塊 〡〤〩尺 九分七厘八 每尺 伍伯七拾六元四角八 七

呌洋松 拾贰塊 〢〥〧尺 壹角〇五八 叁拾玖元〇一 八

呌洋松 壹塊 〥〤尺 壹角〇五八 柒元六角三 之

水泥 壹桶 七元六三 柒元壹角贰 八

細蔴繩 贰伯贰拾叁斤 拾元〇贰角九 贰拾贰元九角 八

美丁 捌斤 天落方 拾四元九分八 壹元伍角九 八

襍料 柒拾叁元五分 八

共結材料洋玖万贰仟六伯捌拾壹元捌角〇六厘

估桶木	壹伯〇捌支	五角〤二	伍拾六元叁角七	八
西木	兩支 碼三千	弍拾七元〥〢	捌元弍角〥	八
廣木	弍伯玖拾玖支 碼扣四千五百	叁拾叁元六〥	弍仟捌伯叁拾伍元七角〇六	
松板	拾柒支	叁元伍角三〤	六拾元〇〇九	〤
估双	叁拾支	六角廿〇〤	拾玖元六角三	〤
杉板	伍拾捌丈伍尺	六元捌角九〤	四伯〇叁元叁角廿	八
估連半	弍拾壹支	伍角伍分九厘二	拾壹元七角〇	三
洋松	壹伯伍拾捌尺 又塊	壹角〇〤〤	拾六元捌角〇	三
討方洋松	叁伯四拾壹尺 弍塊	壹角〇七厘一	叁拾六元伍角〤	一
时寸建松板	柒仟弍伯叁拾尺 計塊	壹元〇九〡 每塊	叁伯玖拾元〇伍角廿	八
寸方洋松	六仟壹伯四拾伍尺 計塊	壹角〇九厘五	六伯七拾弍元捌角七	八

煙囱材料數價目總價

名稱	用數	價目	總價
寸方鋼条	壹万玖仟叁伯拾贰尺〡〢支	壹伯四拾五元三六八三	壹仟贰伯伍拾叁元四角〇捌 〡
七分方鋼条	叁仟叁伯六拾尺 三拾贰支	壹伯四拾伍元三六八三	贰伯拾捌元〇七 〩
六分方鋼条	贰仟四伯〇贰尺半 三拾一支	壹伯四拾伍元三六八三	壹伯伍拾伍元玖角二 〡
五分方鋼条	柒仟捌伯叁拾尺 壹伯四拾伍支	壹伯四拾五元三六八三	伍伯〇捌元壹角九 一
四分方鋼条	捌仟捌伯柒拾六尺 贰伯伍拾捌支	壹伯四拾五元三六八三	伍伯七拾六元〇七 〨
三分方鋼条	叁仟四伯捌拾玖尺 〤六八支	壹伯四拾五元三六八三	贰伯贰拾六元四角四 七
水泥	四伯玖拾贰桶	七元五〇八	叁仟伍伯〇六元九角七 〤
二分石子	贰伯玖拾六噸	四元四角廿三	壹仟叁伯拾捌元〇八 八

53

西磬　叁石贰拾伍斤　〨〧元〇　捌元九角〇五

明磬　贰石伍拾斤　〨〧元〇　六元捌角五

細麻繩　壹伯玖拾四斤十二两　拾元〢〩〡　贰拾元〇〇〇　八

粗麻繩　叁伯柒拾伍斤〇外　六元五角〇　贰拾四元四角二　九

三角鉄　柒伯贰拾四斤半　〡角〇　壹伯〇壹元四角三

水泥贰　桶　〧元〥〡　拾四元〢角〥〇

䃮料　贰拾六元伍角

共結材料價洋壹万四仟〇贰拾五元叁角六分四厘

工價

挑泥三和土工　壹伯六拾〢元四角〢

車水工　壹伯五拾捌元七角〢

9/52

吋吋洋松	柒仟壹伯弍拾壹尺板呎	九分七厘又〇	六伯九拾五元弍角玖	〇
吋方釘	拾斤	拾四元九分八	壹元玖角九	8
吋美釘	玖拾六斤	拾四元九分八	拾玖元壹角七	8
吋美釘	壹伯四拾弍斤	拾四元九分八	弍拾捌元叁角三	三
吋美釘	伍斤	拾四元九分八	玖角九	八
吋西釘	四斤	拾四元弍角	柒角七	七
鉄器	四伯弍拾捌斤六二五	壹角捌	柒拾七元壹角五	三
号白鉄	四張	九拾四元壹角	拾伍元六角九	七
号新鉛線	拾弍斤	弍角弍	弍元六角〇	
号新鉛絲	拾叁斤	弍角四分六厘弍	叁元弍角〇壹	
焊錫	弍斤	四角伍分七厘	玖角一	〇

中文档案

鋸木工	壹伯元〇〇壹
淘石子工	六元伍角
小工	捌拾玖元伍角九 の

共結工價洋伍伯拾柒叁角四分四厘

兩共結洋壹万四仟伍伯四拾弍元六角〇捌厘

86

廣木	玖拾叁支 碼[illegible]	叁拾叁元五〇	四伯拾伍元壹角九	九
西木	捌拾叁支 碼[illegible]	貳拾柒元叁〇	壹伯四拾壹元〇六	三
連半	叁拾貳支 碼[illegible]	拾捌元一角〇六	柒拾叁元壹角〇	八
連半	四拾伍支 碼[illegible]	拾捌元一角〇八	壹伯〇四元壹角十	
稻草	叁仟捌伯叁拾伍斤	七角三 七	貳拾捌元貳角六	
花鉛綫	壹團半	拾六元貳角三	貳拾四元叁角〇	
胖方丁	壹伯四拾貳斤	拾四元九〇八	貳拾捌元叁角三	三
吋方丁	四拾七斤	拾四元九〇八	玖元叁角七	八
胖方丁	四拾斤	拾四元九〇八	柒元玖角捌	一
三綫瓦	叁千六仟片	貳拾四元九九五	捌拾玖元九角七	一
水泥	叁桶 車床底脚	七元〇〇 八	貳拾壹元叁角八	[illegible]

機器棧房

材料

名稱	用數	價目	總價
鉄器	拾斤〇半	壹両捌	壹元捌角
粗麻繩	壹伯六拾壹斤	六元五角	拾元〇四角八
扛子	伍拾壹文	壹角二〇	六元二角二〇
細麻繩	四拾叁斤	拾元〇玖角〇	四元四角二八
[illegible]白鉄瓦	弍拾張	九拾四元壹六	拾捌元四角八〇
[illegible]美釘	拾叁斤	拾四元九〇	弍元伍角九〇
[illegible]美釘	弍拾伍斤	拾四元九〇	四元九角八八
[illegible]美釘	伍斤	拾四元九〇	玖角九八

2
57

鉄器 玖斤 電燈桶用 壹角捌 壹元六角玖

灯絞鏈 貳付 又 四元叁角伍 柒角玖 8

粗蔴繩 貳拾玖斤 扯樹兰用 六元五角壹分 壹元四角五 二

襍料 四元玖角八

共結材料價洋壹仟壹伯拾元〇四角壹分六厘

工價

木作工 叁拾貳元叁角玖

白鉄工 壹元伍角壹分

水作工 六拾四元捌角

小工 拾伍元玖角廿

共結工價洋壹伯拾四元伍角捌分

作房材料

名稱	用數	價目	總價
廣木	壹支 碼[illegible]	叁拾叁元〇〇	伍元四角八 三
連半	拾支 碼[illegible]	拾捌元壹角〇八	玖元七角七 七
估双	拾六支	六角五分〇八	拾元〇四角七 二
西木	叁支 碼[illegible]	貳拾七元〇〇	拾壹元壹角〇 八
估連半	伍拾支	五角[illegible]九二	貳拾柒元九角八
松板	四拾丈	叁元伍角三[illegible]	壹佰四拾壹元四角
封方釘	叁拾貳斤	拾四元九分[illegible]	六元叁角八 八
咩方釘	柒斤半	拾四元九分[illegible]	壹元四角九 七
咩方釘	伍拾斤半	拾四元九分[illegible]	拾元〇〇七 八

4 59

工房材料

名稱	用數	價目	總價
松板	伍伯四拾柒丈柒尺	叁元伍角三分	壹仟九伯叁拾陸元壹角柒
估双	弍伯六拾叁支	六角〥の分	壹伯七拾弍元壹角三の
估桶	四伯七拾伍支	五角〤〢	弍伯四拾七元九角〤
估連半	弍伯捌拾伍支	五角〤九〢	壹伯五拾玖元叁角七〢
連半	弍伯捌拾四支 碼𠯿〤分	拾八元一角〇八	伍伯〇五元九角七〢
三線瓦	柒千捌仟壹伯片	弍拾四元九元〣	壹伯玖拾〥元三角八
牌美釘	叁拾捌斤	拾四元九分〤	柒元伍角八〢
牌美釘	壹斤	拾四元九分〤	柒角
材美釘	叁拾捌斤	拾四元九分〤	柒元伍角八〢

中文档案

9

蘆蓆 七拾張 六分九厘 上 四元捌角三

共結洋玖伯貳拾叁元六角四分捌厘

5
6

灰間材料

名稱用	數	價目	總價	
双桐	伍拾七支 碼[illegible]	拾七元九〇五三	弍伯叁拾六元六〇六	二
連半	叁拾支 碼[illegible]	拾八元一角〇八	弍拾七元捌角捌	三
西木	玖支 碼[illegible]	弍拾七元〇三	拾四元〇三	8
松板	六拾丈	叁元伍角三[illegible]	弍伯拾弍元壹角	
松板	九十八丈八尺 壹百五拾捌丈八尺	叁元伍角三[illegible]	叁伯四拾捌元壹角九	八
紂美釘	弍拾斤	拾四元九〇八[illegible]	叁元九角九	一
牂美釘	伍拾弍斤	拾四元九〇八[illegible]	拾元〇叁角七	八
封美釘	弍拾弍斤	拾四元九〇八[illegible]	四元叁角九	
牂美釘	六斤	拾四元九〇八[illegible]	壹元壹角九	七

662

水泥房

名稱	用數	價目	總價
佶双	弍拾支	六角五四〇八	拾叁元〇九
連半	壹伯弍拾支 碼賤	拾八元一角〇八	叁伯四拾九元八角六 8
松板	壹伯弍拾丈	叁元伍角三八	四伯弍拾四元弍角
蓋蘆蓆	叁拾張	六分九	弍元〇七
花鉛絲	弍圈半	拾六元弍角二八	四拾元〇伍角七 8
半吋方釘	叁斤	拾四元玖角八八	伍角九 八
卌吋方釘	伍拾斤	拾壹元九角八八	九元九角七 七
吋方釘	八斤	拾四元九角八八	壹元伍角九 八
共結洋捌伯四拾壹元叁角柒分弍厘			

名稱	用數	價目	總價
𠌮白鉄瓦	拾張	九拾三元九角三	弍拾捌元四角七 一
估連半	叁支	每角五九三	壹元六角七 八
𠌮紋鏈	兩付	四元 每打	六角七 七
白鐵工			壹元

共結洋叁拾壹元捌角〇捌厘

涵洞

名稱	用數	價目	總價
城磚	弍仟塊	伍厘七 每塊運費	拾壹元四角
石灰	五伯斤	壹元三九〤	六元玖角八 8
黃砂	壹噸半	弍元伍角二八	叁元七角八 九
水泥	壹桶	七元壹角二八	柒元壹角二 八
共結洋弍拾玖元叁角〇弍厘			

38 65

生財

名稱	用數	價目	總價
鉄器	叁拾捌斤半 廚房用	壹角捌分	六元玖角二
吋に洋松	貳伯四拾貳尺 拾塊 寫字枱等	九分七厘五の	貳拾叁元六角五 九
吋に洋松	壹伯伍拾壹尺 七塊	壹角〇〆〆	拾六元九 七
玻璃	貳塊 七尺六八 四相框用	九分叁厘二	柒角 入
18号白鉄	壹張 水壷等	九拾叁元九分斤三	貳元捌角の 七
西木	叁支 碼子九 電話桿	叁拾七元五六	拾元〇七角二

共結洋六拾元〇玖角四分玖厘

电厂辛酉年建筑工料细账

（一九二一年）

办事房			
材料			
名称	数目	价目	总价
水泥	玖拾伍桶	七元壹角二分八	六佰七拾七元壹角六分
石子（六分）	陆吨	五元一角四分八	叁拾元〇捌角八分八
黄砂	叁拾叁吨	贰元五角二分六	捌拾叁元叁角五分八
洋砖	壹万贰仟贰佰块	壹百元〇〇七角八分二	壹佰贰拾贰元九角五分四
碎砖	玖佰叁拾伍箩	叁角〇贰二七	贰佰捌拾贰元六角二分三
城砖	伍万〇贰佰块	伍厘七（每块运费）	贰佰捌拾六元壹角四分
中砖	壹万柒仟贰佰块	叁厘贰（又）	伍拾伍元〇四分
断砖	伍佰拾箩	六分九厘二（运费）	叁拾伍元贰角九分二
石灰	玖佰〇柒担	壹元三角九分七	壹仟贰佰六拾七元〇七分九
三线瓦	捌万陆仟肆佰肆拾片	贰拾四元玖角九分二	贰佰拾六元〇三分一
旺砖	壹万柒仟叁佰块（合）	六拾叁元伍角二分七	壹佰〇九元九角〇二厘
十二寸瓦筒	壹佰伍拾只	壹元〇七分	壹佰六拾元〇伍角
九寸瓦筒	壹佰只	捌角五分五厘	捌拾伍元伍角
六寸湾头瓦筒	贰拾只	伍角二分二	拾元〇四角四分
柳板	拾伍丈	贰元五角五分三	叁拾捌元
四尺杉木条子板	壹佰贰拾札	玖角四分八	壹佰拾叁元七角六分
二寸十二寸洋松	壹万〇贰佰六拾四尺（三百八十一块）	九分七厘六四	壹仟〇〇贰元壹角七分七

名称	数目	价目	总价
三寸六寸洋松	贰仟〇〇壹尺（七十七块）	壹角〇四	贰佰〇捌元壹角〇四厘
八尺子	叁拾支	贰角七分六三	捌元贰角八分九
广木	叁拾四支码（六两三钱八分五）	叁拾叁元一角一分	贰佰拾壹元四角〇七厘
估桶	壹佰陆拾支	伍角二分二	捌拾叁元伍角二分
双桐	拾支码（壹两四钱九分）	拾七元九角五分三	贰拾六元七角五分
估双	壹佰〇六支	六角五分四五	六拾玖元叁角七分七
桶木	贰佰贰拾柒支（码廿八两五钱三分）	拾六元七角三分六	四佰七拾七元四角七分八
估连半	伍支	五角五分九二	贰元七角九分六
连半	壹佰四拾贰支（码十四两六钱三分）	拾捌元壹角〇六	贰佰六拾四元八角九分一
四寸十二寸洋松	贰仟柒佰六拾八尺（叁拾贰块）	玖分六厘	贰佰六拾伍元七角二分八
六寸十四寸洋松	捌佰玖拾六尺（四块）	壹角一分	玖拾捌元伍角六分
六寸十寸洋松	壹佰尺（贰块）	壹角一分	拾壹元
麻栗	伍佰柒拾伍尺	壹角二分	六拾玖元
西木	六支（码九钱）	贰拾七元五角二分	贰拾四元七角六分八
一寸半十二寸洋松	六佰柒拾捌尺（拾块）	壹角〇六厘六	柒拾贰元贰角七分五
三寸十二寸洋松	伍佰伍拾贰尺（六块）	壹角〇六厘	伍拾捌元伍角一分二
四寸十寸洋松	贰佰六拾七尺（四块）	壹角一分	贰拾九元三角七分
六寸方洋松	伍佰捌拾捌尺（七块）	壹角〇九五	六拾四元三角八分六
一寸六寸企口板	壹万〇叁佰八拾尺（一百卅四块）	壹一角贰分五四	壹仟叁佰〇壹元六角五分二

名称	数目	价目	总价
六寸八寸洋松	贰佰捌拾捌尺（四块）	壹角一分	叁拾壹元六角八分
三寸十寸洋松	四仟捌佰拾玖尺（六拾贰块）	壹角壹分〇六	伍佰叁拾贰元九角八分一
六分方钢条	壹佰伍拾伍磅（贰支）	壹佰四拾五元三角八分三（每吨）	拾元〇〇六分
三分方钢条	柒佰贰拾伍磅（卅七支）	壹佰四拾五元三角八分三	四拾七元〇五分五
四分方钢条	伍佰伍拾壹磅（十六支）	壹佰四拾五元三角八分三	叁拾伍元七角六分一
二分钢丝	叁佰贰拾磅（贰卷）	壹佰四拾五元三角八分三	贰拾元〇七角六分八
二分、五二寸、二六寸玻璃	贰块	叁拾三元〇六分五	六拾六元一角三分
二寸绞〔铰〕链	四打	壹元四角	伍元六角
四寸绞〔铰〕链	壹打半	四元叁角五分	六元伍角二分五
三寸绞〔铰〕链	四打〇拾块	贰元壹角	玖元贰角七分五
三寸半绞〔铰〕链	半打	四元	贰元
十八寸铜插肖〔销〕	玖拾壹支	壹元七角五分	壹佰伍拾玖元贰角五分
八寸铜插肖〔销〕	玖拾贰支	七角七分三	柒拾壹元壹角一分六
四寸铜插肖〔销〕	叁拾贰支	叁角八分七	拾贰元三角八分八
白珠插锁	叁拾把	壹元〇三分五	叁拾壹元〇五分
八寸弹簧绞〔铰〕链	两对	拾元〇五角	贰拾壹元
十寸铜推手	两付	捌元三角	拾六元六角
五号五分螺丝	壹包	叁角八分	叁角八分
五号一分半螺丝	贰包	七角八分	壹元伍角六分
二寸二寸半白铁螺丝	拾肆斤	六角	捌元四角

名称	数目	价目	总价
一寸半西钉	贰拾贰斤伍两	拾四元贰角	四元贰角贰分四厘
六寸美钉	伍拾柒斤	拾四元九角六分五	拾壹元叁角七分三
十二分法西钉	贰佰贰拾四斤	拾四元贰角	四拾贰元四角一分
三寸半美钉	壹佰〇叁斤	拾四元九角六分五	贰拾元〇五角五分二
五寸美钉	四拾伍斤	拾四元九角六分五	捌元九角七分九
二寸美钉	贰佰捌拾斤半	拾四元九角六分五	伍拾伍元九角六分八
四寸白铁窗钩	四拾支	七分	贰元捌角
八寸白铁窗钩	柒拾六支	壹角三分八	拾元〇四角八分八
十六寸方玻璃	念捌块（七十一尺六八）	九分三厘二	六元六角八分一
玻璃	伍佰玖拾贰块（一千八百七十八尺八）	九分三厘二	壹佰柒拾伍元壹角〇四厘
白铁划水	伍斤半	六角	叁元叁角
焊锡	伍斤	四角五分七	贰元贰角八分五
二十四号白铁	拾四张	九拾四元一角八分（每箱廿张）	伍拾四元玖角三分九
二十六号白铁	四拾贰张	九拾三元九角五分三（每箱卅三张）	壹佰拾九元五角七分七
铁器	四佰叁拾贰斤拾四两	壹角捌分	柒拾柒元九角一分八
草纸	伍拾捌石	壹元玖角	壹佰拾元〇贰角
白漆	半听	七元四角七分	叁元七角三分五
六分押板螺丝	贰包	贰元八角三分七六	伍元六角七分五
蓬布	六尺	六角	叁元六角
砂皮	壹佰叁拾四张	贰分贰厘	贰元九角四分八

名称	数目	价目	总价
煤箩	伍拾伍只	叁拾三元二角二分四	拾捌元四角九分三
扁担	拾条	捌分	捌角
扛子	伍拾支	壹角二分四	六元贰角
柏油	贰桶	拾叁元叁角	贰拾六元六角
煤锹	四把	壹元四角一分八	伍元六角七分二
稻草	四拾柒石捌拾斤	七角三分七	叁拾伍元贰角贰分九
细麻绳	壹佰斤	六元五角一分（十元〇贰角九分四）	拾元〇贰角九分四
水泥（阴沟用）	拾六桶	七元一角二分八	壹佰拾四元〇四分六
碎砖（围墙底脚）	四佰拾箩	叁角〇贰厘二七	壹佰贰拾叁元九角三分一
二寸半方钉	贰斤	拾四元九角六分五	叁角九分九
三寸半方钉	四斤	拾四元九角六分五	柒角九分八
细麻绳	壹佰叁拾伍斤	拾元〇贰角九分四	拾叁元捌角九分七
粗麻绳	叁佰玖拾捌斤半	六元伍角壹分	贰拾伍元九角四分二
桐油	伍拾斤	贰角壹分六厘	拾元〇捌角
小粉	壹佰斤	捌分	捌元
绞〔铰〕链螺丝			伍拾壹元玖角贰分
石灰广胶			贰拾元〇七角五分
杂料			叁拾七元伍角四分六
共结材料价洋壹万〇贰佰四拾捌元叁角伍分伍厘			

工价			
水木作工			壹仟叁佰玖拾壹元玖角六分
楼梯间水作工			贰佰叁拾捌元六角七分
楼梯间木作工			贰佰叁拾六元三角二分
白铁工			叁拾贰元〇三分
小工			壹佰六拾四元四角五分
刮砖工			柒拾元
三和土工			六拾元〇四角六分
垫泥工			壹佰〇六元捌角
共结工价总洋贰仟叁佰元〇〇六角玖分			
两共总结洋壹万贰仟伍佰四拾玖元〇四分伍厘			

物料所			
材料			
名称	用数	价目	总价
水泥	贰拾四桶	七元一角二分八	壹佰七拾壹元〇七分二
六分石子	叁吨	伍元一角四分八	拾伍元四角四分四
黄砂	四拾壹吨	贰元五角二分六	壹佰〇叁元五角六分六
城砖	叁万伍仟块	伍厘七（每块运费）	壹佰九拾玖元伍角
中砖	四万块	叁厘贰（又）	壹佰贰拾捌元
洋砖	伍仟块	壹佰元〇〇七角八分二	伍拾元〇三角九分一

名称	用数	价目	总价
碎砖	柒仟箩	叁角〇贰厘二七	贰仟壹佰拾伍元捌角九分
断砖	贰仟四佰箩	六分九厘二（运费）	壹佰六拾六元〇八分
石灰	叁佰叁拾叁石	壹元叁角九分七	四佰六拾伍元贰角〇壹厘
六寸十二寸洋松	叁佰捌拾四尺（十六块）	壹角壹分	四拾贰元贰角四分
二寸十二寸洋松	四仟七佰捌拾捌尺（九十四块）	九分七厘六四	四佰六拾七元伍角
三寸六寸洋松	叁仟六佰尺（贰佰块）	壹角〇四	叁佰七拾四元四角
六寸方洋松	六佰九拾六尺（十二块）	壹元〇九厘五	柒拾六元贰角一分二
连半	柒拾壹支(码五两一钱五)	拾捌元一角〇六	玖元三角二分五
桶木	壹佰柒拾玖支（码十五两七钱九分五）	拾六元七角三分六	贰百六拾四元三角四分五
估连半	拾六支	伍角五分九二	捌元玖角四分七
杉板	六拾贰丈伍尺	六元捌角九分五	四拾叁元〇捌角八分八
松板	壹佰叁拾贰丈四尺	叁元五角三分五	四佰六拾捌元〇三分四
估桶	四拾叁支	五角贰分二	贰拾贰元四角四分六
二寸半美钉	壹佰六拾伍斤	拾四元九角六分五	叁拾贰元九角贰分五
三寸半美钉	柒拾贰斤	拾四元九角六分五	拾四元叁角六分六
三寸美钉	玖拾伍斤半	拾四元九角六分五	拾玖元〇五分五
六寸美钉	四拾壹斤	拾四元九角六分五	捌元壹角捌分一
五寸美钉	伍拾柒斤	拾四元九角六分五	拾壹元叁角七分三
二十四号白铁	叁佰拾四张	九拾四元一角八分	壹仟贰佰叁十贰元壹角九分七
二十六号白铁	贰拾叁张	九拾三元九角五分三	四拾伍元四角捌分三

名称	用数	价目	总价
三寸半绞〔铰〕链	壹佰玖拾六块	四元	叁拾贰元六角六分七
二寸二寸半白铁螺丝	拾叁斤	六角	柒元捌角
五号五分螺丝	半包	三角八分	壹角九分
一寸半螺丝	壹包	七角八分	柒角八分
白铁划水	拾六斤	六角	玖元六角
六分押版螺丝	贰包	贰元八角三分七六	伍元六角七分五
铁器	壹仟捌佰〇伍斤六两	壹角八分	叁佰贰拾四元九角六分八
焊锡	六斤半	四角五分七厘	贰元九角七分〇五厘
白漆	壹听半	七元四角七分	拾壹元贰角〇五厘
蓬布	拾贰尺	六角	柒元贰角
砂皮	贰拾壹张	贰分贰厘	四角六分二
草纸	贰拾柒石四拾壹斤	壹元九角	伍拾贰元〇七分九
煤箩	贰拾只	叁拾三元六角二分四	六元七角二分五
煤锹	拾把	壹元四角一分八	拾四元壹角八分
扁担	拾六支	捌分	壹元贰角八分
扛子	拾伍条	壹角二分四	壹元八角六分
细麻绳	贰拾叁斤	拾元〇贰角九分四	贰元三角六分八
粗麻绳	壹佰〇伍斤	六元五角一分	六元八角三分六
竹箩	拾六只	叁拾三元六角二分四	伍元三角八分
细麻绳	壹斤	拾元〇贰角九分四	壹角叁厘

名称	用数	价目	总价
粗麻绳	拾六斤半	六元五角一分	壹元〇七分四
杂料			四拾七元七角贰分八
共结材料价洋柒仟〇玖拾玖元壹角玖分捌厘			
工价			
木作工			六佰五拾玖元壹角
水作工			伍佰五拾玖元六角六分
做橱木工			玖拾四元七角贰分
白铁工			玖拾叁元六角
漆工			捌拾叁元伍角
刮砖工			四拾玖元〇五分
垫泥工			拾贰元捌角四分
三和土工			六拾元〇伍角
小工			壹佰叁拾五元玖角五分
共结工价洋壹仟柒佰四拾捌元玖角贰分			
两共结洋捌仟捌佰四拾捌元壹角壹分捌厘			

平房			
材料			
名称	用数	价目	总价
水泥	贰拾捌桶	七元一角二分八	壹佰九拾九元伍角八分四
黄砂	四吨	贰元五角二分六	拾元〇壹角〇四厘
玻璃	柒佰玖拾柒尺（三百六十八块）	九分三厘二	七拾四元二角八分
城砖	叁仟块	伍厘七（每块运费）	拾柒元壹角
中砖	贰仟块	叁厘贰（又）	六元四角
断砖	壹万伍仟箩	六分九厘二（运费）	壹仟〇叁拾捌元
三线瓦	六万伍仟片	贰拾四元九角九分二	壹佰六拾贰元四角四分八
洋砖	壹万壹仟柒佰块	壹佰元〇〇七角八分二	壹佰拾七元九角一分五
石灰	壹佰捌拾玖石	壹元三角九分七	贰佰六拾四元〇三分三
三寸十寸洋松	壹仟捌佰伍拾捌尺（卅八块）	壹角壹分〇六	贰佰〇五元四角九分五
六寸十二寸洋松	柒拾贰尺（三块）	壹角壹分	柒元玖角贰分
连半	伍拾支（码四两六钱一分）	拾八元一角〇六	捌拾叁元四角六分九
估双	壹佰玖拾伍支	六角五分四五	壹佰贰拾七元六角贰分八
估连半	壹佰叁拾伍支	五角五分九二	柒拾伍元四角九分二
估桐	壹佰四拾支	五角贰分二	柒拾叁元〇捌分
松板	贰拾四丈	叁元伍角三分五	捌拾四元八角四分
桶木	贰佰玖拾叁支（二十八两二钱六分九）	拾六元七角三分六	四佰七拾叁元壹角壹分

名称	用数	价目	总价
双桐	拾四支（一两六钱八分）	拾七元九角五分三	叁拾元〇一角六分一
五号五分螺丝	半包	叁角八分	壹角玖分
一寸半螺丝	壹包	七角八分	七角八分
二寸二寸半白铁螺丝	拾叁斤半	六角	捌元壹角
六分押板螺丝	壹包	贰元八角三分七六	贰元八角三分八
二寸半美钉	四拾伍斤	拾四元九角六分五	捌元玖角七分九
三寸美钉	柒拾伍斤	拾四元九角六分五	拾四元九角六分五
三寸半美钉	四拾四斤	拾四元九角六分五	捌元七角七分九
五寸美钉	叁拾四斤半	拾四元九角六分五	六元捌角八分四
四寸绞〔铰〕链	两打	四元三角五分	捌元七角
三寸绞〔铰〕链	伍打拾四块	贰元壹角	拾壹元七角二分五
三寸半绞〔铰〕链	壹打四块	四元	四元六角六分七
二寸绞〔铰〕链	壹打	壹元四角	壹元四角
五寸插肖〔销〕	贰拾四支	壹元伍角（每打）	叁元
六寸插肖〔销〕	叁拾六支	壹元捌角（每打）	伍元四角
八寸插肖〔销〕	捌支	贰角四分（每支）	壹元玖角二分
十八寸铜插肖〔销〕	壹支	壹元七角五分	壹元七角五分
铁器	伍佰拾斤〇十二两	壹角捌分	玖拾壹元玖角叁分五
二十六号白铁	贰拾贰张	九拾三元九角五分三	六拾贰元六角叁分六
八寸白铁窗钩	拾四支	壹角三分八	壹元玖角三分二
白珠插锁	贰拾把	壹元〇三分五	贰拾元〇七角

名称	用数	价目	总价
竹箩	拾四只	叁拾三元六角二分四	四元七角〇七厘
蓬布	叁尺	六角	壹元捌角
焊锡	壹斤半	四角五分七厘	六角八分六
白铁划水	拾六斤	六角	玖元六角
砂布	贰拾伍张	贰分贰厘	伍角五分
煤箩	贰拾只	叁拾三元二角二分四	六元七角二分五
扁担	拾四条	捌分	壹元壹角二分
扛子	四支	壹角二分四	四角九分六
草纸	叁拾担	壹元九角	伍拾七元
粗麻绳	贰佰伍拾斤	六元伍角一分	拾六元贰角七分五
杂料			六元壹角四分
共结材料价洋叁千四佰贰拾叁元四角叁分捌厘			
工价			
垫泥工			拾七元贰角五分
三和土工			四拾六元〇九分
木作工			贰佰七拾贰元〇六分
水作工			叁佰捌拾元〇壹角五分
白铁工			拾捌元四角三分
小工			捌拾捌元叁角四分
共结工价洋捌佰贰拾贰元叁角贰分			
两共总结洋四仟贰佰四拾伍元柒角伍分捌厘			

厕所材料			
名称	用数	价目	总价
石灰	贰拾担	壹元三角九分七	贰拾七元玖角四分
中砖	伍仟块	叁厘贰（每块运费）	拾六元
城砖	伍佰块	伍厘七（又）	贰元捌角五分
断砖	贰佰捌拾箩	六分九厘二（运费）	拾玖元三角七分六
水泥	壹桶	七元一角二分八	七元壹角二分八
二十六号白铁	四张	九拾三元九角五分三	拾壹元叁角八分八
三寸方丁〔钉〕	伍拾斤	拾四元九角六分五	玖元九角七分七
白铁划水	叁斤	六角	壹元捌角
旺砖	壹千合	六拾叁元五角二分七	六元叁角五分三
瓦	六仟片	贰拾四元九角九分二	拾四元九角九分五
洋砖	贰仟块	壹佰元〇〇七角八分二	贰拾元〇壹角五分六
玻璃	四拾尺〇三二（贰拾四块）	九分叁厘二	叁元七角五分八
黄砂	拾壹吨	贰元伍角二分六	贰拾七元七角八分六
共结材料价洋壹佰六拾玖元伍角〇柒厘			
工价			
水木工			壹佰七拾四元捌角五分
白铁工			伍元六角六分
三和土工			拾壹元捌角五分
小工			拾四元贰角四分五
共结工价洋贰佰〇六元六角〇五厘			
两共结洋叁佰柒拾六元壹角壹分贰厘			

厂房			
材料			
名称	用数	价目	总价
一寸方钢条	四拾壹万伍仟〇〇捌磅（贰仟九佰七拾捌支）	壹佰四拾五元三角八分三（每吨）	贰万六仟九百叁拾五元二角六分四
七分方钢条	贰万壹仟捌佰四拾磅（贰佰〇八支）	壹佰四拾五元三角八分三	壹仟四佰拾七元四角八分二
六分方钢条	玖仟六佰拾磅（壹佰贰拾四支）	壹佰四拾伍元三角八分三	六佰贰拾叁元七角一分八
五分方钢条	四仟捌佰六拾磅（玖拾支）	壹佰四拾五元三角八分三	叁佰拾伍元四角贰分九
四分方钢条	贰万贰仟贰佰捌拾四磅（六佰四拾玖支）	壹佰四拾伍元三角八分三	壹仟四佰四拾六元贰角九分九
三分方钢条	贰万叁仟四佰叁拾玖磅（壹仟贰佰〇壹支）	壹佰四拾伍元三角八分三	壹仟伍佰贰拾壹元二角六分一
二分元钢丝	六仟玖佰拾叁磅（四拾四卷）	壹佰四拾五元三角八分三	四佰四拾捌元六角七分四
水泥	四仟叁佰贰拾叁桶	七元壹角二分八	叁万〇捌佰拾四元三角四分四
八分石子	壹仟贰佰〇玖吨一二五	四元四角五分三	伍仟叁佰捌拾四元二角三分四
六分石子	壹仟伍佰玖拾六吨一二五	五元一角四分八	捌仟贰佰拾六元捌角五分二
四分石子	叁佰四拾捌吨六二五	五元一角四分八	壹仟七佰九拾四元七角二分二
黄砂	壹仟六佰贰拾吨〇八七五	贰元伍角二分六	四仟〇九拾四元三角三分
碎砖	壹万壹仟伍佰箩	叁角〇贰厘二七	叁仟四佰七拾六元壹角〇五厘
洋砖	伍拾块	壹佰元〇〇七角八分二	伍角〇四厘
六寸方洋松	壹仟四佰〇三尺（拾捌块）	壹角〇九厘五	壹佰伍拾叁元六角二分九

名称	用数	价目	总价
二寸十二寸洋松	玖仟伍佰伍拾玖尺（贰佰八拾叁块）	九分七厘六四	玖佰叁拾叁元三角四分一
二寸十尺建松板	柒佰柒拾尺（叁拾捌块）	壹元〇九分四（每块）	四拾壹元五角七分二
双桐	六佰伍拾壹支（码一百卅两〇七钱一分）	拾七元九角五分三	贰仟叁佰四拾六元六角三分七
连半	拾四支（码一两五钱三分五）	拾八元壹角〇六	贰拾七元七角九分三
估桶	伍佰〇四支	伍角贰分贰厘	贰佰六拾叁元〇八分八
估双	四佰四拾四支	六角五分四五	贰佰九拾元〇五角九分八
西木	叁拾支（码二两三钱一分）	贰拾七元五角二分	六拾叁元五角七分一
桶木	柒拾支（码四两八钱七分五）	拾六元七角三分六	捌拾壹元伍角八分八
广木	玖支（码一两三钱三分五）	叁拾叁元一角一分	四拾四元贰角〇贰厘
估连半	壹佰六拾六支	五角五分九二	玖拾贰元捌角贰分七
杉板	壹丈伍尺	六元捌角九分五	拾元叁角四分三
松板	六拾尺	叁元伍角三分五	贰拾壹元贰角一分
八尺子	伍佰支	贰角七分六三	壹佰叁拾捌元壹角五分
九尺子	柒拾捌支	四角六分	叁拾伍元八角八分
二十六号白铁	叁张	玖拾叁元九角五分三	捌元伍角四分一
石灰	叁佰四拾伍担	壹元叁角九分七	四佰捌拾壹元玖角六分五
五寸美钉	贰拾玖斤	拾四元九角六分五	伍元柒角八分六
六寸美钉	柒斤	拾四元九角六分五	壹元叁角九分七
二寸半美钉	壹佰捌拾伍斤半	拾四元九角六分五	叁拾七元〇一分三
三寸半美钉	贰拾玖斤	拾四元九角六分五	伍元柒角捌分六

名称	用数	价目	总价
十二分法西钉	贰斤	拾四元贰角	叁角七分九
十七号新铅丝	贰拾捌斤	贰角贰分	六元壹角六分
十八号新铅丝	壹佰捌拾柒斤	贰角四分六厘贰	四拾六元〇三分九
扛子	捌支	壹角二分四	玖角九分二
煤箩	壹佰四拾玖只	叁拾叁元六角二分四	伍拾元〇〇九分九
细麻绳	壹佰叁拾捌斤	拾元〇贰角九分四	拾四元贰角〇六厘
粗麻绳	壹仟叁佰捌拾斤	六元五角一分	捌拾玖元捌角三分八
煤锹	捌把	壹元四角一分八	拾壹元叁角四分四
四号半钢煤锹	六把	贰元九角九分	拾七元九角四分
明矾	壹佰四拾六斤	贰分七厘四	四元
洗石子箩	贰佰只	拾七元伍角	叁拾伍元
芦蓆	伍拾张	六分九厘	叁元四角五分
铁器	伍佰伍拾柒斤六二五	壹角捌分	壹佰元〇〇三角七分三
二寸十二寸洋松	壹佰四拾玖块 （五千九百〇四尺）	九分七厘六四（每尺）	伍佰七拾六元四角六分七
一寸半十二寸洋松	拾贰块（三百六十六尺）	壹角〇六六	叁拾玖元〇一分六
三寸十二寸洋松	壹块（七十二尺）	壹角〇六厘	柒元六角三分二
水泥	壹桶	七元一角二分八	柒元壹角贰分八
细麻绳	贰佰贰拾叁斤	拾元〇贰角九分四	贰拾贰元九角五分六
美丁〔钉〕	捌斤（天落夯）	拾四元九角六分五	壹元伍角九分六

名称	用数	价目	总价
杂料			柒拾叁元〇五分六
共结材料洋玖万贰仟六佰捌拾壹元捌角〇六厘			
工价			
木工			叁拾六元四角三分六
锯工			叁元伍角四分
小工			叁佰玖拾壹元伍角一分一
挑泥工			贰佰伍拾六元
淘石子工			拾柒元
共结洋柒佰〇四元四角捌分柒厘			
两共结洋玖万叁仟叁佰捌拾六元贰角玖分叁厘			

烟囱			
材料			
名称	用数	价目	总价
一寸方钢条	壹万玖仟叁佰拾贰磅（一百四十二支）	壹佰四拾五元三角八分三	壹仟贰佰伍拾叁元四角〇捌厘
七分方钢条	叁仟叁佰六拾磅（三拾贰支）	壹佰四拾伍元三角八分三	贰佰拾捌元〇七分四
六分方钢条	贰仟四佰〇贰磅半（三拾一支）	壹佰四拾伍元三角八分三	壹佰伍拾伍元玖角三分
五分方钢条	柒仟捌佰叁拾磅（壹佰四拾伍支）	壹佰四拾五元三角八分三	伍佰〇捌元壹角九分一
四分方钢条	捌仟捌佰柒拾六磅（贰佰伍拾捌支）	壹佰四拾五元三角八分三	伍佰七拾六元〇七分九
三分方钢条	叁仟四佰捌拾玖磅（一百七十八支）	壹佰四拾五元三角八分三	贰佰贰拾六元四角四分七
水泥	四佰玖拾贰桶	七元一角二分八	叁仟伍佰〇六元九角七分六
八分石子	贰佰玖拾六吨	四元四角五分三	壹仟叁佰拾捌元〇八分八
四分石子	四拾壹吨	五元一角四分八	贰佰拾壹元〇六分八
黄砂	壹佰玖拾贰吨半	贰元五角二分六	四佰八拾六元二角五分五
估桶木	壹佰〇捌支	五角贰分二	伍拾六元叁角七分八
西木	两支（码三钱）	贰拾七元五角二分	捌元贰角五分六
广木	贰佰玖拾玖支（码八十五两六钱四分五）	叁拾叁元一角一分	贰仟捌佰叁拾伍元七角〇六厘
松板	拾柒丈	叁元伍角三分五	六拾元〇〇九分五
估双	叁拾支	六角五分四五	拾玖元六角三分五

名称	用数	价目	总价
杉板	伍拾捌丈伍尺	六元捌角九分五	四佰〇叁元叁角五分八
估连半	贰拾壹支	伍角伍分九厘二	拾壹元七角四分三
一寸半十二寸洋松	壹佰伍拾捌尺（六块）	壹角〇六六	拾六元捌角四分三
八寸方洋松	叁佰四拾壹尺（贰块）	壹角〇七厘一	叁拾六元伍角贰分一
二寸十寸建松板	柒仟贰佰叁拾尺（三百五十七块）	壹元〇九分四（每块）	叁佰玖拾元〇伍角五分八
六寸方洋松	六仟壹佰四拾伍尺（八十一块）	壹角〇九厘五	六佰七拾贰元捌角七分八
二寸十二寸洋松	柒仟壹佰贰拾壹尺（一百九十六块）	九分七厘六四	六佰九拾五元贰角玖分四
二寸方钉	拾斤	拾四元九角六分五	壹元玖角九分五
三寸半美钉	玖拾六斤	拾四元九角六分五	拾玖元壹角五分五
二寸半美钉	壹佰四拾贰斤	拾四元九角六分五	贰拾捌元叁角三分三
三寸美钉	伍斤	拾四元九角六分五	玖角九分八
一寸半西钉	四斤	拾四元贰角	柒角五分七
铁器	四佰贰拾捌斤六二五	壹角捌分	柒拾七元壹角五分三
二十四号白铁	四张	九拾四元壹角八分	拾伍元六角九分七
十七号新铅丝	拾贰斤	贰角贰分	贰元六角四分
十八号新铅丝	拾叁斤	贰角四分六厘贰	叁元贰角〇壹厘
焊锡	贰斤	四角伍分七厘	玖角一分四
扛子	拾贰支	壹角二分四	壹元四角八分八
煤锹	贰把	壹元四角一分八	贰元捌角三分六

名称	用数	价目	总价
西矾	叁石贰拾伍斤	贰分七厘四	捌元九角〇五厘
明矾	贰石伍拾斤	贰分七厘四	六元捌角五分
细麻绳	壹佰玖拾四斤十二两	拾元贰角九分四	贰拾元〇〇四分八
粗麻绳	叁佰柒拾伍斤四两	六元五角一分	贰拾四元四角二分九
三角铁	柒佰贰拾四斤半	壹角四分	壹佰〇壹元四角三分
水泥	贰桶	七元一角二分八	拾四元贰角五分四
杂料			贰拾六元伍角
共结材料价洋壹万四仟〇贰拾五元叁角六分四厘			
工价			
挑泥三和土工			壹佰六拾贰元四角贰分
车水工			壹佰五拾捌元七角贰分
锯木工			壹佰元〇〇〇壹分
淘石子工			六元伍角
小工			捌拾玖元伍角九分四
共结工价洋伍佰拾柒［元］贰角四分四厘			
两共结洋壹万四仟伍佰四拾贰元六角〇捌厘			

机器栈房			
材料			
名称	用数	价目	总价
铁器	拾斤〇半	壹角捌分	壹元捌角九分
粗麻绳	壹佰六拾壹斤	六元五角一分	拾元〇四角八分一
扛子	伍拾壹支	壹角二分四	六元三角二分四
细麻绳	四拾叁斤	拾元〇贰角九分四	四元四角二分六
二十四号白铁瓦	贰拾张	九拾四元壹角八分	柒拾捌元四角八分四
六寸美钉	拾叁斤	拾四元九角六分五	贰元伍角九分四
四寸美钉	贰拾伍斤	拾四元九角六分五	四元九角八分八
二寸半美钉	伍斤	拾四元九角六分五	玖角九分八
三寸半美钉	四斤	拾四元九角六分五	柒角九分八
四寸十寸洋松	四佰叁拾贰尺（六块）	壹角一分	四拾柒元伍角贰分
广木	玖拾叁支（码十二两五钱四）	叁拾叁元一角一分	四佰拾伍元壹角九分九
西木	捌拾叁支（码五两一钱二分五）	贰拾柒元五角二分	壹佰四拾壹元〇六分三
连半	叁拾贰支（码四两〇四）	拾捌元一角〇六	柒拾叁元壹角四分八
连半	四拾伍支（码五两七钱五）	拾捌元一角〇六	壹佰〇四元壹角一分
稻草	叁仟捌佰叁拾伍斤	七角三分七	贰拾捌元贰角六分八
花铅丝	壹圈半	拾六元贰角三分	贰拾四元叁角四分五
三寸半方丁〔钉〕	壹佰四拾贰斤	拾四元九角六分五	贰拾捌元叁角三分三

名称	用数	价目	总价
六寸方丁〔钉〕	四拾七斤	拾四元九角六分五	玖元叁角七分八
二寸半方丁〔钉〕	四拾斤	拾四元九角六分五	柒元玖角捌分一
三线瓦	叁万六仟片	贰拾四元九角九分二	捌拾玖元九角七分一
水泥	叁桶（车床底脚）	七元一角二分八	贰拾壹元叁角八分四
铁器	玖斤（电灯梯用）	壹角捌分	壹元六角贰分
四寸绞〔铰〕链	贰付（又）	四元叁角伍分	柒角贰分五
粗麻绳	贰拾贰斤（抬机器用）	六元五角壹分	壹元四角三分二
杂料			四元玖角六分
共结材料价洋壹仟壹佰拾元〇四角壹分六厘			
工价			
木作工			叁拾贰元叁角贰分
白铁工			壹元伍角壹分
水作工			六拾四元捌角
小工			拾五元玖角五分
共结工价洋壹佰拾四元伍角捌分			
两共结洋壹仟贰佰贰拾四元玖角玖分六厘			

作房材料			
名称	用数	价目	总价
广木	壹支（码一钱六分五）	叁拾叁元一角一分	伍元四角六分三
连半	拾支（码五钱四）	拾捌元壹角〇六	玖元七角七分七
估双	拾六支	六角五分四五	拾元〇四角七分二
西木	叁支（码四钱〇五）	贰拾七元五角二分	拾壹元壹角四分六
估连半	伍拾支	五角五分九二	贰拾柒元九角六分
松板	四拾丈	叁元伍角三分五	壹佰四拾壹元四角
六寸方钉	叁拾贰斤	拾四元九角六分五	六元叁角八分六
三寸半方钉	柒斤半	拾四元九角六分五	壹元四角九分七
二寸半方钉	伍拾斤〇半	拾四元九角六分五	拾元〇〇七分六
共结洋贰佰贰拾四元壹角柒分柒厘			

工房材料			
名称	用数	价目	总价
松板	伍佰四拾柒丈柒尺	叁元伍角三分五	壹仟九佰叁拾陆元壹角贰分
估双	贰佰六拾叁支	六角五分四五	壹佰七拾贰元壹角三分四
估桶	四佰七拾伍支	五角贰分二	贰佰四拾七元九角五分
估连半	贰佰捌拾伍支	五角五分九二	壹佰五拾玖元叁角七分二
连半	贰佰捌拾四支（码二十七两九钱四分五）	拾八元一角〇六	伍佰〇五元九角七分二
三线瓦	柒万捌仟壹佰片	贰拾四元九角九分二	壹佰玖拾五元三角八分八
二寸半美钉	叁拾捌斤	拾四元九角六分五	柒元伍角八分二
三寸半美钉	壹斤	拾四元九角六分五	贰角
五寸美钉	叁拾捌斤	拾四元九角六分五	柒元伍角八分二
十二分法西丁〔钉〕	壹斤	拾四元贰角	壹角八分九
共结洋叁仟贰佰叁拾贰元四角捌分玖厘			

<table>
<tr><th colspan="5">灰间材料</th></tr>
<tr><th>名称</th><th colspan="2">用数</th><th>价目</th><th>总价</th></tr>
<tr><td>双桐</td><td colspan="2">伍拾七支（码十三两一钱六分）</td><td>拾七元九角五分三</td><td>贰佰叁拾六元二角六分二</td></tr>
<tr><td>连半</td><td colspan="2">叁拾支（码一两五钱四分）</td><td>拾八元一角〇六</td><td>贰拾七元捌角捌分三</td></tr>
<tr><td>西木</td><td colspan="2">玖支　（码五钱一分）</td><td>贰拾七元五角二分</td><td>拾四元〇三分五</td></tr>
<tr><td>松板</td><td>六拾丈</td><td rowspan="2">壹佰五拾捌丈五尺</td><td>叁元伍角三分五</td><td>贰佰拾贰元壹角</td></tr>
<tr><td>松板</td><td>九十八丈五尺</td><td>叁元伍角三分五</td><td>叁佰四拾捌元壹角九分八</td></tr>
<tr><td>五寸美钉</td><td colspan="2">贰拾斤</td><td>拾四元九角六分五</td><td>叁元九角九分一</td></tr>
<tr><td>二寸半美钉</td><td colspan="2">伍拾贰斤</td><td>拾四元九角六分五</td><td>拾元〇叁角七分六</td></tr>
<tr><td>六寸美钉</td><td colspan="2">贰拾贰斤</td><td>拾四元九角六分五</td><td>四元叁角九分</td></tr>
<tr><td>三寸半美钉</td><td colspan="2">六斤</td><td>拾四元九角六分五</td><td>壹元壹角九分七</td></tr>
<tr><td>铁器</td><td colspan="2">贰斤四两</td><td>壹角捌分</td><td>四角〇五厘</td></tr>
<tr><td>三线瓦</td><td colspan="2">贰万四仟片</td><td>贰拾四元九角九分二</td><td>伍拾九元九角八分一</td></tr>
<tr><td>芦蕟</td><td colspan="2">七拾张</td><td>六分九厘</td><td>四元捌角三分</td></tr>
<tr><td colspan="5">共结洋玖佰贰拾叁元六角四分捌厘</td></tr>
</table>

水泥房			
名称	用数	价目	总价
估双	贰拾支	六角五分四五	拾叁元〇九分
连半	壹佰贰拾六支（码十九两二钱九分）	拾八元一角〇六	叁佰四拾九元贰角六分五
松板	壹佰贰拾丈	叁元伍角三分五	四佰贰拾四元贰角
芦蓆	叁拾张	六分九厘	贰元〇七分
花铅丝	贰圈半	拾六元贰角三分	四拾元〇伍角七分五
二寸半方钉	叁斤	拾四元玖角六分五	伍角九分九
三寸方钉	伍拾斤	拾四元九角六分五	九元九角七分七
六寸方钉	八斤	拾四元九角六分五	壹元伍角九分六
共结洋捌佰四拾壹元叁角柒分贰厘			

涵洞			
名称	用数	价目	总价
城砖	贰仟块	伍厘七（每块运费）	拾壹元四角
石灰	五佰斤	壹元三角九分七	六元玖角八分五
黄砂	壹吨半	贰元伍角二分六	叁元七角八分九
水泥	壹桶	七元壹角二分八	柒元壹角二分八
共结洋贰拾玖元叁角〇贰厘			

更篷			
名称	用数	价目	总价
二十六号白铁瓦	拾张	九拾三元九角五分三	贰拾捌元四角七分一
估连半	叁支	伍角五分九二	壹元六角七分八
三寸半绞〔铰〕链	两付	四元（每打）	六角六分七
白铁工			壹元
共结洋叁拾壹元捌角〇捌厘			

生财			
名称	用数	价目	总价
铁器	叁拾捌斤半（厨房用）	壹角捌分	六元玖角三分
二寸十二寸洋松	贰佰四拾贰尺（拾块、写字台等）	九分七厘六四	贰拾叁元六角贰分九
一寸半十二寸洋松	壹佰伍拾壹尺（七块、又）	壹角〇六六	拾六元〇九分七
玻璃	贰块（七尺六八、照相柜用）	九分叁厘二	柒角一分六
二十六号白铁	壹张（水壶等）	九拾叁元九角五分三	贰元捌角四分七
西木	叁支（码三钱九分、电话杆）	贰拾七元五角二分	拾元〇七角三分
共结洋六拾元〇玖角四分玖厘			

39 60

電廠辛酉年材料往來細帳

戶名	名稱	付數	價目	總價
大生八廠	鋼條	拾六噸壹仟百叁拾壹磅	壹佰四拾五元壹六分	貳仟叁佰玖拾玖元伍角二〇三
	粗蔴繩	伍拾七斤半	六元五角〇〇	叁元七角〇三
王甡記	鋼條	叁噸壹佰四拾磅	壹佰四拾五元叁分	四佰四拾五元貳角二〇
	鐵器	柒拾壹斤〇分	壹角捌	拾貳元捌角貳8
	焊白鐵四張		九拾叁元六分三	拾壹元叁角〇八
	洋企口板拾尺 市堍		壹角貳8三分	壹元貳角半〇
	黃砂貳噸半		貳元五角〇〇	六元叁角〇8
久安紗廠	鋼條	壹仟叁伯六拾磅	壹佰四拾五元叁分	捌拾捌元貳角八
大山砂石公司	水泥壹桶		七元五二〇川	柒元壹角貳八
王桂庭	水泥壹桶		七元五二〇川	柒元壹角貳八

共結洋貳仟玖伯捌拾叁元柒角柒分六厘

电厂辛酉年材料往来细账

（一九二一年）

户名	名称	付数	价目	总价
大生八厂	钢条	拾六吨壹仟一百叁拾壹磅	壹佰四拾五元三角八分三	贰仟叁佰玖拾玖元伍角三分三
	粗麻绳	伍拾七斤半	六元五角一分	叁元七角四分三
王甡记	钢条	叁吨壹佰四拾磅	壹佰四拾五元三角八分三	四佰四拾五元贰角三分四
	铁器	柒拾壹斤四两	壹角捌分	拾贰元捌角贰分五
	二十六号白铁	四张	九拾叁元九角五分三	拾壹元叁角四分八
	一寸六寸企口板	拾尺（壹块）	壹角贰分五三七	壹元贰角五分四
	黄砂	贰吨半	贰元五角二分六	六元叁角一分五
久安纱厂	钢条	壹仟叁佰六拾磅	壹佰四拾五元三角八分三	捌拾捌元贰角六分八
大山砂石公司	水泥	壹桶	七元一角二分八	柒元壹角贰分八
王桂庭	水泥	壹桶	七元一角二分八	柒元壹角贰分八
共结洋贰仟玖佰捌拾叁元柒角柒分六厘				

電廠尚需材料工價概算

煙囱	材料工價	約計洋陸仟元
方脈間	材料工價	約計洋壹萬陸仟元
工房兩間	材料工價	約計洋貳仟捌佰元
汽車房兩間房六間	材料工價	約計洋貳仟壹佰元
取水室	材料工價	約計洋壹萬元
廠房	材料工價	約計洋玖萬貳仟貳佰元
圍墻	工價	約計洋叁仟陸佰四拾元
閘河	工價	約計洋伍仟元

約共需洋拾叁萬柒仟柒佰四拾元

电厂尚需材料工价概算①

（一九二一年）

烟囱	材料工价	约计洋陆仟元
方脉间	材料工价	约计洋壹万陆仟元
工房十四间	材料工价	约计洋贰仟捌佰元
汽车房门房六间	材料工价	约计洋贰仟壹佰元
取水室	材料工价	约计洋壹万元
厂房	材料工价	约计洋玖万贰仟贰佰元
围墙	工价	约计洋叁仟陆佰四拾元
开河	工价	约计洋伍仟元
约共需洋拾叁万柒仟柒佰四拾元		

① 系案卷《南通电厂辛酉年建筑材料及银钱账略》组成部分。

嗇庵先生道席前託
燕謀
尊處代購英鎊兩萬本上月
到期因敝廠無款以兑蒙
執事與銀行熟商得展期
一月今又到期頃與孝若先
生商籌付款略得端倪准本月
籌款十萬元備先兑一萬英
鎊餘一萬鎊能再與銀行商

展期半月尤為感激萬一不能
辦到即乞
借出以上兩種辦法於
執事斟酌情形行之 敝廠經
濟困難諒燭
尊處為難不勝抱歉專此即請
台安

黃右闓手啓 廿二日

黄友兰致吴寄尘、沈燕谋为代购英镑款展期的函

（二十二日）

寄尘、燕谋先生道席：

前托尊处代购英镑两万，本上月到期，因敝厂无款以兑，蒙执事与银行熟商，得展期一月，今又到期。顷与孝若先生商筹付款，略得端倪，准本月筹款十万元，备先兑一万英镑，余一万镑，能再与银行商展期半月，尤为感激。万一不能办到，即乞售出。以上两种办法，祈执事斟酌情形行之。敝厂经济困难，诸烦尊处为难，不胜抱歉。专此。即请

台安

黄友兰手启

廿二日

浚發紉卿 上海華發實業公司

呂先生大鑒 頃由寄廬函請 公司代備呈一一故宮殿前託 貴

行宮鑄拖捌式座計價美金叁拾萬另貳千元已有一部分裝運到

通其餘一座以故殿成印時需用請由 貴行轉售他人或人讓代

款項暫緩之 物當照為籌付賬 吉安

张謇致管趾卿将拖朋[1]一座转售他人的函[2]

（一九二二年）

〇〇先生大鉴：

顷由寄尘函转尊札，备悉一一。敝电厂前托贵行定购拖朋贰座，计价美金叁拾万另贰千元，已有一部分装运到通。其余一座以敝厂非即时需用，请由贵行转售他人，鄙人谨代表证明，乞赐查照为荷。敬请

大安

① 拖朋，Turbine的音译，又作托朋、透平，即汽轮发电机。

② 原件标题为《复管趾卿（上海华发实业公司）》，为张謇1922年信稿。

6

季誠先生大鑒：電廠籌款事讓一節，與他人，當已去函詳明之，轉致爲荷。此請

大安

晉陽桂上　六月十六

樹祖、利泉等已屬廠主任一并

年　月　日

大通各實業總稽核所用牋

管国柱致吴寄尘
关于转交张謇出让厂机证明的函

（二月十二日）

季诚先生大鉴：

电厂购机事，让一部与他人，啬公已去函证明，乞转交为荷。

即请

大安

管国柱上

二月十二日

栈租利息等已属厂主任算

致鐵園鈕

呂先生鑒頃得吳君寄歷西美雅之撼明式庭可以共一韓

售他人近之函證認可惟公機之機租利息等項應一併籌議

特此奉覆 閱希即照行並頌刻佳

张謇致钱国钮转阅吴寄尘信件的函[①]

（一九二二年）

〇〇先生鉴：

顷得吴君寄尘函购美之拖朋贰座，可以其一转售他人，已去函证明认可。惟分机之栈租、利息等项，应一并算讫。特将吴函寄阅，希即照行。并颂

刻佳

① 原件标题为《致钱国钮》，为张謇1922年信稿。

大生一廠用電已由樓之電爲銷路
電廠如存股不難集，唯西門子之電機（擬退）（換）。
所不退即須加本廿萬，（若時另不用。）目前土頸及料須五十（目前須用十萬）
萬。股未必盡得，必出於借，借則動作所費之
三百萬爲必要之注意之。
大生者地廿二萬餘，移作價三百萬之息
爲無盡識之股東計，如另云存爲股戶計
如另云另存另設於通十五元乎大者否（工程以大者費東則）
當此工議工程不通三四年，設工須要年
只可合辦另設之法，萬不宜納當另設之

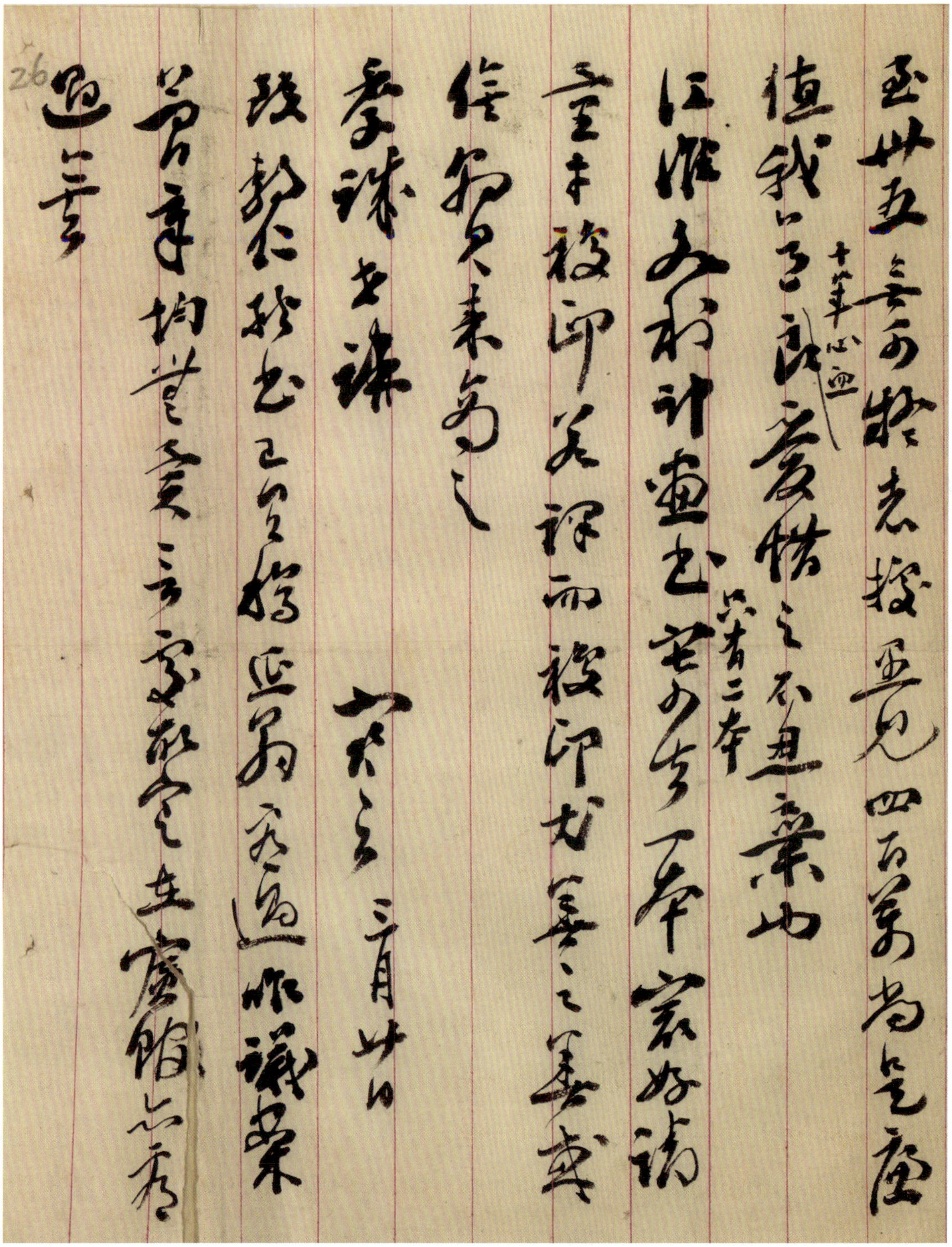
函廿五[illegible][illegible][illegible][illegible][illegible]见四百万尚[illegible][illegible]
值我之[illegible]（十年以内）[illegible]借之不过[illegible]业也
江淮公司计画也（只有二年）若如[illegible]下年家好请
董事[illegible]印[illegible][illegible]而[illegible]印[illegible][illegible]之[illegible][illegible]
[illegible][illegible][illegible]来[illegible]之
[illegible][illegible][illegible][illegible]　[illegible][illegible]　三月廿日
[illegible][illegible][illegible][illegible]也[illegible][illegible][illegible][illegible][illegible][illegible]识[illegible]
[illegible][illegible]均[illegible][illegible][illegible][illegible][illegible][illegible]生[illegible][illegible][illegible][illegible]
[illegible][illegible]

张謇致吴寄尘关于电厂集资等事的函

（三月二十日）

大生一厂用电已可确定。电有销路，电厂利厚，股不难集。唯拟退西门子之总电机，可不退而须加本廿万（暂时尚不用）。目前工款及料须五十万（目前须用十万），股未必遽得，必出于借，借则静仁所说之三百万为必要矣。注意！注意！

大有晋地廿二万余亩，作价三百万卖出。为无远识之股东计，利可云厚；为买户计，利可云尤厚，每亩不过十五元耳。大有晋工程若有资本，则完全竣工不过三四年，竣工后五年即可尽垦，每亩之值，高下平均当在廿五至卅五，无可疑者。据愚见，四百万尚是廉值。我意十年心血，良爱惜之，不忍弃也。

《江淮水利计划书》（只有二本），寄去一本，最好请量才复印，若译而复印，尤善之善，或俟豹君来商之。

季诚世讲

謇

三月廿日

致静仁聘书已具稿，退翁看过。昨议案简章均无异言。处所定在宾馆，亦看过矣。

嗇老先生鈞座　電廠前向維昌洋行訂購變
電機六座共價五千餘磅已付一千二百磅其餘約四
千磅之譜早届應付之期茲瑞典領事代該洋行轉
洽商會屢催結束一再籌畫無款應付惟有
存滬銅線一批值銀一萬三千餘兩可以變價
償該洋行欠款之一部今中華電氣廠有
購銅線之意照原價約以九五折給價度目
下情形似可出售所虧有限　前購銅線時

淮海實業銀行總管理處用牋

2431

由大生滬事務所墊付貨價該貨提單

現仍存事務所如可照此辦理即請

批示遵行為禱專此敬頌

鈞安

黃友蘭謹上

十月十七日

既等錢逕維照目前命照辦理

別無可計可商關滬事務所照

樣辦理 十月廿六

淮海實業銀行總管理處用牋

黄友兰致张謇
为解决维昌洋行订购变电机欠款的函

（七月十七日）

啬老先生钧座：

电厂前向维昌洋行订购变电机六座，共价五千余磅，已付一千二百磅，其余约四千磅之谱，早届应付之期。兹瑞典领事代该洋行转咨商会，屡催结束。一再筹画，无款应付，惟有存沪铜线一批，值银一万三千余两，可以变价偿该洋行欠款之一部。今中华电气厂有购铜线之意，照原价约以九五折给价，度目下情形，似可出售，所亏有限。前购铜线时，由大生沪事务所垫付货价，该货提单现仍存事务所。如可照此办理，即请批示遵行为祷。专此。

敬颂

钧安

黄友兰谨上

七月十七日

既无款还维昌，目前佥照此办理，别无可计，可商明沪事务所，取提单办理。七月十七日[1]

[1] 此为张謇批示。

十一年六月一號致上海華發實業公司函

趾卿先生大鑒前年敝處向貴行訂購之叁千弍百啟羅華特
拖朋兩座自去歲全數運抵上海後除一部份機械已由敝廠
運通外尚有大部份因敝處廠屋未成迄未提運擱置時久虛
耗棧租本屬非計頃承見示某處急需此類拖朋一座南通既
不待用正可分出一座讓予先用以緩濟急寔屬兩便現議決
照此辦理所有分機事宜當即派人趨前接洽棧租亦可同時
結付惟原有合同既不取消則此次讓出之拖朋一座自應仍
由貴行補運來滬以符原數補交時期以十個月為限在民國
十二年三月底以前必須將全部補交清楚幸勿遲悮至貨欵
一節除簽訂合同時已付美金十五萬元外其餘美金十五萬
二千元當分三期撥付第一期計美金五萬元以本年陽曆十
一月底為期第二期計美金五萬元以民國十二年二月底為
期第三期計美金五萬弍千元俟貨到齊後以現欵換取提單
上述各情如以為可行即請賜復俾早日解決以利進行專此
佈達順請大安南通電廠張謇啟

117

张謇致上海华发实业公司关于继续履行拖朋合同的函①

（一九二二年六月一日）

趾卿先生大鉴：

前年敝处向贵行订购之叁千贰百启罗华特拖朋两座，自去岁全数运抵上海后，除一部份机械已由敝厂运通外，尚有大部份因敝处厂屋未成，迄未提运，搁置时久，虚耗栈租，本属非计。顷承见示，某处急需此类拖朋一座，南通既不待用，正可分出一座让予先用，以缓济急，实属两便。现议决照此办理，所有分机事宜，当即派人趋前接洽，栈租亦可同时结付。惟原有合同既不取消，则此次让出之拖朋一座，自应仍由贵行补运来沪，以符原数。补交时期以十个月为限，在民国十二年三月底以前，必须将全部补交清楚，幸勿迟误。至货款一节，除签订合同时已付美金十五万元外，其余美金十五万二千元当分三期拨付：第一期计美金五万元，以本年阳历十一月底为期；第二期计美金五万元，以民国十二年二月底为期；第三期计美金五万贰千元，俟货到齐后，以现款换取提单。上述各情如以为可行，即请赐复，俾早日解决，以利进行。专此布达。顺请

大安

南通电厂张謇敬启

十一年六月一号

① 原件标题为《十一年六月一号致上海华发实业公司函》，为张謇1922年信稿。

寄塵
燕謀先生大鑒頃由黃子蘭君轉到尊翰致電廠函
内開通崇二廠所認公債十五萬元已劃還電廠機器墊
款不足之數尚有規元十六萬兩之鉅此後公債以下遵當陸
續先還此數以清前賬現查電廠購辦機器合同未付之
款有美金十五萬元英金三萬鎊兩項付款之期約在陽曆
九月現在國外滙兑價格尚巧似宜酌購期貨金幣以備
九月貨到付款之用否則一旦滙兑價格下落電廠又必增加一
重擔負此項英美金幣全權奉託

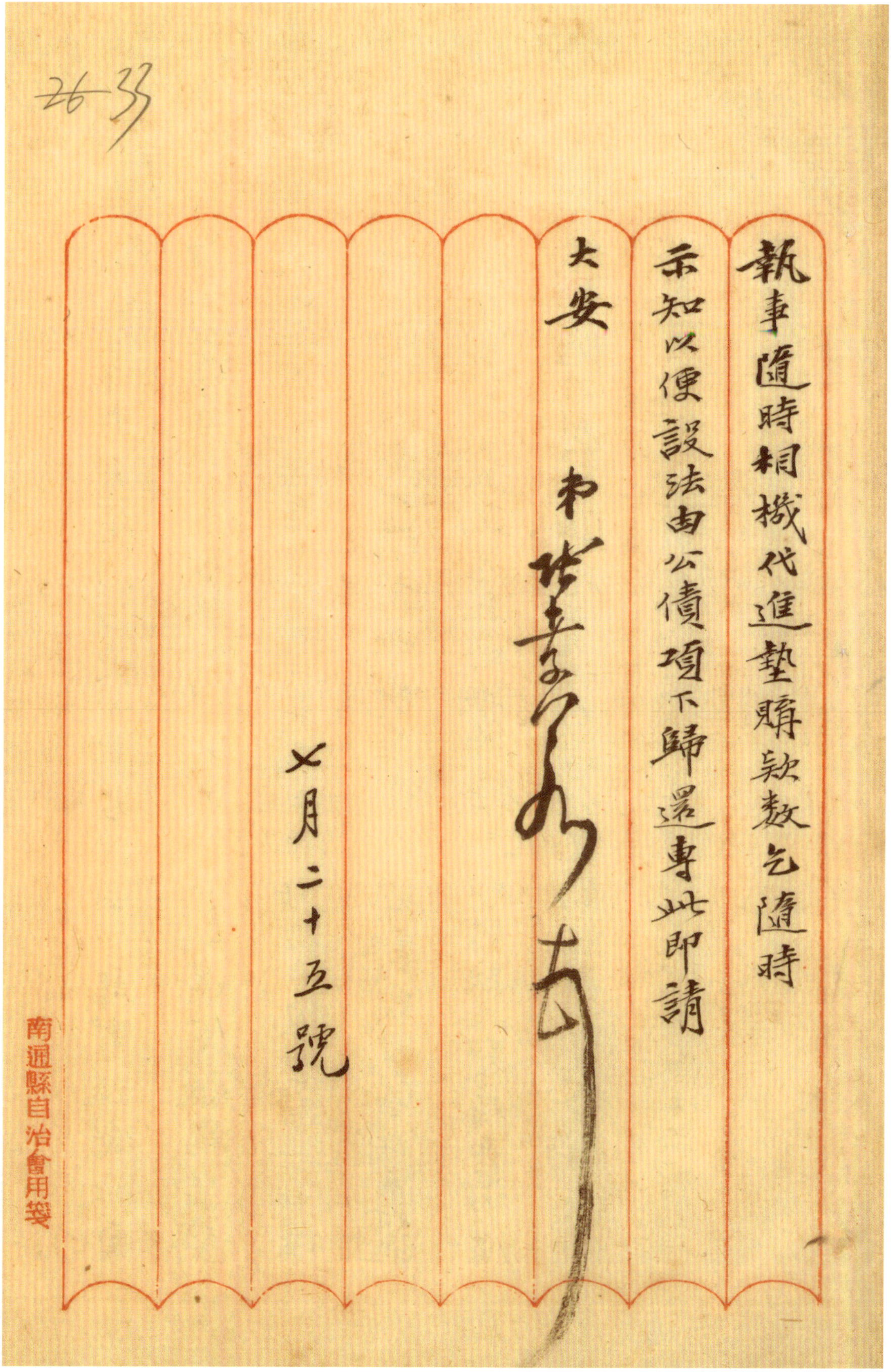

26-33

執事隨時相機代進墊賠款數乞隨時

示知以便設法由公債項下歸還專此即請

大安

弟張詧[illegible]

七月二十五號

南通縣自治會用箋

张孝若致吴寄尘、沈燕谋筹措电厂资金的函

（七月二十五日）

寄尘、燕谋先生大鉴：

顷由黄友兰君转到尊处致电厂函，内开通、崇二厂所认公债十五万元已划还电厂机器垫款，不足之数尚有规元十六万两之巨，此后公债收下，遵当陆续先还此数，以清前账。现查电厂购办机器合同，未付之款有美金十五万元、英金三万镑，两项付款之期，约在阳历九月。现在国外汇兑价格尚巧，似宜酌购期货、金币，以备九月货到付款之用。否则，一旦汇兑价格下落，电厂又必增加一重担负。此项英美金币全权奉托执事随时相机代进，垫购款数乞随时示知，以便设法由公债项下归还。专此。即请

大安

弟张孝若顿首

七月二十五号

5088

季誠兄鑒：頃西門子洋行經理來
通言電廠第二期機器款已逾
期數月尚未照付現值德國經濟
窘迫全國以紙幣交易國外貿
易不得不求現款商請照合
同付第二期款美金一萬零五
百圓際此年荒之時不能立集巨
款以應其請惟亦不能不為設法

淮海實業銀行總管理處用箋

此事特嘱友蘭到滬與吾
兄籌商此候
刻安
張 謇
十一月二日
目前金融萬緊正難展布而答以請俟款
稍期正稍期時日遠近
兄爲籌度 謇又注

张謇致吴寄尘
关于支付西门子洋行第二期款项的函

（十一月三日）

季诚兄鉴：

顷西门子洋行经理来通，言电厂第二期机器款已逾期数月，尚未照付。现在德国经济窘迫，全国以纸币交易，国外贸易不得不求现款，商请照合同付第二期款美金六万零五百圆。际此年荒之时，不能立集巨款以应其请，惟亦不能不为设法。此事特嘱友兰到沪与吾兄筹商。此候

刻安

张謇

十一月三日

目前金融万紧，正难展布。弟答以请付款转期，至转期时日远近，兄为筹度。

謇手注

寄塵先生台鑒：今春電廠因款無着，不能履行與西門子洋行前訂購機合同條件，曾由該行管趾作君設法以一半機器先讓他人，待此續補以後交款。其時 嗇公曾致函管君重訂交貨交款之期，彼此承認。按現重訂交款之期又屆，勢仍難履行。茲以 嗇公原函抄錄附呈，以便懇請台端就近與管君再商展期，以蘇艱困而保前途信用。不勝感荷。專此即頌

台安

黃右甫

十一月十二日

黄友兰致吴寄尘
为西门子购机款展期事的函

（十一月十二日）

寄尘先生台鉴：

今春电厂因款无着，不能履行与西门子洋行前订购机合同条件，曾由该行管趾卿君设法以一半机器先让他人，待后续补以缓交款。其时啬公曾致函管君，重订交货交款之期，彼此承认。惟现重订交款之期又届，势仍难履行。兹以啬公原函抄录附呈，以便恳请台端，就近与管君再商展期，以苏艰困，而保前函信用。不胜感荷。专此。即颂

台安

黄友兰顿首

十一月十二日

098

電廠

由上年過來結欠九拾柒萬五千[illegible]両[illegible]

付 黄友西 電首 汪下 九[illegible]

付 [illegible] 九叁千貳[illegible]

貳月叁拾日結欠九拾柒萬[illegible]

付 [illegible] 九萬[illegible]

付 [illegible] 九拾[illegible]

付 [illegible] 九萬[illegible]

付 [illegible] 九貳両九[illegible]

叁月叁拾日結欠九[illegible]貳拾[illegible]

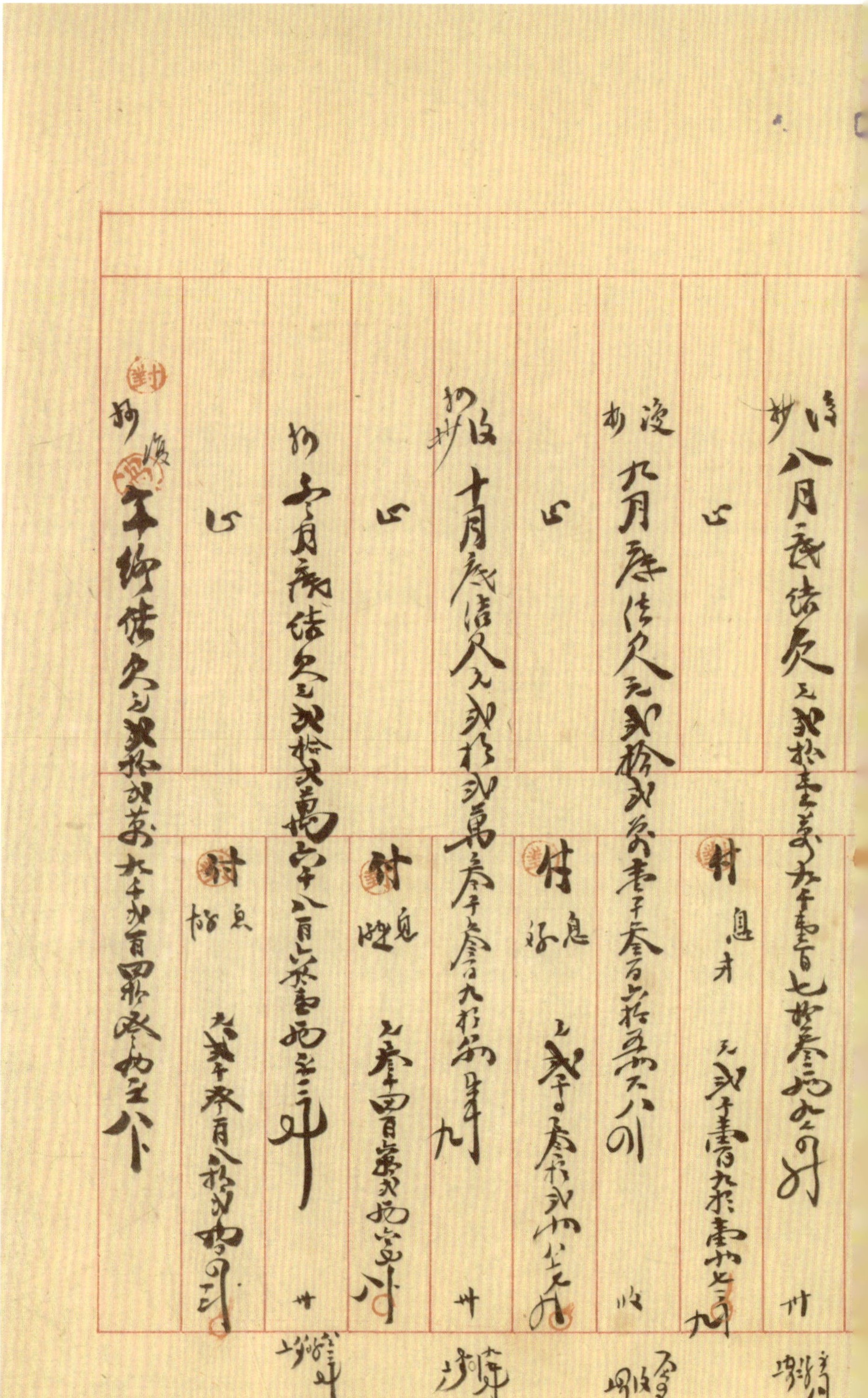
抄 八月底结欠
上
付 息
抄 九月底结欠
上
付 息
抄册 十月底结欠
上
付 息
抄 十一月底结欠
上
付 息
抄 本缴结欠

又

付 兑入 [illegible]　元式千壹百四拾两〇九[illegible]

後抄 肆月底结欠九佰弎拾千一百九拾两〇五钱

又

付 息 [illegible]　元式千七百[illegible]叁两八钱

後抄 五月底结欠元壹萬壹千四百四拾四两[illegible]

又

付 息 [illegible]　元式千四百拾叁两九[illegible]

後抄 闰五月底结欠九佰壹萬叁千四百拾[illegible]两[illegible]

又

付 息 [illegible]　元壹千九百[illegible]两[illegible]

後抄 六月底结欠元弍拾壹萬五千四百[illegible]两[illegible]

又

付 息 [illegible]　元壹千八百七拾[illegible]两[illegible]

大生沪所壬戌年电厂往来账

（一九二二年）

电　厂

由上年过来结欠元拾捌万五千玖百五拾壹两八钱四分九厘

止

二月初八

付黄友翁电通一元二角六分（七二三八五）　　元九钱一分二厘

付毛子一万〇九百七十一两一钱七分九厘（九两）　　元叁千贰百玖拾壹两三钱五分四厘

伏抄贰月底止结欠元拾捌万玖千贰百四拾四两一钱一分五厘

止

三月廿三

付大来电线款美金一万〇三百七十元六角五分（七四五口）　　元壹万叁千玖百贰拾两〇三钱三分五厘

付大来电线进口税　　元捌百四拾两〇九钱二分

三月卅

付毛子五千七百九十五两四钱一分三厘（十两）　　元壹千玖百叁拾壹两八钱〇四厘

付票贴二钱　　元贰两九钱五分二厘

复抄叁月底止结欠元贰拾万〇五千玖百四拾两〇壹钱二分六厘

止

付毛子六千一百七十八两三钱〇四厘（一三五入）　　元贰千柒百捌拾两〇一钱九分二厘（又元四分五厘）

复抄肆月底止结欠元念万〇捌千柒百念两〇三钱六分三厘

止

内付息（十三两五钱）　　　　　　元贰千七百念叁两八钱

复抄五月底结欠元念壹万壹千四百四拾四两一钱六分三厘

止

付息（十两）　　　　　　　　　　元贰千〇四拾叁两九钱六分

复抄闰五月底结欠元念壹万叁千四百捌拾捌两一钱二分三厘

止

付息（九两）　　　　　　　　　　元壹千九百贰拾壹两三钱九分三厘

复抄六月底结欠元贰拾壹万五千四百〇九两五钱一分六厘

止

付息（九两）　　　　　　　　　　元壹千八百七拾四两〇六分二厘

复抄七月底结欠元贰拾壹万七千贰百八拾叁两五钱七分八厘

止

付息（九两）　　　　　　　　　　元壹千八百九拾两〇三钱六分七厘

复抄八月底结欠元贰拾壹万九千壹百七拾叁两九钱四分五厘

止

付息（十两）　　　　　　　　　　元贰千壹百九拾壹两七钱三分九厘

复抄九月底结欠元贰拾贰万壹千叁百六拾五两六钱八分四厘

止

付息（九两五钱）　　　　　　　　元贰千〇叁拾贰两八钱七分五厘

复抄十月底结欠元贰拾贰万叁千叁百九拾八两五钱五分九厘

止

付息（十五两五钱）　　　　　　　元叁千四百六拾贰两六钱七分八厘

抄冬月底结欠元贰拾贰万六千八百六拾壹两二钱三分七厘

止

付息（十两五钱）　　　　　　　　元贰千叁百八拾贰两〇四分三厘

复抄年终结欠元贰拾贰万九千贰百四拾叁两二钱八分

80118

第　號

民國十年南通自治會募地方公債弍百萬元為創辦電廠籌實業之用時逢歲歉不能足額後經該會理事會議決先辦電廠以已收公債作電廠資本而電廠改為有限公司早函南通告故

貴廠任購公債拾萬元十年陰曆六月十五日交大生紡織公司滬事務所已由該事務所移交電廠特此聲明以後即希

憑此函換電廠正式收據此致

大生紡織公司一廠

南通電廠股份有限公司謹啓

籌備主任黃友蘭（印：友蘭）

中華民國十二年六月廿日

五　十

南通電廠用箋

南通电厂致大生纺织公司一厂换取公债正式收据的函

（一九二三年六月二十四日）

民国十年，南通自治会募地方公债贰百万元，为创办电厂等实业之用。时逢岁歉，不能足额。后经该会理事会议决，先办电厂，以已收公债作电厂资本，而电厂改为有限公司，早函通告。故贵厂任购公债拾万元，十年阴历六月十五日交大生纺织公司沪事务所，已由该事务所移交电厂。特此声明。以后即希凭此函换电厂正式收据。此致

大生纺织公司一厂

南通电厂股份有限公司谨启

筹备主任黄友兰

中华民国十二年六月廿四日（五月十一日）

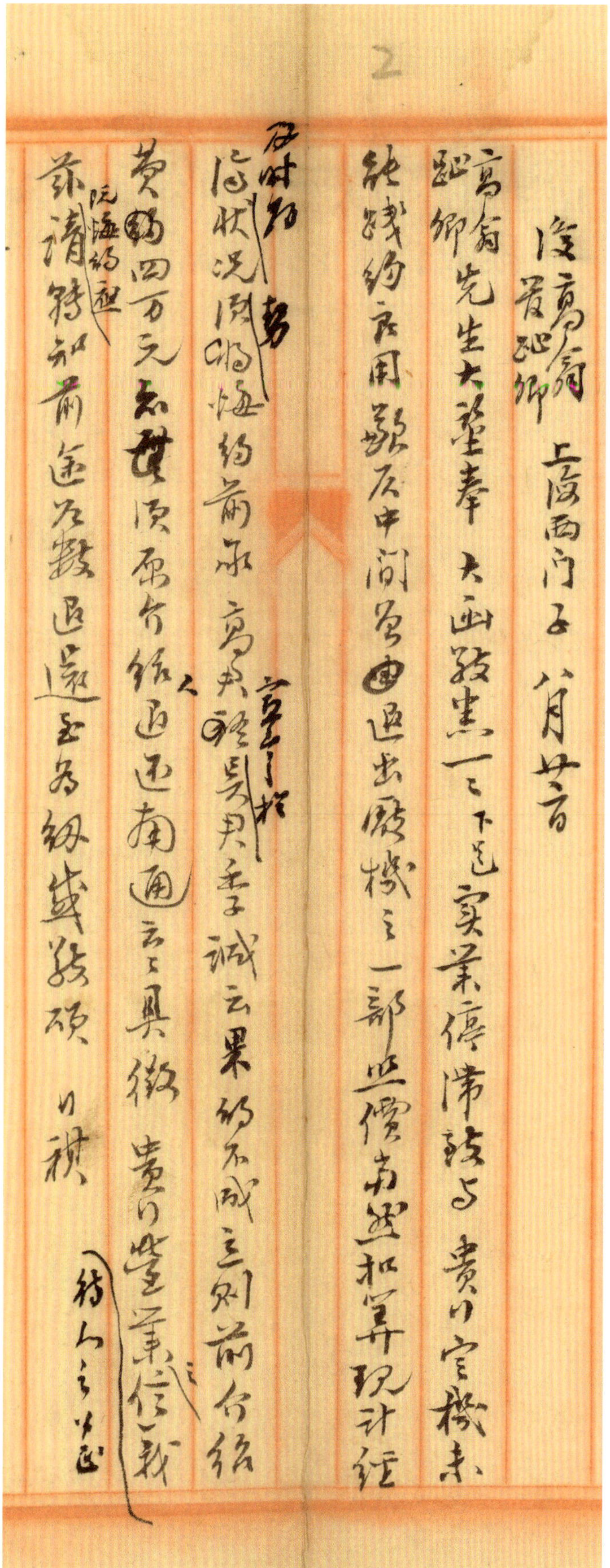
復高翁蔗卿 上海西门子 八月廿二日
高翁蔗卿先生大鉴：奉 大函敬悉一一。下走实业停滞，致与 贵公司机未
能践约应用。敝厂中间曾由 退出厂机之一部照价开算，现计经
石村君 沪状况浏湖海纺前承 高君转吴兴季子诚云果纺不成立则前约经
贵公司四万元 货须原价径退还南通云云，具征 贵公司坚守信义
并请转知前途应数退还，至为纫感。敬颂 公祺
待人之之 启

张謇复高翕、管趾卿关于退还厂机介绍费的函①

（八月二十二日）

高翕、趾卿先生大鉴：

奉大函，敬悉一一。下邑实业停滞，致与贵行定机未能践约，良用歉仄。中间曾退出厂机之一部，照价当然扣算。现计经济及时局状况势须悔约。前承高君宣言于吴君季诚云“果约不成立，则前介绍费四万元，亦须原介绍人退还南通”云云，具征贵行营业之信义，待人之公正。兹既悔约，应请转知前途如数退还，至为纫感。敬颂

日祺

① 原件标题为《复高翕、管趾卿（上海西门子八月廿二日）》，为张謇1924年信稿。

英文档案

59

E. KOCHER INGENIEUR,

師程工汽電兼械機翁高

Shanghai, December 1st. 1919.

The Dah Sung Cotton Spinning & Weaving Co.,

12 Quai de France,

S H A N G H A I.

Gentlemen:-

H.E. Chang Chien has greatly honoured me by his kind appointment as his adviser for the new power station to be erected at Tien seng kang. In our last two conversations concerning this matter the appointment was communicated to me by Messrs. Woo and Tseng.

Today I beg to hand you herewith specification No.I concerning the boiler plant and No.II concerning the machinery for the power station. Will you kindly hand copies of this specifications to those firms whom you wish to tender, together with a letter, in which should be stated the time when you wish to have the estimates and other conditions for the tendering that you might be wishing to put in.

I am, Dear Sirs,

Yours truly,

E. Kocher

高翕致大生沪所
关于南通电厂设备招标事宜的函

（1919 年 12 月 1 日）

我很荣幸接受张謇先生任命，担任即将在天生港建设的新电厂的顾问。在上两次相关的谈话中，吴先生和沈先生都向我传达了这个任命。

随函附上一份锅炉设备的招标书和一份电厂机械设备的招标书。请您将这些资料复本寄给贵方希望参与投标的公司，并附上邀标函，写明贵方希望收到投标估价书的截止时间，以及贵方对于投标所希望添加的其他条件。

18

December 4, 1919.

Mr. E. Kocher,
c/o Messrs. The Chinese Electric Power Co.,
Nantao, Shanghai.

Dear Sir:

We are in receipt of your letter dated December1 together with specifications No I concerning the boiler plant and No II concerning the machinery for the power station to be erected at Tien Seng Kong, of which station you are the Consulting Engineer. We have since made copies of the specifications and also letters intended to be sent to the tenders. The same are herewith enclosed for your countersignature if you approve. If they need, in your opinion, some revision, be kind enough to let us know it. As to the German firms, will you kindly make out the German text of the aforesaid papers and have them mailed as soon as possible. If you think we should sign them, send them to our office when they are ready.

Weare, Dear Sir,

Yours faithfully,

6 enclosures
YMT/CHW

大生沪所致高翕
有关南通电厂招标书的回函

（1919年12月4日）

我们已经收到您以顾问身份于12月1日发来的信函，信中附有拟在天生港建设的电厂的一份锅炉设备招标书和一份机械设备招标书。我们已经准备好了多份招标书复本以及将要发给投标者的邀标函。如您同意，现随信奉上上述信函供您会签。如果其中的内容需要修改，请不吝告知。至于德国公司，请您备齐上述文件的德文文本，并尽快寄出。如果您认为需要我们签字的话，请将文件备好后送至大生沪所。

62

December 4, 1919.

Messrs. The General Electric Co of China,

1-2 Ningpo Road,

Shanghai.

Dear Sirs:

We are planning to erect an electrc power station in Nantungchow. Herewith we enclose a specification for the machinery of the said plant. Should you care to tender, please send in yourestimates on or before March 10, 1920 to our office. In case you should find the time pressing near, send in your estimates by wire, our telegraphic address being Dahsung, Shanghai.

Your estimates should show prices fpr all parts delivered c.i.f. &c. Shanghai, duty paid, time of delivery, guarantees, term of payments, etc. Individual prices are to be stated in estimates for items described in the enclosed specification.

Should there be any doubt existing as to the interpretation of the specification, Write to Mr. E. Kocher, Messrs Chinese Electric Power Co., Nantao, Shanghai.

Faithfully yours,

大生沪所致英国通用电气公司的邀标函

（1919 年 12 月 4 日）

我们计划在南通兴建一座电厂，因此我们随函附上一份机械设备招标书。如果贵公司有意投标，我们希望您能不晚于 1920 年 3 月 10 日将估价书寄来。如时间紧迫，请用电报发估价书，我们的电报地址为上海大生。

贵公司的估价书应该列明所有部件的到岸价（成本、保险、到上海的运费以及佣金）、关税、交货时间、质保期、付款方式等。招标书中的各子项需分项报价。

如果贵公司对本招标书的描述有任何疑问，请致函上海南市华商电气股份有限公司高翕先生。

63

December 4, 1919.

Messrs. The Robert Dollar Company,
Union Building, Canton Road,
Shanghai.

Dear Sirs:

We are planning to erect an electric power station in Nantungchow. Herewith we enclose a specification for the boiler plant. Should you care to tender, we would like to have your estimates sent into our office on or before March 10, 1920. In case you find the time pressing near, send in your estimates by wire, our telegraphic addresss being Dahsung, Shanghai.

Your estimates should show prices for all parts delivered c. i. f. & c. Shanghai, duty paid, time of delivery, guarantees, term of payments, etc. Individual prices are to be stated in estimates for items described in the enclosed specifications.

Should there be any doubt existing as to the interpretation of the specification, write to Mr. E. Kocher, care Messrs. The Chinese Electric Power Co, Nantao, Shanghai.

Faithfully yours,

大生沪所致大来洋行的邀标函

（1919 年 12 月 4 日）

我们计划在南通兴建一座电厂，因此我们随函附上一份锅炉设备招标书。如果贵公司有意投标，我们希望您能不晚于 1920 年 3 月 10 日将估价书寄来。如时间紧迫，请用电报发估价书，我们的电报地址为上海大生。

贵公司的估价书应该列明所有部件的到岸价（成本、保险、到上海的运费以及佣金）、关税、交货时间、质保期、付款方式等。招标书中的各子项需分项报价。

如果贵公司对本招标书的描述有任何疑问，请致函上海南市华商电气股份有限公司高翕先生。

64

December 4, 1919.

To
Messrs Dah Sung & Co,
" Andersen, Meyer & Co.,
" Gaston, Williams & Wigmore,
" The American Trading Co.,
SHANGHAI/CHINA.

Dear Sirs:

We are planning to erect an electric power station in Tien Seng Kong, Nantungchow, with two tubogenerators of 3000 KW each as a start, with a view of further extension in the near future. Herewith we enclose two specifications for the boiler plant and the machineryf for the said station respectively. Should you careto tender, we would like to have your estimates sent into our office on or before March 10, 1920. In case you find the pressing, send in your estimates by wire, our telegraphic address being Dahsung, Shanghai.

Your estimates should show prices for all parts delivered c. i. f. & c. Shanghai, duty Paid, time of delivery, guarentees, terms of payments, etc. Individual prices are to be stated in estimates for items described in the specification.

Should there be any doubt existing as to the interpretation of the specification, write to Mr. E. Kocher, care Messrs. The Chinese Electric Power Co., Nantao, Shanghai.

We remain, dear Sirs,

Faithfully yours,

大生沪所致慎昌洋行、美兴公司和茂生洋行的邀标函

（1919 年 12 月 4 日）

我们计划在南通天生港兴建一座电厂，首期共设两台 3000 千瓦汽轮发电机组，不久还将进行扩建。因此我们随函附上该电厂锅炉设备和机械设备的招标书。如果贵公司有意投标，我们希望您能不晚于 1920 年 3 月 10 日将估价书寄来。如时间紧迫，请用电报发估价书，我们的电报地址为上海大生。

贵公司的估价书应该列明所有部件的到岸价（成本、保险、到上海的运费以及佣金）、关税、交货时间、质保期、付款方式等。招标书中的各子项需分项报价。

如果贵公司对本招标书的描述有任何疑问，请致函上海南市华商电气股份有限公司高翕先生。

60

December 13, 1919.

Messrs. The American Trading Co.,
53 Szechuen Road,
Shanghai.

Dear Sirs:

We are planning to erect an electric power station in Tien Seng Kong, Nantungchow, with two tubogenerators of 3000 Kw each as a start, with a view of further extension in the near future. Herewith we enclose two specifications for the boiler plant and the machinery for the said station respectively. Should you care to tender, we would like to have your estimates sent into our office on or before March 10, 1920. In case you should find the time pressing near, send in your estimates by wire, our telegraphic address being Dah Sung, Shanghai.

Your estimates should show prices for all parts delivered c.i.f. & c. Shanghai, duty paid, time of delivery, Guarantees, term of payments, etc. Individual prices are to be stated in estimates for items described in the enclosed specifications.

Should there be any doubt exsisting as to the interpretation of the specifications, Write to Mr. E. Kocher, care Messrs. The Chinese Electric Power Co., Nantao Shanghai.

Faithfully yours,

大生沪所致茂生洋行的邀标函

（1919 年 12 月 13 日）

我们计划在南通天生港兴建一座电厂，首期共设两台 3000 千瓦汽轮发电机组，不久还将进行扩建。因此我们随函附上该电厂锅炉设备和机械设备的招标书。如果贵公司有意投标，我们希望您能不晚于 1920 年 3 月 10 日将估价书寄来。如时间紧迫，请用电报发估价书，我们的电报地址为上海大生。

贵公司的估价书应该列明所有部件的到岸价（成本、保险、到上海的运费以及佣金）、关税、交货时间、质保期、付款方式等。招标书中的各子项需分项报价。

如果贵公司对本招标书的描述有任何疑问，请致函上海南市华商电气股份有限公司高翕先生。

61

January 7, 1920.

Messrs. Arnhold Brothers & Co. Ld.,

Kiukiang Road,

Shanghai.

Dear Sirs:

We are planning to elect an electric power station in Tien Seng Kong, Nantungchow, with two tubogenerators of 7000 KW each as a start, with a view of further extension in the near future. Herewith we enclose two specifications for the boiler plant and the machinery for the said station respectively. Should you care to tender, we would like to have your estimates sent into our office on or before March 10, 1920. In case you should find the time pressing near, send in your estimates by wire, our telegraphic address being Dahsung, Shanghai.

Your estimates should show prices for all parts delivered c. i. f. & c. Shanghai, duty paid, time of delivery, Guarantees, term of payments, etc. Individual prices are to be stated in estimates for items described in the enclosed specifications.

Should there be any doubt existing as to the interpretation of the specifications, write to Mr. E. Kocher, care Messrs. The Chinese Electric Power Co., Nantao, Shanghai.

Faithfully yours,

大生公司致安利洋行的邀标函

（1920 年 1 月 3 日）

我们计划在南通天生港兴建一座电厂，首期共设两台 3000 千瓦汽轮发电机组，不久还将进行扩建。因此我们随函附上该电厂锅炉设备和机械设备的招标书。如果贵公司有意投标，我们希望您能不晚于 1920 年 3 月 10 日将估价书寄来。如时间紧迫，请用电报发估价书，我们的电报地址为上海大生。

贵公司的估价书应该列明所有部件的到岸价（成本、保险、到上海的运费以及佣金）、关税、交货时间、质保期、付款方式等。招标书中的各子项需分项报价。

如果贵公司对本招标书的描述有任何疑问，请致函上海南市华商电气股份有限公司高翕先生。

55

E. KOCHER INGENIEUR,

師程工汽電兼械機翕高

Shanghai March 4th 1920.

Y. M. Tseng Esq.

c/o Dah Sung Cotton Spinning & Weaving Co.

Re. Powerstation Nantungchow

Dear Mr, Tseng,

A few days ago I received a telegramm from Germany, informing me, that a boiler makers firm wishes to propose a new design of boiler for the power station. This boiler would be provided with a furnace to burn coal dust and it seems, that they have developed a quite new design during the last years, which gives many advantages as compared with the ordinary boiler furnaces. These advantages are mainly a great saving of coal, prevention of smoke, saving of stokers, cleanliness of boilerrooms etc.

I hope to receive details of the design by next mail. Meanwhile we are asked in the telegramm to send to them five tons of coal of the kind that is in use in Tungchow and which will be used for the new powerstation. They wish to try this coal in an existing plant in Germany in order to make sure that the furnaces proposed for Tungchow are suitable.

Will you kindly communicate this to the authorities in Tungchow and, if agreeable, make arrangements for the shipment of the 5 tons of coal by the next steamer, which will leave about the 20 th of this month.

I am, dear Mr. Tseng
Yours faithfully
E. Kocher

高翕致沈燕谋有关新型锅炉设计事宜的函

（1920 年 3 月 4 日）

几天前，我收到一封来自德国的电报，告知我一个锅炉制造公司为电厂提出锅炉的一种新型设计。这种锅炉将配备一个可以燃烧粉煤的炉膛，这似乎是他们在近几年里开发的一种新设计，与传统锅炉炉膛相比，它有许多优点，如节约燃料、防止烟尘、减少给煤机的配置、提升锅炉房的清洁度等。

我希望在下一封邮件中能收到有关新设计的细节。同时，电报中要求我们把南通正在使用的、用于新电厂的同类煤种的 5 吨样煤发给他们。他们希望在德国的一个工厂试烧这种煤，以确保为南通提供的炉膛是合适的。

请将此情况告知南通方面，如果可行的话，请将 5 吨煤装上下一班轮船，该船将于本月 20 日左右离港。

Copy.

Nantungchow 16th April 1920.

Their Excellencies
Chang Chien & Chang Cha
Nantungchow.

Your Excellencies,

Tungchow- Power Station.

Upon inquiries with my specifications attached for the proposed Tungchow Power Station, which were sent **by the Dah Sung** Office to various firms the following tenders have been received:

1) from Andersen Meyer & Co. Ltd.
2) from American Trading Company
3) from Arnhold Bros. Ltd.
4) from Gaston Williams & Wigmore Inc.
5) from General Electric Co. of China
6) from Siemens- China Company.

The estimate from the A. E. G. (Allgemeine Elektrizitaetsgesellschaft Berlin, who had been invited to compete as well, has up to now not reached the Dah Sung Office. I have been informed that a cablegram from the A. E. G. has reached the Shanghai Office of Dah Sung, of which no copy so far has been handed to me.

I have carefully gone into and compared the different estimates and to report thereon as follows:

1) Estimate from Andersen Meyer & Co. Ltd.

This firm is not willing to give an estimate based upon my specification and has quoted on a sixty cycle plant, which is their standard practise. As the existing Power Station and the 3 face **generating plant** in the mill at Tong ka sha have both 50 cycle machinery there would be difficulties in connecting up these plants to the new Power Station with 60 cycles. Furthermore, the higher speed of the 60 cycle machinery stands to shorten the life of the machinery and makes up for the slightly lower cost of the 60 cycle apparatus For these reasons the acceptance of 60 cycle machinery cannot be recommended. As Andersen, Meyer & Co. Ltd. gave only part of the items of my specification with detail prices, a clear conception of the real cost of plant with this machinery cannot be derived from these estimates. I cannot recommend acceptance of this firm's estimates for the aforesaid reasons and besides my experience with this firm regarding promptitude of delivery and method of doing business has been very unpleasant in the case of the Turbine Plant of the Nantao Power Station and other cases that came to my attention as Consulting Engineer.

2) American Trading Company:

The quotation of this firm contains machinery of the Allis Chalmens Manufacturing Co. Milwaukee, the estimate is in accordance with my specification as far as the electrical part is concerned, the steam part of the plant they propose is designed for a boiler pressure of 180 lbs. instead of the specified pressure of 215 lbs. The estimate does not show prices for the transformers, motor generators, storage batteries and wiring so that a comparison of these items with the other estimates is not possible.

3) Arnhold Bros. & Co. Ltd.

The estimate of this firm for the machinery part, (my specification No,2) contains the same machinery as the estimate of Gaston, Williams & Wigmore Inc. namely, Westinghouse Co. of America. The prices for this machinery are the same as those of Gaston Williams & Wigmore, except that a commission of about 5 % has been added. It is therefore, unnecessary to further consider this estimate.

53

4) Gaston, Williams & Wigmore Inc.

This firm has submitted an estimate exactly in accordance with my specification, except that the steam pressure has been taken at 200 lbs. instead of 215 lbs. as specified. Instead of a rotary convertor this firm quotes on a motor generator. Otherwise the items of the specification are quite clear. The dondensing plant offered by Gaston Williams & Wigmore has a cooling surface of 6000 sq.ft. This cooling area is somewhat small in consideration of the high water temperature that occur during the hot months in this country. In other respects the estimate is satisfactory and the prices are reasonable. The whole of the machinery quoted for by Gaston, Williams and Wigmore is to come from the Westinghouse Electric Manufacturing Company.

5) The General Electric Company of China.

This Company tenders for turbo generators of Fraser & Chalmers General Electric Co. of England. The estimate is in accordance with my specification but shows no detailed prices. The lump sum of £ 80 000 sterling seems to be reasonable.

6) Siemens- China Company.

This Company quotes on electric machinery manufactured at their own works in Germany. The turbo generators are offered for a greater capacity than asked for in the specification. According to the general practise of this firm the generators could be overloaded 10 % without undue heating so that under normal conditions the capacity would be about 3500 K.W. maximum. Otherwise the estimate is in accordance with my specification.

I would redommend that the order for the turbo generators and auxiliary machinery should be placed now, and the boilers be ordered later, because the time for delivery for the turbo- generators is

5X

4.

is between 10 to 12 months, and for the boiler plant only 5 to 6 months. It is therefore time enough for the studies that I would like to make in connection with the boiler question during my stay in Europe and for settling the order in about July or August.

In conclusion I recommend to place the order in Europe and if possible in Germany. This would enable me to personally supervise the designimg of the Power Plant and to negotiate with the makers and inspect the work in course of zonstruction during my stay in Europe.

Very respectfully
sdg. E. K O C H E R
Consulting Engineer.

高翕致张謇、张詧有关投标情况的函

（1920 年 4 月 16 日）

下述公司都已经收到了经由大生沪所发出的、并附有拟建南通电厂的询价标书：

1. 慎昌洋行

2. 茂生洋行

3. 安利洋行

4. 美兴公司

5. 英国通用电气公司

6. 西门子洋行

蔼益吉电机厂（A. E. G. 柏林分公司）也被邀请来参与这项工程投标，但目前估价书还没有寄达大生沪所。我已收到通知，该公司的电报已到达大生沪所，但我至今还未收到电报文本。

我仔细研究并比较了不同的估价书，并将其报告如下：

1. 来自慎昌洋行的估价

这家公司不愿意对标书进行估价，他们是按照他们的标准惯例对 60 赫兹的设备进行报价的。由于现有的通明电气公司和唐家闸大生纱厂的三相发电设备都是 50 赫兹的设备，因此很难将这些电力设施与新电厂的60赫兹设备匹配起来。虽然60赫兹设备成本稍低，但60赫兹的设备转速高、使用寿命短，这抵消了它的成本低的优势。综上，不建议使用60赫兹的设备。慎昌洋行只给出了我方所提供的标书中部分项目的详细价格，从这些估价中无法得出电厂设备的实际成本的明确情况。基于上述原因，我不建议接受该公司的估价书。另外我曾经有和这个公司打交道的经历，从南市华商电气股份有限公司工程，还有其他我作为顾问参与的一些工程的情况来看，他们在交货时间和经营方式上都不尽如人意。

2. 茂生洋行

这家公司的报价包含美国密尔沃基的艾利斯·查默斯制造公司的设备，就电气部分而言，其估价倒是符合我们的标书。但他们投标的电厂蒸汽压力设计值仅适用于180磅的锅炉压力，而不是标书中要求的215磅。这份估价书未列出变压器、柴油发电机、蓄电池和接线的价格，因此无法将这些项目同其他公司的估价进行比较。

3. 安利洋行

这家公司的估价书上所含机械部分（我的第二份招标书）与美兴公司（来自美国的西屋公司）相同，且价格一样，但是该公司增加了5%左右的佣金。因此，没有必要进一步考虑。

4. 美兴公司

这家公司已经提交了一份与我的标书完全相符的估价，除了蒸汽压力设计值被替换成了适用于200磅的锅炉压力，而不是标书中要求的215磅。这家公司报价的是柴油发电机，而不是旋转变流器。由美兴公司提供的冷凝装置的冷却表面积为6000平方英尺。考虑到中国夏季的水温比较高，这个冷却面积有点小。其他方面，该公司的估价书是令人满意的，价格也是合理的，美兴公司报价的机械都是来自西屋电气制造公司。

5. 英国通用电气公司

该公司投标设备为英国的伊瑞泽和查莫斯通用电气公司的汽轮发电机。估价符合我的标书要求，但没有显示分项的价格。总价8万英镑似乎也是合理的。

6. 西门子洋行

该公司报价的是其德国工厂生产的发电设备。报价的汽轮发电机组容量比标书要求的更大。按这个公司的常规经验，该发电机可以在不过热的情况下超发10%，因此在正常情况下最大容量可达3500千瓦。其他方面估价也是符合我的标书要求的。

我建议现在就订购汽轮发电机和辅助设备，锅炉可以稍后再定，因为汽轮发电机的交货时间是10—12个月，锅炉设备的交货时间是 5—6 个月。因此，我在欧洲逗留期间，有足够的时间进行有关锅炉问题的研究，并在 7 月或 8 月左右确定锅炉订单。

总之，我建议在欧洲下订单，可能的话就在德国，以便于我能够亲自监督电厂设备的设计，与制造商谈判，并利用我在欧洲停留期间监督设备的制造。

B 40

A b s c h r i f t .

The HOW NANG VILLA
Nantungchow, China

April 17, 1920

TO ALL WHOM IT MAY CONCERN.

This is to certify that the bearer of this letter Mr. E. Kocher in his capacity as my consulting Engineer has been authorized by me to negotiate during his stay in Europe for the purchase of a Boiler Plant for the Nantungchow Power Station, as well as for ordering paper-making machinery, oil hardening plant and other machinery for the Nantungchow Industries.

The financing and shipping of all orders negotiated by Mr. Kocher will be attended to by my Hamburg Agent according to Mr. Kocher's advice.

Yours faithfully

gez. C h a n g C h i e n

张謇给高翕的授权书

（1920年4月17日）

谨此证明，此信件持有人、我的顾问高翕先生，我授权他在停留欧洲期间，在他的职权范围内，商谈为南通电厂购买锅炉设备，以及订购造纸机械设备、油脂硬化设备和为南通工厂所购的其他机械设备。

高翕先生所商定的所有订单的资金以及运输相关事宜，将由我在汉堡的代理人根据高翕先生的建议进行处理。

49

Nantungchow April 17th 1920.

Messrs. Siemens- Schuckert Werke, G. m. b. H.

BERLIN.

Gentlemen:,

With reference to the quotation submitted by your China Company, dated April 1st. 1920 for the supply of Electric Machinery for our new Power Station, I beg to inform you that I have instructed my Consulting Engineer Mr. E. Kocher to place the order for this machinery with your firm.

Mr. Kocher is authorized to arrange with you all details in connection with this order. I have specially requested Mr. Kocher to do his utmost in getting the price somewhat reduced as this forms the first order for a big enterprise in which later on a great amount of additional machinery is to be installed, and it is of great importance for the commercial success of the enterprise that the invested capital is kept as low as possible.

As soon as your Shanghai Office informs me that the order has been accepted, I shall pay to that office the first instalment of Gold Dollars 150 000, while the other payments will be rendered in accordance with terms of the contract to be closed with you by Mr. Kocher on my behalf.

Yours faithfully

signed CHANG CHIEN.

张謇致西门子公司订购发电设备的函

（1920 年 4 月 17 日）

根据贵公司的中国分公司于 1920 年 4 月 1 日所提交的关于向我方新办电厂提供的发电设备报价，我想通知贵公司，我已经告知我的顾问高翕先生向贵公司订购这些设备。

我已授权高翕先生与贵公司商议与订单有关的所有细节。我特别要求高翕先生尽其所能拿到较低价格，因为这是一家大企业的第一次订货，以后还有更多的设备要安装，尽可能低的资金投入对一个企业在商业上的成功至关重要。

一旦贵公司的上海办事处通知我，贵公司已经接受我们的订单，那我将向该办事处支付第一期 15 万美元，而其他款项的支付将按照高翕先生代表我与贵公司签订的合同条款进行。

50

Received APR 1920

Answered

Nantungchow 17th April 1920.

Y. M. Tseng Esqr.

care Dah Sung Spinning & Weaving Co.

SHANGHAI.

Dear Mr. Tseng,

I have for acknowledgment your letters dated April 12th, 13th & 15th with estimates from General Electric Co. of China & American Trading Co., and in reply beg to inform you that I had submitted yesterday afternoon all the estimates received together with a comparative tableto H. E. Chang Cha for inspection.

The revised estimate from the American Trading Co. reached me this morning and I shall refer its contents to His Ex_cellency when I see him again either to-day or to-morrow.

I am very sorry that you could not accompany me to Tungchow as it would have been of great assistance to me.

I hope to return to Shanghai to-morrow and as soon as my time allows it will call on you.

Asking you to convey my best regards to Mr. Woo.

Sincerely Bours

E. Kocher

高翕致沈燕谋有关投标情况的函

（1920 年 4 月 17 日）

我已收到您于 4 月 12 日、13 日、15 日寄来的英国通用电气公司和茂生洋行的估价书。现回复您，我已于昨天下午将收到的所有估价书连同一份对照表提交给张謇阁下审查。

今天上午我收到了茂生洋行修改后的估价书，今天或者明天我再见到张謇阁下时，我会向他提及其中的内容。

如果您能陪我一起来南通对我会有很大的帮助，但是很遗憾，您来不了。

我明天应该回上海，只要时间允许，我就会来拜访您。

Shanghai 22nd April 1920.

Copy.

To

Their Excellencies

Chang Chien & Chang Cha

Nantungchow.

Your Excellencies,

Mr. Kocher has left for Germany to-day and my Hamburg Office has been duly advised by cable to that effect.

I enclose herewith for Your Excellencies perusal copy of letter sent to my father in law, covering general instructions in connection with purchase of machinery &c. from German manufacturers under the supervision of my Hamburg Office and Mr. Kocher.

I think that I have made all points perfectly clear, if Your Excellencies should desire any further instructions to be added, I shall be glad to get your commands either by letter or at my next arrival at Nantungchow, which will not be later than within 3 or 4 weeks from date.

Very respectfully

dsg. E. H. Thiel

蒂尔致张謇、张詧关于高翕赴德国等事的函

（1920年4月22日）

高翕先生已于今日动身前往德国，我在汉堡的办事处已经通过电报获悉此事。

兹随函附上一份寄给我岳父的信的复本，请阁下审阅。这封信包括了我的汉堡办事处和高翕先生对德国制造商的一些要求。

我想对设备的技术要求阐述得很清楚了，如果阁下还有进一步的指示的话，您可以用信件发给我，或者我下次到南通时再面授指令，我将于未来三四周内再次到南通。

Copy of letter to Julius Danielsen Hamburg governing general instructions in connection with Tungchow Industrial Enterprises, of which a copy has been sent by me to His Excellencys' private secretary for favor of translation on April 22nd. 1920.

Shanghai April 22nd 1920.

Mr. Julius Danielsen

HAMBURG.

Dear Sir,

Nantungchow Industrial Enterprises:

I confirm my to-day's cablegram advising Mr. Kocher's departure by S. S. Insbruck.

From the enclosed copies of letters you will gather that Their Excellencies Chang Chien and Chang Cha have decided if possible to give German manufacturers the preference. I need not emphasize the importance of such a step towards German Industry and I rely upon your closest co- operation with Mr. Kocher, so that the best possible results may be achieved. It should be specially made clear to the competing firms that only the very best material should and must be used for the needed machinery and that prices should be kept as low as possible, which would mean the placing of further orders with German manufacturers and the renewal of the lost trade caused by the war.

My steamer Havana Maru I am shipping to your care 56 double bags of dust coal, which are to be kept at the disposal of Mr. Kocher for experimental purposes. The coal has been supplied by the Tungchow Industrial Enterprises and the 112 empty bags, after the contents have been used by the experimenting firms, are to be disposed of at best possible prices and the proceeds to be placed to the credit of Tungchow.

Mr. Becker, travelling by the S. S. " Capetown Maru " is carry-

VY

ing with him 6 bottles of salt brine from the Nantungchow Salt Fields which he will deliver at your office. Mr. Kocher will discuss with Mr. Wedehase to whom I have witten very fully on the matter, all particulars concerning the scheme of starting a factory for the manufacture of Caustic Soda by electrolytic process, the prospects being very favorable as the cost of the raw material is very low, in fact (it costs only the transportation) the only difficulty being the successful abstraction of the magnesium chlorid from the salt which should not be too difficult. I have pointed out to Mr. Wedehase, who is rather an expert on this subject that the foremost authorities in charge of government and re-search laboratories should be consulted and samples of the brine be submitted to them, as the successful solving of this scheme would mean the break of the monopoly held in China by the British firm of Brunner Mond & Co. Caustic Soda is consumed in immense quantities by paper mills, soap factories, cotton mills for bleaching and mercerising of yarn &c and you will therefore understand that the matter is of utmost importance to us.

You will in future act practically as buying agent for the Tungchow Industrial enterprises concerning the Soap Factory and other items and assist Mr. Kocher as much as possible in all matters put into your way. Against all purchases made, after they have been sanctioned by Tungchow, manufacturers must furnish original invoices stating the net value of goods and it is of course understood that no commission or fees are to be included in any quotation or invoice. Freight rebates are to be refunded to Nantungchow upon receipt from the shipping companies. All goods are to be insured 10 % above cif invoice cost, the insurance to include war risk and risk against floating mines and torpodoes. Invoices to be made out in duplicate in the name of Tungchow Industrial enterprises.

张謇与天生港电厂

3.

Sufficient credits will be openend to cover the purchases of machinery &c. and I desire to draw your special attention to impressing upon manufacturers that they should adhere to pre- war conditions in regard to payments, that is to say that not more than 1/3 of the purchase price should be paid when placing the order, a further 1/3 when the machinery is ready and has been inspected and the last 1/3 against turning over the shipping documents to the Bank.

I rely upon you that you will thoroughly control all payments made to manufacturers after they have been sanctioned by Mr. Kocher and approved by Tungchow, and I wish to state that you will be in conjunction with me held responsible for all payments made for Tungchow account.

All orders given by letter must bear the signatures of either His Excellency Chang Chien or His Excellency Chang Cha, a specimen of their signatures is appended herewith.

Mr. Kocher is carrying with him an order for surveying instruments and for a few additional machines for the Tungchow Match-Factory. These orders having been sanctioned by Their Excellency you may pay for upon Mr. Kocher's instructions and the same stipulations hold good for any future orders. All orders given by telegraph must bear my signature and will be confirmed promptly by letter.

Yours faithfully

sdg. E. H. Thiel

蒂尔致朱利叶斯·丹尼尔森关于设备购置、款项支付等事的函

（1920年4月22日）

我确认，告知高翕先生离开因斯布鲁克的电报今天已发出。

从所附信件中，您可以了解到，张謇和张詧阁下已决定，如果可能的话，将优先考虑德国制造商。我不需要强调这对德国工业的重要性，多亏您与高翕先生的密切合作，我们才可以取得最好的结果。特别是要让竞争公司清楚地认识到，只有用最好的材料制作机器设备，并且价格尽可能低，才意味着德国制造商能得到后续设备订单，补偿由于战争引起的贸易损失。

我的船“哈瓦那”号将把112袋粉煤运往贵方，供高翕先生做实验之用。这些煤由南通方面提供，112个空袋子在样煤试燃结束后，将以尽可能好的价格处理，收益归南通方面所有。

高翕先生乘坐“开普敦”号，携带了6瓶来自南通的盐溶液，他会送到您的办公室。高翕先生将与韦德哈瑟先生讨论关于建立一个用电解工艺生产烧碱的工厂的所有细节，我已经事先写信告诉了他，此事前景看好，因为原料的成本非常低，事实上（它只需运输费）唯一的困难是成功地从盐中提取氯化镁，这应该不会太困难。我已经向韦德哈瑟先生指出，他是这方面的专家，应该

咨询政府和研究实验室最权威人员，并向他们提交盐水样品，该方案的成功实施将意味着打破英国卜内门洋碱公司在中国的垄断。造纸厂、肥皂厂、纺织厂里漂白、纱线丝光处理都需用大量的烧碱，您会明白这件事对我们是至关重要的。

今后，贵方将作为南通实业的代理机构，采购有关肥皂厂的和其他企业的设备，在一切事宜上尽可能地协助高翕先生。对于所有经南通批准的采购，制造商必须提供发票原件，列明货物的净值，当然，任何报价或发票中不包括佣金或酬金。从运输公司收到的运费回扣将退还南通方面。所有货物按到岸价发票金额加10% 保险费，险种包括战争险和水上水雷险及鱼雷险。发票一式两份，抬头是“南通实业”。

我方将开具足额的信用证用于购买设备等，特此提请贵公司特别注意，并向制造商强调，在付款方面他们还是要接受战前付款条件，也即是下单时支付不超过货款的 1/3，当机器设备制造完毕并通过验收后再支付 1/3，最后 1/3 是运输文件交给银行后支付。

我相信，在经过高翕先生认可并经南通方面批准后，您将全面掌控所有向制造商支付的货款，我在此声明，您将与我一起对所有南通支付的款项负责。

凡以信函发出的订单，均须有张謇或张謦先生的签名，其签名式样随函附后。

高翕先生带来了一份为南通火柴厂订购测量仪器和一些其他设备的订单。这些订单已由张謇或张詧先生批准，您可以根据高翕先生的指示付款，同样的规定也适用于今后的任何订单。凡以电报方式发出的订单，均须由我签名，并且我将立即以信函予以确认。

Shanghai May 17th 1920.

To

Their Excellencies

Chang Chien & Chang Cha

Nantungchow.

Your Excellencies,

In my capacity as full partner in the firm of F. BLACKHEAD & Co. Hongkong & Canton and chief attorney for the sister- firm of F. SCHWARZ-KOPF & CO. Shanghai, Hankow, Peking, Tientsin, Tsinanfu & Tsingtao and Julius Danielsen Hamburg, I have pleasure in declaring that I accept full responsibility for the amount of gold dollars 150 000, which the Dah Sung Cotton- Spinning & Weaving Mill Shanghai is going to remit to the Siemens- Schuckert Works in Amsterdam (Holland) representing the first instalment on electric machinery for Nantungchow, as far as the solvency and standing of the Siemens- Schuckert Works are concerned.

As a sign of my good faith I am pledging herewith to the Dah Sung Cotton Spinning and Weaving Mill Shanghai the amount of gold $ 400 000.- (fourhundred thousand gold dollars) standing to the credit of my firm F. Blackhead & Co. with the U. S. Government in Washington, which money will become entirely free upon the U. S. signing peace with Germany. This amount may be considered by the Dah Sung Cotton Spinning and Weaving Mill Shanghai as additional security given by me to guarantee the Siemens- Schuckert Works concerning the above mentioned telegraphic transfer.

Very respectfully

sdg. E. H. Thiel

in pa. F. Blackhead & Co.

蒂尔致张謇、张詧
对大生沪所支付西门子款项进行担保的函

（1920年5月17日）

我是施华蔻公司香港、广州公司的正式合伙人，及其关联企业施华蔻公司上海、汉口、北京、天津、济南和青岛公司，以及汉堡朱利叶斯·丹尼尔森公司的主要代理人。我很高兴在此宣布，就西门子舒克特工厂的偿付能力和地位而言，我对大生沪所将向德国西门子电气公司（荷兰）阿姆斯特丹工厂支付15万美元作为南通电气设备的首期支付的款项全权负责。

为表示我的诚意，谨向大生沪所承诺：施华蔻公司由美国华盛顿政府提供的40万美元作为清偿担保。在美国与德国签署和平协议后，这些钱将解冻。大生沪所可以考虑将这笔钱作为我对德国西门子电气公司有关上述电汇款的额外担保。

Form F I

34

The Shanghai Commercial and Savings Bank, Ltd.

CABLE ADDRESS :—"COMSAVBANK"

Shanghai, June 12th 1920.

Dah Sung Cotton Spinning & Weaving Company,

Shanghai.

Dear Sirs,

In accordance with the terms of your letter of even date, we beg to advise having despatched a telegram to our agents, Irving National Bank, New York instructing them to pay Amsterdam Bank, Amsterdam

the sum of Dollars One hundred and twenty five thousand, U. S. Currency

for account of Siemens Schuckert Werke Graven Hage, Holland

The cost of the message is $ ~~12.—~~

which please refund us at your convenience.

Yours faithfully,

For THE SHANGHAI COMMERCIAL AND SAVINGS BANK, LIMITED

Sub-Manager.

上海商业储蓄银行致大生沪所关于向西门子汇款事宜的函

（1920年6月12日）

按照您当日来信的条款，我们已向我方代理人（欧文国家银行纽约分行）发了电报，指示他们向德国西门子电气公司荷兰海牙分公司的阿姆斯特丹银行账户支付125000美元。

请在您方便的时候支付电报费用。

35

Dah Sung Cotton Spinning & Weaving Co.
12 QUAI DE FRANCE
Shanghai,

14 June, 0

Mr. Hansen,
Representative of Messrs. Siemens Electric Works,
40 Nanking Road,
Shanghai.

Dear Sir:

We beg to inform you that we have instructed the Shanghai Commercial and Savings Bank to despatch a telegram to their agents, Irving National Bank of New York, instructing them to pay Amsterdam Bank of Amsterdam the sum of gold dollars one hundred and twenty five thousand U. S. Currency (G$125,000.00) for account of Siemens Schuckert Werke, Gravenhage, Holland, and the said bank has done so. The above sum is the portion bargain money due to the Siemens Werke as per agreement between H. E. Chang Chien and you.

Faithfully yours,

For THE DAH SUNG COTTON SPINNING & WEAVING Co.

YMT/CHW

....
General Secretary.

大生沪所致西门子洋行汉森关于汇款事宜的函

（1920 年 6 月 14 日）

我们通知您，我们已经指示上海商业储蓄银行向其代理人欧文国家银行纽约分行发出电报，指示他们向德国西门子电气公司荷兰海牙分公司的阿姆斯特丹银行账户支付 125000 美元，该银行已照做。

上述款项是根据张謇先生与您之间的协议支付给西门子工厂的部分定金。

SIEMENS CHINA Co.

36

Shanghai, 15th June, 1920.

B.No. 5277 /Ha.

Messrs: Dah Sung Cotton Spinning & Weaving Co.

SHANGHAI.

Nantung-Building, Kiukiang Rd.

Dear Sirs:

We beg to acknowledge with thanks receipt of your letter, dated 14th of June stating, that the amount of G.Dollar 125,000,-- has been transmitted to Amsterdam on our account, for which we received the confirmation from the Shanghai Commercial & Savings Bank to day.

Faithfully yours:

SIEMENS CHINA Co.

represented by: [illegible]

西门子洋行致大生沪所关于收到汇款的信函

（1920 年 6 月 15 日）

贵方 6 月 14 日来函已收悉，125000 美元已转入我方阿姆斯特丹账户，今日已得到上海商业储蓄银行的确认，特此告知。

66

GERMAN COMPETITION.

The present condition in which the German electrical exporter finds himself was outlined as early as last December by a Director of the A.E.G. in an interview published in "Der Tag" in which he said among other things:

> "Home trade is stagnant. The state of the export trade is, if possible, even worse. Doubts as to delivery cause new buyers to hold back. Orders already placed have been cancelled by Norway and Sweden. Orders from Holland and Finland are being transferred to Switzerland and France. America is capturing the Danish market in lamps and meters."

A letter from Germany, dated April 6, 1920, contains the following:

> "Although I have tried to give you a general picture of economic and industrial conditions in Germany, this picture of course applies to the large electrical concerns in Germany. With few exceptions, the higher officials of these companies are much discouraged. Thus a director of the A.E.G., who was very much depressed when I first saw him in September, 1919, but more hopeful and assertive the end of last year, is now again pessimistic as far as the developments in the near future of the German electrical export business is concerned."

There are so many principles of exporting including prompt delivery, fair prices and the inviolability of contract which Germany has violated in her resumption of export trade, that the wonder is that her pre-war hold on her customers has been maintained so long.

<u>DELIVERY</u> We have first-hand information concerning deliveries wherein the A.E.G. held an order for railway motors placed by a Swedish Tramway Co. in June, 1917. The delivery promised was 8 or 9 months. In November, 1919, two and one-half years later, the motors had not been received and the Tramway Company had no information as to when they would be shipped.

In Scandinavia and Finland the Germans do not seem to be able to deliver any large machines but on smaller equipment and supplies they seem to live up fairly well to delivery promises provided the customer agrees to certain price adjustments-(discussed below).

<u>PRICE</u> In Scandinavia and Finland German quoted prices are about one-half (½) American prices on similar material. However, when the time for shipment arrives, the customer usually gets notice that the prices have been increased, which increased price must be paid if the customer desires the goods.

47

German and Scandinavian trade journals are discussing the prevalence of breaches of contract due to a refusal of export traders and manufactures to deliver promised goods unless a very high addition of as much as 400% is paid in addition to the contract price.

The reason for these increases is evident. On the ~~other~~ one hand the makers are confronted by the increases in the price of raw and semi-finished material, while on the other hand they are frequently bound to execute old orders which were accepted at fixed prices. The association of German Machinery Constructions Works considers that the industry cannot exist unless supplementary addtions are made to the prices fixed in old contracts and unless reserves are made in the prices for new orders with an extended period for delivery.

Judicial Decisions How deeply rooted the practice has become of increasing prices as a condition precedent to effecting delivery is indicated by several cases decided, in which the victims were native Germans, the decisions indicating the probable outcome of a large number of suits now pending where the parties injured by the breaches of contract are Danes and Swedes. As decided by the lower court and on appeal by the Supreme Court at Leipsig, the price revolution caused by the war and the revolution itself constitutes vismajor and is therefore a good reason for breaking contracts.

German manufacturers are now taking advantage of these decisions to repudiate contracts entered into subsequent to the war and the revolution.

THE OPPORTUNITY With such conditions as detailed above existing we should studiously keep before prospective purchasers the advantage of prompt delivery, fixed prices and proper regard for contract which they will gain by dealing with the International General Electric Company.

5/8/20.

英文档案

德国现状说明

（1920 年 8 月 5 日）

德国电力出口商发现，早在去年12月，自己的现状就被蔼益吉电机厂的一位董事在《日报》上发表的一次采访中披露了。他说：

> 国内贸易停滞不前，出口贸易的状况甚至更糟。对交货的疑虑使新买主踌躇不前。挪威和瑞典取消了已下的订单。荷兰和芬兰的订单被转移到瑞士和法国。美国正在占领丹麦的灯具和仪表市场。

一封 1920 年 4 月 6 日从德国寄来的信谈到了以下内容：

> 我已尽可能全面地告诉你们，德国经济和工业的现状，这种状况对于德国的电力行业来说尤为突出。几乎没有例外，这些公司的官员们职位越高越是沮丧。当我在 1919 年 9 月第一次见到 A. E. G. 的一位董事时，他当时神情黯然，忧心忡忡。但在去年年底时，他又变得乐观和自信了。现在，他一谈到德国电气出口业务近期的发展，再次流露出悲观的情绪。

出口贸易有很多规矩，包括交货及时、价格公平和信守合同。德国的出口贸易恢复后却达不到这些要求，但是令人惊讶的是，战前一直拥有的客户到现在还能继续维持。

交货

我们有关于交付的第一手资料，其中蔼益吉电机厂有一份瑞典电车公司于 1917 年 6 月订购轨道电机的订单。交货的约定时间是 8 到 9 个月。到 1919 年 11 月，也就是两年半以后，电车公司还没有收到电机，电车公司也不知道对方什么时候能发货。

在斯堪的纳维亚和芬兰，德国人似乎不能交付任何大型机器，但在较小的设备和货物上，如果客户同意某些价格调整，他们似乎能较好地兑现交货承诺（下文讨论）。

价格

在斯堪的纳维亚和芬兰，在原材料相似的情况下，德国报价大约是美国报价的一半。但是，当发货期限临近时，客户通常会收到价格上涨的通知，如果客户想要货物，就必须支付上涨的价格。

德国和斯堪的纳维亚的贸易杂志正在讨论，由于出口贸易商和制造商拒绝交付所承诺的货物，而导致违约成普遍现象，要想按约定得到货物，一般要在合同价格之外支付高达 400% 的额外费用。

涨价的原因是显而易见的。制造商一方面面临着原材料和半成品价格的上涨，另一方面又常常必须执行以前商议好的固定价格订单。德国机械工程协会认为，这些行业的工作是无法继续下去的，除非对旧合同中规定的价格进行补偿，以及新订单按照新价格执行，并且交货时间还要延长。

司法裁决

几起已判决的案件表明，提价作为交货的先决条件已经根深蒂固，其中受害者是德国本土人士，目前悬而未决的大量诉讼的可能结果表明：由于违反合同而受到损害的当事人是丹麦人和瑞典人。根据下级法院的判决和莱比锡最高法院的再审情况看，由战争引起的价格革命和革命本身就是一种不可抗力，构成了违约的一个很好的理由。

德国制造商现在正利用这些司法判决作为借口，拒绝接受战后和革命后签订的合同。

机遇

出现了上述状况以后，我们就得在潜在的购买者面前努力保持交货及时、价格稳定和信守合同的良好形象，因为客户们在和国际通用电气公司做生意时都有这些好印象。

Dah Sung Cotton Spinning & Weaving Co.
12 QUAI DE FRANCE
Shanghai,

August 12, 0

Mr. Hansen,
Representative Siemens China Compny,
Nanking Road,
Shanghai.

Dera Sir:

We are just in receipt of a cablegram from Mr. Kocher, stating that he has telegraphed you the price of boiler and asked for our immediate decision. As we have not heard from you lately, we are writing to you for information concerning the matter just mentioned. We will have to bring this matter before the Tungchow authority for action as soon as we hear from you.

Expecting an early reply, we remain,

Faithfully yours,

For THE DAH SUNG COTTON SPINNING & WEAVING Co.
Y. M. TSENG.
General Secretary.

YMT/CHW

沈燕谋致西门子洋行汉森关于锅炉订购事宜的函

（1920 年 8 月 12 日）

我们刚刚收到高翕先生的电报，电报中说他已经将锅炉的价格发了电报给您，并需要我们现在作决定。但是我们近来并没有从您这里得到任何消息，我们写这封信是为了得到相关信息。一旦从您这得到相关消息，我们就会将此事提交南通方面迅速落实。

期待您的尽快回复。

8

H.Kocher, Berlin. Copie f. Herrn Thal... Berlin, August 17th 1920.

To

Their Excellencies Chang Chien and Chang Cha

Nantungchow.

Re. Nantungchow Powerstation.

Your Excellencies!

In accordance with your instructions I have the pleasure to inform you, that the contract for the supply of powerstation machinery has now been definitely settled with the Siemens-Schuckertwerke and a copy of this contract will be forwarded to Shanghai by this same mail. I am very glad to report that my endeavours, made in accordance with your wishes, to obtain a more favourable price were crowned of success.

You will notice, that the contract price is about 15% less than the sum mentioned in the Estimate and Specification No.1224 of the Siemens China Co. dated April 1st 1920. The machinery will be supplied as specified in that estimate with the alterations stated in the contract. After taking into consideration the latest experiences of the big power stations in this country, I have agreed to the alterations of the specifications as I found them advantageous. These advantages are enumerated here:

Article 1 of the contract,

letter a) Cleaning of the condenser is much easier with the "Hülsmeyer-flush" as no opening of covers is required during the cleansing process.

letter b)

P

letter b) The oilswitches are of a stronger design than specified and the desk-type of switch-gear for the control of the alternators enables the operator to face the engine room during switch operation and saves room. This gear is more expensive than the panel type.

letter c) Experience with big powerstations here shows that the Storage battery and its accessories are not necessary owing to the progresses made in the design of switchgear and other parts of the plant.

letter d) The total height for the pumps is given by the measures shown in the levelling plan Mr.Chiang handed to me, prior to my leaving China.

In all other respects, the powerstation will be designed as outlined in my specifications and I had the opportunity to satisfy myself that work on the machinery has been taken in hand and that as far as can be seen now it can be shipped at the time called for in the contract. The drawings of the engine foundations, pumphouse and other necessary drawings are being made and will be ready to be despatched to Shanghai within the next few weeks.

For the boiler plant I have cabled the total sum which is required by the Babcock-Wilcox Company for this plant. I hope to receive your reply during this week, as it is of great importance that the boilers should be ordered now. The B. & W. Co., who have works in Germany offered cheaper prices than other German firms and as the boilers of this firm are of good design and workmanship, I have chosen this make and hope you will agree with me.

The sample of coal has arrived here and the test in the coal dust furnace plant, which I have inspected a few days ago, is going on now. I find that this kind of furnace makes possible a great saving of coal, but as the designs are not yet worked out

10

for the size of boilers required and as they are somewhat complicated, I recommend to order the boilers at present with ordinary stokers and arrange the furnaces so that they may be readily changed and provided with the dust coal apparatus later on. I have instructed the engineers, dealing with this question accordingly.

Regarding the soapmaking plant, we are waiting for a reply to my telegram, recently sent to Mr. Thiel. For the papermill and the sodafactory and oilhardening plant I am still in negotiations and will give you further news as soon as possible.

My return voyage to Shanghai has been booked for the 15th of October and I hope to see Your Excellencies in good health on my visit to Your place in December next.

Very respectfully

英文档案

高翕致张謇、张詧
关于电厂设备相关事宜的函

（1920 年 8 月 17 日）

根据你们的指示，我高兴地通知你们，已确定与德国西门子电气公司签订发电厂机械设备供应合同，该合同的文本通过此信转至上海。按照你们的意愿，已经获得了优惠的价格。

该合同价格比西门子中国公司于 1920 年 4 月 1 日第 1224 号标书中提到的估价低 15% 左右。设备将按该估价书中的规定提供，并按合同规定进行一些改动。考虑到这个国家的大型电厂的最新经验，我已同意对标书所作的这些改动，因为我认为这更有利。其优点列举如下：

本合同第一条

a. 由于在清洗过程中不需要打开封盖，因此使用布尔斯迈尔冲洗法清洗冷凝器要容易得多。

b. 油开关的设计比规定的更牢固，用于控制交流发电机的台式开关装置使操作者在开关操作时能够面对机房，节省了空间，这种结构比盘式的要贵。

c. 这里的大型电厂经验表明，由于开关装置和电厂其他部分的设计更先进了，蓄电池及其附件就不需要了。

d. 泵的总高度是根据蒋先生在我离开中国之前交给我的标高图中的测量值给出的。

发电厂将按照标书中的规定进行设计，我很满意，设备已经着手生产，就目前所见，可以按合同规定的时间发运。动力车间的基础、泵房和其他必需的图纸正在绘制中，将在未来几周内发送到上海。

关于锅炉设备，我已电告拔柏葛公司所需的总金额。我希望在本周内收到你们的答复，因为现在订购锅炉是非常重要的。由于拔柏葛公司比其他德国公司提供更便宜的价格，且锅炉设计精良，做工精细，所以我选择这种型号，并希望你们能同意。

煤样已经运到这里，我前几天检查过粉煤炉设备，测试正在那里进行。我发现这种炉型可以节省大量的煤，但由于这种容量的锅炉设计尚未完成，而且有些复杂，我建议订购配有常规给煤机的锅炉，炉膛的布置便于随时更改以及以后可以提供粉煤装置。我已经指示工程师，作出相应的处理。

关于肥皂制造厂，我们正在等待对我最近发给蒂尔先生的电报的回复。关于造纸厂、烧碱厂和油脂厂，我还在谈判中，会尽快给您进一步的消息。

我回上海的行程已定于 10 月 15 日，希望 12 月拜访二位阁下时，阁下都身体健康。

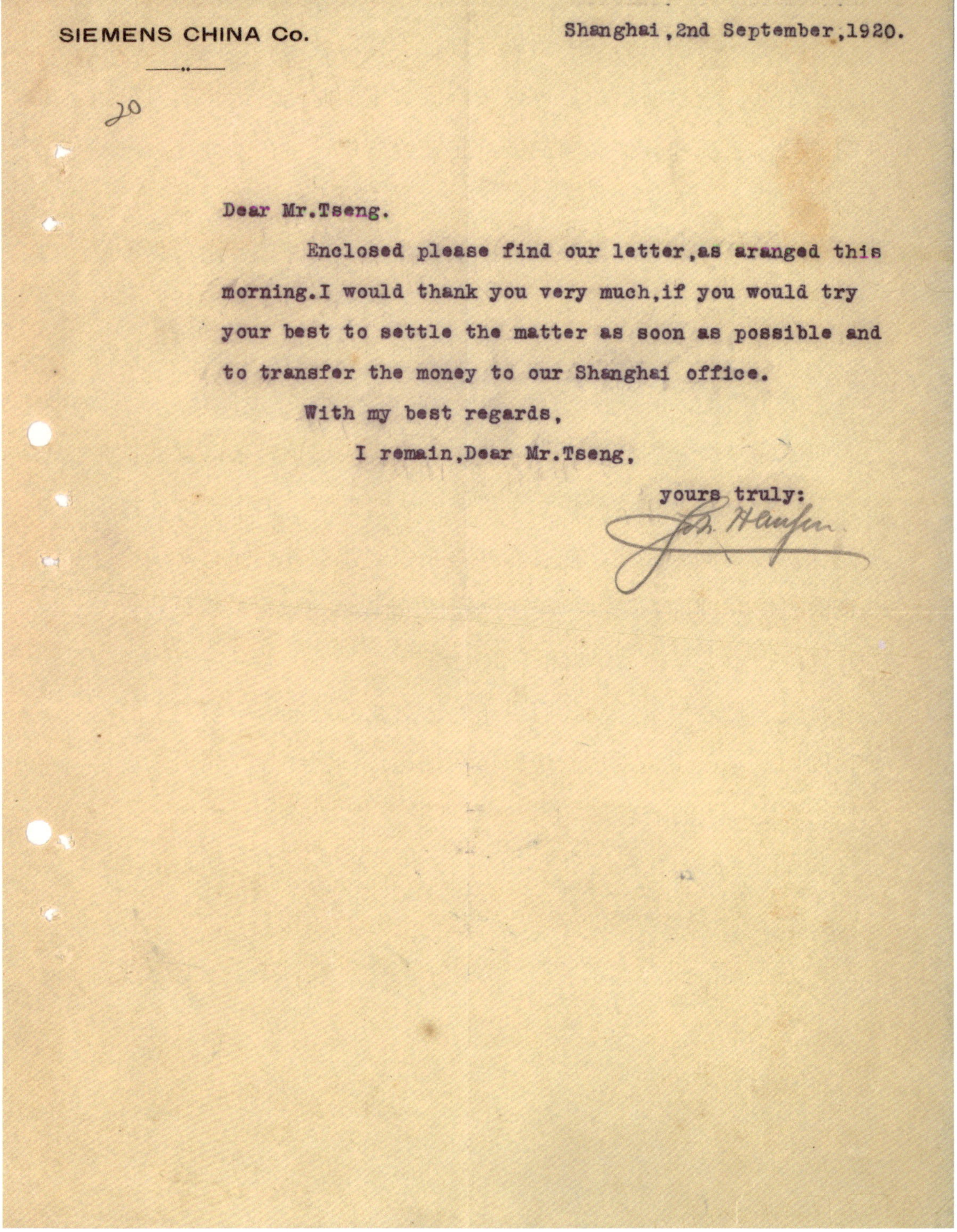

SIEMENS CHINA Co.

Shanghai, 2nd September, 1920.

20

Dear Mr. Tseng.

Enclosed please find our letter, as aranged this morning. I would thank you very much, if you would try your best to settle the matter as soon as possible and to transfer the money to our Shanghai office.

With my best regards,

I remain, Dear Mr. Tseng,

yours truly:

Joh. Hansen

西门子洋行汉森致沈燕谋的催款信

（1920 年 9 月 2 日）

随函附上我方今日上午的信件，请查收。如果您能尽快落实此事，并把款汇到我们上海办事处，我将非常感谢。

SIEMENS CHINA Co.

Shanghai, 2nd September 1920.

19

J.Nr. 5441 /Ha.

Messrs.

Dah Sung Cotton Spinning & Weaving Co.

Nantung-Building

l o c a l .

Dear Sirs.

Re: Payment for Power-Plant Nantungchow:

We herewith beg to draw your attention to the fact that the ballance of G.$.25,000,-- (twentyfivethousand Dollars Gold) on the bargain-money for the electric power-plant ordered, as per contract dated 26th of May 1920, was due for payment on 26th August.

As we have not yet heard from you, we should thank you very much for early settlement of this account.

We are,

Dear Sirs,

yours faithfully:

SIEMENS CHINA Co.

Represented by:

西门子洋行汉森致大生沪所的催款信

（1920 年 9 月 2 日）

在此，我们提请您注意，根据 1920 年 5 月 26 日签订的合同，贵方应在 8 月 26 日前向我方支付电厂设备所需的余款 25000 美元。至今尚未接到贵方来信，恳请早日结清此账，不胜感激。

8 14

SIEMENS CHINA Co.

Shanghai, September 6th, 1920.

J.Nr. 5452 /Ha.

Messrs:

Dah Sung Cotton Spinning & Weaving Co.

S h a n g h a i .

Nantungbuilding.

Dear Sirs.

Re: Boiler-Estimate from Mr. Kocher:

We have received a telegram from Mr. E. Kocher, dated September 1st, with reference to the offer submitted to you by him for the boiler plant.

The cable reads:

I AM ANXIOUSLY AWAITING REPLY TO MY TELEGRAM OF 9th AUGUST

We presume Mr. Kocher will say by this telegram that he cannot hold the offer for the boiler-plant any longer in hand as only 14 days were given to him according to his first telegram.

We would be glad to forward your reply by telegram to Mr. Kocher and remain, awaiting your news,

yours faithfully:

SIEMENS CHINA Co.

Represented by: A. Ulia

西门子洋行致大生沪所关于锅炉报价事宜的函

（1920 年 9 月 6 日）

我方已收到高翕先生于 9 月 1 日发来的电报，关于他向贵方提交的锅炉设备报价的相关内容。

电报上写到：我正焦急地等待回复我 8 月 9 日的电报。

高翕先生在这封电报中表明：根据第一封电报，锅炉设备报价的有效期，只有 14 天，目前不能保留此报价。

我们很乐意将您的回复电报转给高翕先生，等候您的消息。

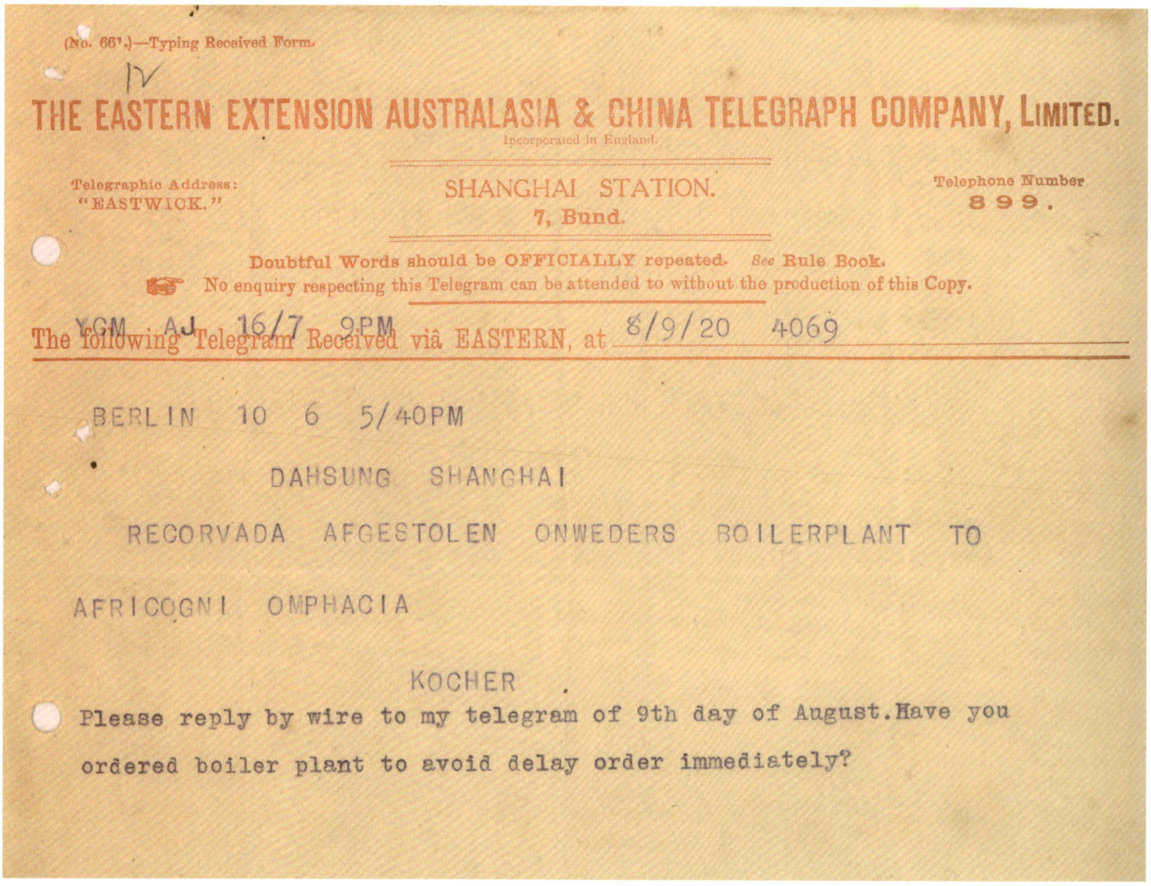

(No. 66¹.)—Typing Received Form.

12

THE EASTERN EXTENSION AUSTRALASIA & CHINA TELEGRAPH COMPANY, LIMITED.

Incorporated in England.

Telegraphic Address: "EASTWICK."

SHANGHAI STATION.
7, Bund.

Telephone Number 899.

Doubtful Words should be OFFICIALLY repeated. See Rule Book.

☞ No enquiry respecting this Telegram can be attended to without the production of this Copy.

The following Telegram Received viâ EASTERN, at 8/9/20 4069

YGM AJ 16/7 9PM

BERLIN 10 6 5/40PM

DAHSUNG SHANGHAI

RECORVADA AFGESTOLEN ONWEDERS BOILERPLANT TO

AFRICOGNI OMPHACIA

KOCHER

Please reply by wire to my telegram of 9th day of August. Have you ordered boiler plant to avoid delay order immediately?

高翕致大生沪所关于锅炉事宜的电报

（1920 年 9 月 8 日）

请电报回复我 8 月 9 日的电报。是否已经订购锅炉设备？勿误。

SIEMENS CHINA Co.

Shanghai, 22nd September, 1920

J.Nr. 5511 /Ha.

Messrs:

Dah Sung Cotton Spinning & Weaving Co.

Nantung-Building

Present.

Dear Sirs:

Re: Payment for Electric Power Plant:

We received a letter from the Shanghai Commercial & Savings Bank dated 21st inst. stating that 25,000.-- $.G. (twentyfivethousand Dollars Gold) have been remitted on your request to the Siemens Schuckert Werke, S'Gravenhage, HOLLAND.

Thanking you for this remittance we herewith beg to state, that the bargainmoney of 150,000.-- $.G. for the Electric Power-Plant at Nantungchow, according to contract dated 26th of May 1920 has been fully paid.

We remain,

Dear Sirs,

yours faithfully:

pr. A. Ulia Joh. Hansen

Representing the: SIEMENS CHINA Co.

西门子洋行致大生沪所收到电厂设备货款的函

（1920年9月22日）

我方已收到上海商业储蓄银行本月21日来信，信中说明已按贵公司要求，将25000美元汇给德国西门子电气公司荷兰海牙分公司。

谢谢您的汇款。我们确认，根据1920年5月26日合同，南通电厂的15万美元的货款已全部付清。

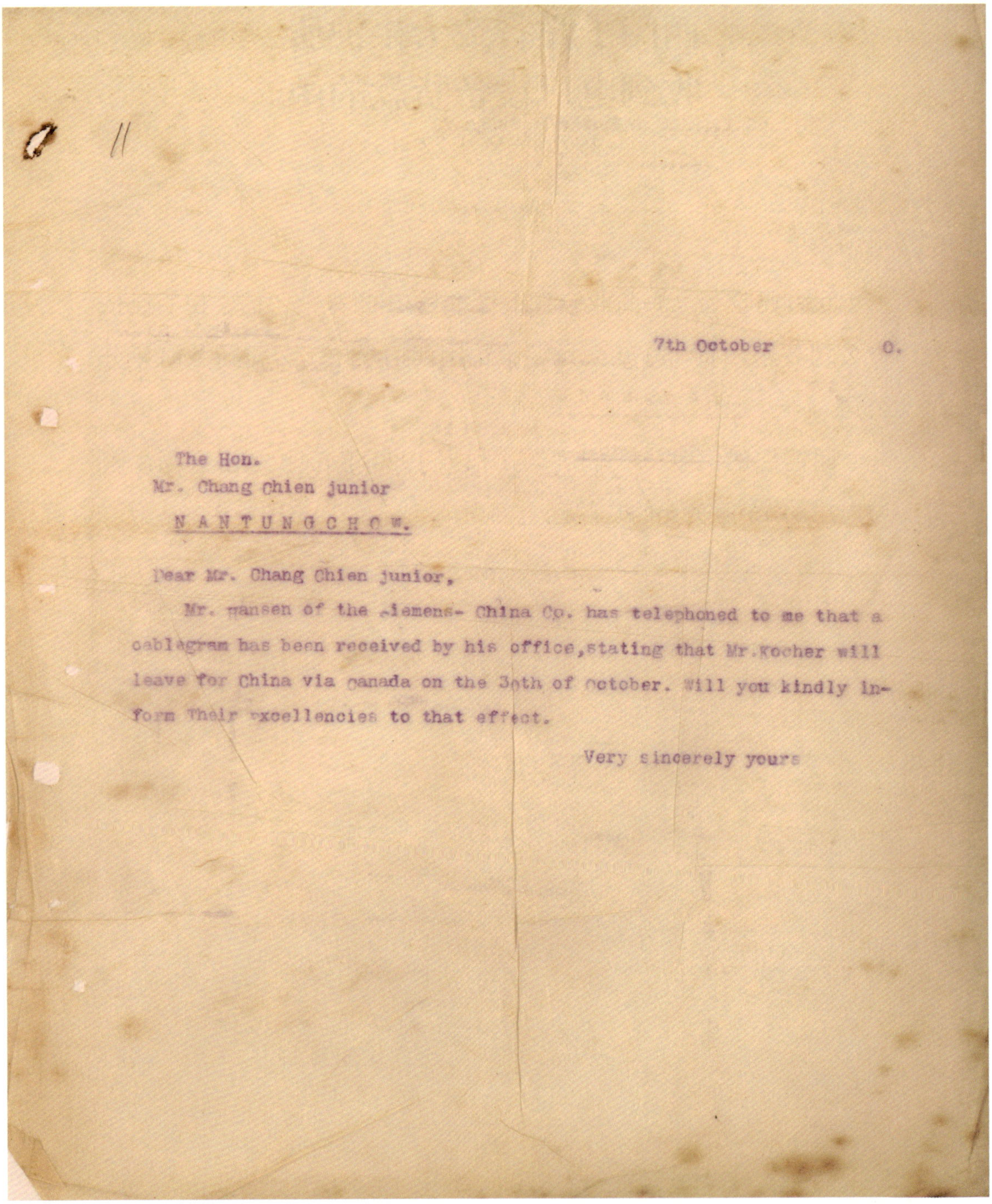

7th October 0.

The Hon.
Mr. Chang Chien junior
NANTUNGCHOW.

Dear Mr. Chang Chien junior,

Mr. Hansen of the Siemens- China Co. has telephoned to me that a cablegram has been received by his office, stating that Mr. Kocher will leave for China via Canada on the 30th of October. Will you kindly inform Their Excellencies to that effect.

Very sincerely yours

张孝若所收关于高翕前往中国的函

（1920年10月7日）

西门子洋行的汉森先生打电话给我，告知他的办公室已收到一份电报，电报上说高翕先生将于10月30日经加拿大前往中国。请将此事告知张謇、张詧先生。

Private 6

Shanghai October 13th 1920.

Mr. Y. M. Tseng
General secretary Dah Sung Mills,
SHANGHAI.

My dear Mr. Tseng,

By yesterdays' mail, I received the enclosed copy of letter from Mr. Kocher addressed to Their Excellencies. Mr. Kocher asks me to make sure that the translator of Their Excellencies makes a correct translation, and if I should be doubtful on this point to request Mr. Chia to render his help in this connection. As far as I am concerned, I have no business to mix up with the affairs of the Siemens concern and Mr. Chia, you will agree with me, knows so little correct English that he most certainly should confine his work to his own affairs, so I refrain from sending him the enclosure referred to. I think however that the right quarters to whom the letter should be sent are the Dah Sung Shanghai Office and for that reason I am sending you the copy and no doubt you will inform Mr. Woo of its contents and ascertain when you are going to Tungchow whether the original letter has been received by Their Excellencies and check the translation.

Mr. Schink has sent me the enclosed statement of cable expenses in connection with Mr. Chiang's ticket, which kindly collect from him prior to his departure.

Mr. Zimek's full report will be sent to Dah Sung within a few days

Very sincerely yours

[signature]

enclosure.

蒂尔致沈燕谋
关于高翕给张謇、张詧来信的函

（1920 年 10 月 13 日）

昨天我收到邮件，里面附有高翕先生写给张謇、张詧先生的信件。高翕先生要求我确保这封信的译文是准确的，我不确定查先生是否能做到这一点。就我个人而言，我无权插手西门子洋行的事务。您一定会同意我的看法，查先生的英语总是错误百出，他肯定把精力放在他自己的事务上，再说他也很忙，因此我不愿将上述附件寄给他。但是我认为这封信应该寄给大生沪所。因此，我将副本寄给您，毫无疑问，您会将其内容告知吴先生，请您去南通时确认一下张謇、张詧先生是否已经收到原件，并看到了译文。

随信附上申克先生寄给我的、与蒋先生订票有关的电报费用清单，请在他临行前向他收取费用。

齐梅克先生的完整报告将在几天内送交大生。

Shanghai 21st. October 1920.

5

Mr. Y. M. Tseng

General Secretary Dah Sung Mills

<u>S H A N G H A I.</u>

Dear Mr. Tseng,

As arranged yesterday, a cablegram has been despatched repeating in code contents of your telegram, addressed to Mr. Kocher care Danielos Hamburg and requesting that they should inquire from the Berlin Office of B. & W. whether Mr. Kocher had made the arrangements as to terms of payment, in accordance with ~~the~~ your proposition (three equal instalments as customary) with the B. & W. Company.

I could not telegraph to Mr. Kocher himself, as according to a cablegram received by the Siemens China Company yesterday, he had left Germany for England, whence he will embark for the Far East via Canada on the 23rd of this month.

The only possible explanation I have for the delay in replying is that it has been omitted in your cablegram to put the word <u>care</u> after the name Kocher and that a stupid official at the telegraph office in Hamburg took the name Kocher as the registered cable address instead of " Danielos ". On the other hand there is only a very slight chance of this having been happened, as the cable address " D A N I E L O S " has been registered for over 45 years past and the Hamburg Office receives daily many cables under said address. In addition Mr. Kocher would have telegraphed again if the cablegram should not have reached him or it is possible that his reply addressed <u>directly</u> to Tungchow, might have gone astray at one of the Tungchow Offices ? Anyhow the answer to our yesterday's cable will enlighten us on the subject.

Very sincerely yours

W. Thiel

蒂尔致沈燕谋
关于锅炉付款方式及电报延迟回复原因的函

（1920 年 10 月 21 日）

昨天发出的一份电报，重复了您之前发给汉堡“Danielos”的高翕先生的电文内容，要求拔柏葛公司柏林办事处询问高翕先生是否已就付款方式作出安排，是否与您向拔柏葛公司提议的方案一致（按常规分三期付款）。

根据昨天从西门子洋行收到的电报，高翕先生已经离开德国前往英国，他将于本月 23 日从那里上船经加拿大前往远东，因此我无法给高翕先生本人发电报。

我对延迟回复的唯一可能的解释是，您的电报中没有在高翕的名字后面加上“care”一词，汉堡电报局的一个愚蠢的工作人员把注册电报地址写成“高翕”，而不是“Danielos”。另一方面，这种情况发生的可能性很小，因为“Danielos”电报地址已经登记超过 45 年了，汉堡办事处每天都收到上述地址下的许多电报。另外，如果电报没有送到高翕先生那里，他还会再打一份电报，或者他的回复可能直接发往南通的某个单位。不管怎样，对我们昨天电报的答复会使我们对这个问题有所了解。

4-1

-2-

first payment should be made

13, October

to be remitted to

Bankley & Co., Ltd., London

for

Babcock & Wilcox Ltd. London

Ing. E. Kocher

has

telegraphed direct to

H. E. Chang Chien

4th October.

The above telegram is dated November 23rd.

Further more we have the pleasure to inform you, that the turbines, according to latest informations from Berlin will be shipped in proper time, as stated in contract.

Yours faithfully,

SIEMENS CHINA CO.,

(Signed)

西门子洋行致大生沪所
关于首付款、汽轮机发货时间事宜的函

（1920年11月23日）

“首付款应于10月13日汇往伦敦班克利有限公司，代转至伦敦拔柏葛公司，高翕先生已于10月4日打电报给张謇先生。”

上述电报是11月23日发出的。

此外，我们很高兴地通知您，根据柏林的最新信息，汽轮机将按合同规定的时间发货。

SIEMENS CHINA CO.

SHANGHAI. November 26, 1920.

B. Nr. 5F30/Ha.

Dah Sung Cotton Spinning & Weaving Co.,

Nantung Building,

Present.

Dear Sirs:

Re: Turbogeneators & Boilers for Nantungchow:

Confriming conversation of today between your Secretary-General Mr. Tseng and our Engineer Mr. Hansen we herewith have pleassure to send you translation of the telegram received from our Headoffice in Berlin, reading as follows:

Nantungchow

two pc. turbogeneators

with

condensing-plants

all pipes within engineroom

airfitters

accesories

work proceed satisfactory

stonefitter

??(word missing)

four pc.

boilers

chaingrate stockers

superheaters

economisers

feedpumps

feedwatertank

including pipes

work has been started by

Babcock & Wilcox Ltd. London

西门子洋行致大生沪所关于汽轮机、锅炉事宜的函

（1920 年 11 月 26 日）

关于为南通提供汽轮机和锅炉的回信。

为确认贵所沈先生和我们的工程师汉森先生今天的谈话，我很荣幸地将柏林总公司发来的电报翻译件发给您，电文如下：

南通 2 台带冷凝装置的汽轮机、机房内所有管道、空气过滤器及其他附件，工作进展令人满意。

石子滤网、4 台锅炉、链栅式给煤器、过热器、省煤器、给水泵、给水箱及所有管道，这项工作已经由拔柏葛公司启动。

The Shanghai Commercial & Savings Bank, Ltd.

CABLE ADDRESS: "COMSAVBANK"

SHANGHAI, Dec 28th 1920

Dah Sung & Co.,

Shanghai

Dear Sirs,

In accordance with your request we have re-applied to

Bank of East Asia, Shanghai

to pay Barclay's Bank, London

for a/c of Bab'cock & Wilcox

the sum of Pounds Stg. fifteen thousand only (L 15,000-/-)

We understand that payment will be effected by

London Joint City & Midland Bank, London

Yours faithfully,

For THE SHANGHAI COMMERCIAL AND SAVINGS BANK, LIMITED.

Acting Mgr., Foreign Dept.

上海商业储蓄银行致大生沪所关于汇款事宜的函

（1920 年 12 月 28 日）

根据贵所要求，我们已重新向上海东亚银行提出申请，向拔柏葛公司在英国巴克莱银行的账户支付 15000 英镑，我们了解到该款项将由伦敦联合城市和米德兰银行拨付。

~~64~~ 73

April 28, 1921.

Messrs. Gaston, Williams & Wigmore,

22 Kiukiang Road,

Shanghai.

Gentlemen:

<u>Re Contract No. 1286</u>.

With reference to the reinforcing steel bars which we bought from you recently, payment has already been made. Will you please send us the godown delivery orders and customs passes at your earliest convenience so that we may take delivery of the goods without delay? Please issure separate orders so as to avoid mix-up of the different lots.

Faithfully yours,

For THE DAH SUNG COTTON SPINNING & WEAVING Co.

General Secretary.

YMT:CHW

大生沪所致美兴公司关于钢筋合同的函

（1921 年 4 月 28 日）

我们最近向贵方购买的钢筋，已经付款。请贵公司尽早寄来出库提货单和海关放行证，以便我方及时提货以免延误。出库提货单请分批发放，避免不同批次混淆。

6675

5月

May 7, 1921.

Messrs. Gaston, Williams & Wigmore,

22 Kiukiang Road,

Shanghai.

Attention: Mr. Sih Zung Yang.

Gentlemen:

We have had considerable trouble in taking delivery of the steel bars which we bought from you recently at some of the godowns. The chief trouble has been that bars of the desired size were piled under a heavy load of some other bars To do this kind ~~some~~ of sorting requires a considerable number of help hands, and the worst thing of all was that we could not get any at some of the godowns, particularly at O.S.K. Yangszepoo Wharf. We are writing to ask you if you will help us by either issuing another godown delivery order at some other place where the goods can be taken out without much difficulty or instructing your godown men to help us to do the sorting.

Anticipating the pleasure of having your prompt attention in this matter, we remain,

Faithfully yours,

For THE DAH SUNG COTTON SPINNING & WEAVING Co.

Y. M. TSENG.

General Secretary.

沈燕谋致美兴公司关于钢筋提货事宜的函

（1921 年 5 月 7 日）

我们最近向贵方购买的钢筋，在仓库里提货时，遇到相当大的困难。主要的问题是，特定尺寸的钢材被堆放在其他重型钢材下面。分拣出来需要大量的人手，而最糟糕的是，我们在这些仓库里找不到人手，在杨树浦码头情况特别严重。我们写信是想请求贵公司帮助我们，安排在操作简便的仓库提货，或者指示贵方仓库人员帮助我们分拣货物。

希望贵方能迅速关注此事。

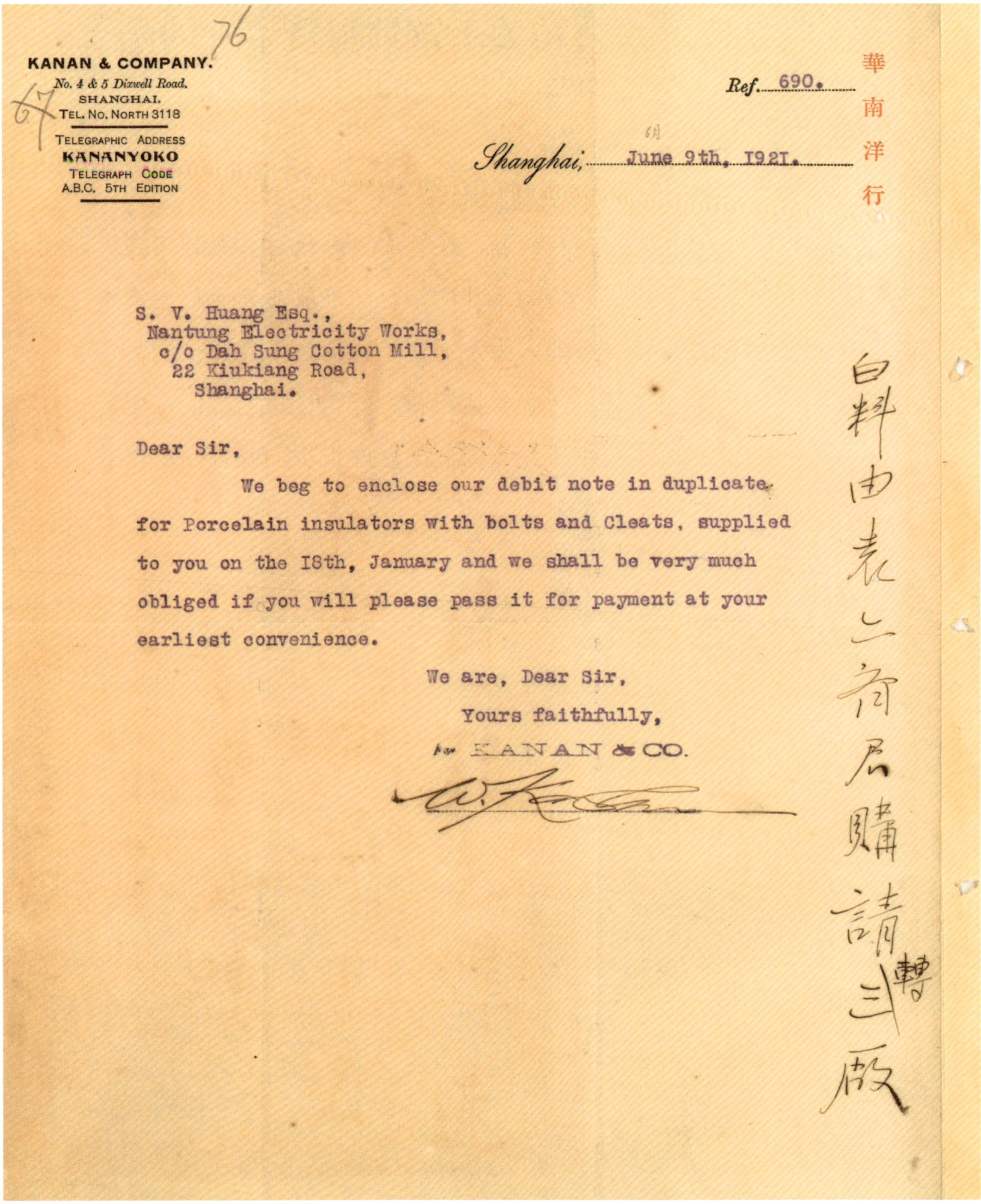

KANAN & COMPANY.
No. 4 & 5 Dixwell Road.
SHANGHAI.
TEL. NO. NORTH 3118

TELEGRAPHIC ADDRESS
KANANYOKO
TELEGRAPH CODE
A.B.C. 5TH EDITION

華南洋行

Ref. 690.

Shanghai, June 9th, 1921.

S. V. Huang Esq.,
Nantung Electricity Works,
c/o Dah Sung Cotton Mill,
22 Kiukiang Road,
Shanghai.

Dear Sir,

We beg to enclose our debit note in duplicate for Porcelain insulators with bolts and Cleats, supplied to you on the 18th, January and we shall be very much obliged if you will please pass it for payment at your earliest convenience.

We are, Dear Sir,
Yours faithfully,
for KANAN & CO.

白料由袁二爺局賬請轉三廠

华南洋行致黄友兰
关于陶瓷绝缘子付款事宜的函

（1921 年 6 月 9 日）

兹附上我方于 1 月 18 日向贵方提供的，有关带螺栓和夹具的陶瓷绝缘子的付款通知书一式两份。如贵方能尽早付款，不胜感激。

~~70~~ 79

8
August 25, 1921.

Messrs. Arnhold Brothers and Co.,
Arnhold Building,
Shanghai.

Attention: Mr. H. D. Wakelam.

Gentlemen:

Following up our conversation over the telephone the other day re reinforcing steel bars, we beg to inform you that so far we have not yet received the complete schedule which the writer promised to send you. Just now we are in urgent need of about 40 (say forty) tons of 1" square bars. If you could quote us ₮96 or less per ton base, we shall be pleased of you will send us first a delivery order and pass for 40 tons of 1" square bars sometime this afternoon or to-morrow. The complete schedule will be sent to you as soon as same shall be received here.

Faithfully yours,
For THE DAH SUNG COTTON SPINNING & WEAVING Co.
Y. M. TSENG
....
General Secretary.

YMT/CHW

沈燕谋致安利洋行关于钢筋事宜的函

（1921年8月25日）

前几天我们通过电话讨论钢筋问题后，到目前为止，我们还没有收到完整的明细表。我们现在急需40吨1平方英寸钢筋。如果贵方报价每吨不超过规元96两，请先给我们一份提货单，并在今天下午或明天向我方发货40吨1平方英寸钢筋。一旦我们收到完整的明细表，也将立即寄给您。

C1-4000-7-21.

ARNHOLD BROTHERS & Co., Ltd.
CHINA

69 78

TELEGRAPHIC ADDRESS "HARCHI."
TELEPHONE 5588 (5 LINES)

Shanghai, Aug. 25th, 1921.

ENGINEERING DEPARTMENT
CONSTRUCTION DIVISION

Messrs Dah Sung & Co.,
22, Kiukiang Road,
SHANGHAI.

Dear Sirs,

In reply to your letter of even date we have much pleasure in enclosing herewith a Delivery Order from The Reinforcing Steel Association for 40 tons of 1" Square Steel Bars.

Thanking you for your kind order.

We are, Dear Sirs,
Yours faithfully,

Enclosure:-
1 D/O.

AC/-

ALL COMMUNICATIONS TO BE ADDRESSED TO THE COMPANY AND NOT TO INDIVIDUALS.

安利洋行致大生沪所关于钢筋事宜的函

（1921 年 8 月 25 日）

兹复贵方同日来函，随函附上钢条公会寄来的 40 吨钢筋交货单一份。

感谢贵方的订货。

68 77

No. 21-389.

O 38-4000-8-21.

Shanghai, August 31st, 1921

Messrs. Dah Sung & Co.

Dr. to **ARNHOLD BROTHERS & CO., LTD.**

ENGINEERING DEPARTMENT.

CONSTRUCTION DIVISION

	Taels	Cts.
TO:-		
R.S.A. DELIVERY ORDER NO.O.114.		
1" Sq. CORRUGATED STEEL		
670 pieces 39'0" - 26130'0" x 3.43 - 89626 lbs		
Tls:96.00 per ton ex Godown	3841	11

Harold Wakeham

Paid September 3, 1921

E. & O. E.

ARNHOLD BROTHERS & CO., LTD.

PLEASE DEMAND A SEPARATE RECEIPT UPON PAYMENT

18

安利洋行螺纹钢发货单

（1921 年 8 月 31 日）

114 号发货单

1 平方英寸螺纹钢

670 根 39′ 0″ – 26130′ 0″ ×3.43-89626 磅

出仓价：规元 96 两每吨

总计规元 3841.11 两

September 2, 1921.

Messrs. Arnhold Brothers & Co.,
Arnhold Building,
Shanghai.

Attention: Mr. H.D.Wakelam.

Gentlemen:

We have for acknowledgment your statement No. 21-389 dated August 31, 1921. Enclosed please find a cheque for Taels three thousand eight hundred forty one and cents eleven (₮3841.11), in payment of 89626 lbs. of 1" square corrugated steel bars. Kindly acknowledge receipt of same.

Faithfully yours,
For THE DAH SUNG COTTON SPINNING & WEAVING Co.
Y. M. TSENG.
General Secretary.

One Enclosure.

YMT/CHW

沈燕谋致安利洋行关于螺纹钢付款的函

（1921 年 9 月 2 日）

我们已收到贵公司 1921 年 8 月 31 日第 21-389 号结算单。兹随函附上规元 3841.11 两支票一张，用于支付 89626 磅 1 平方英寸螺纹钢的款项，收到请惠告。

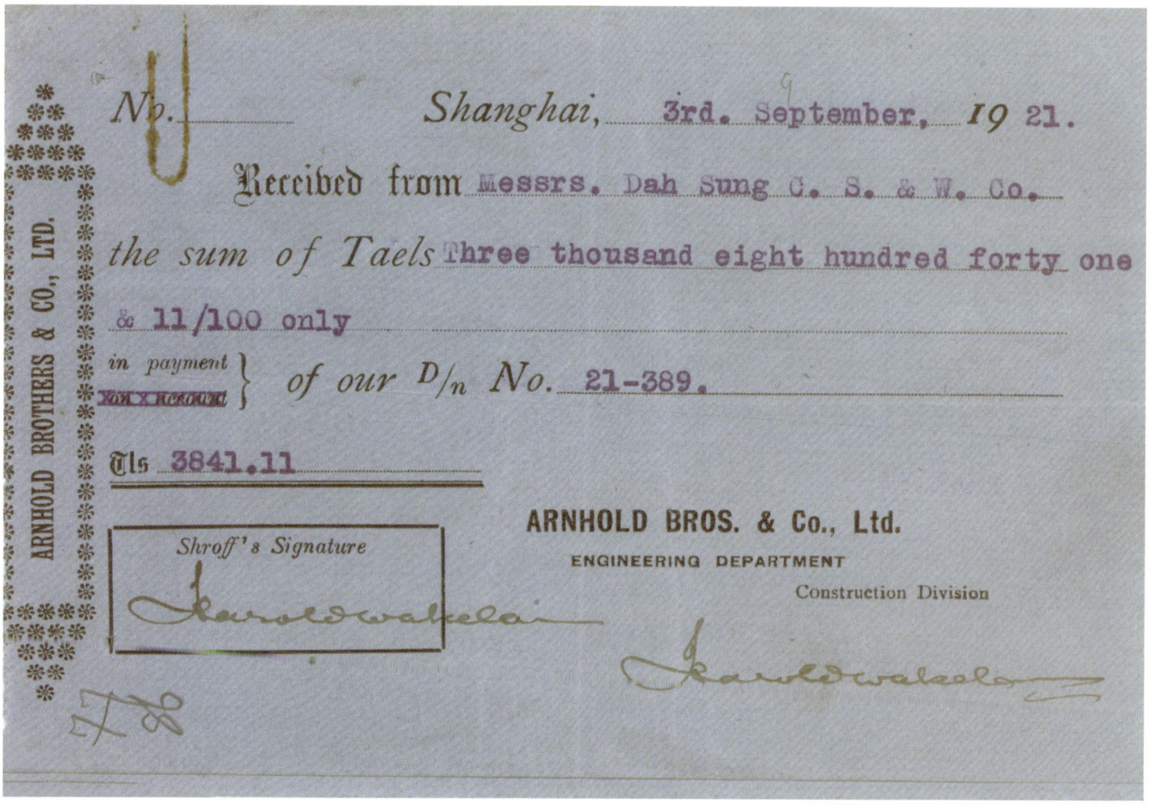

ARNHOLD BROTHERS & CO., LTD.

No.

Shanghai, 3rd. September, 1921.

Received from Messrs. Dah Sung C. S. & W. Co.

the sum of Taels Three thousand eight hundred forty one & 11/100 only

in payment } of our D/n No. 21-389.

Tls 3841.11

Shroff's Signature

ARNHOLD BROS. & Co., Ltd.

ENGINEERING DEPARTMENT

Construction Division

安利洋行开出的螺纹钢货款收据

（1921年9月3日）

1921年9月3日，收到来自大生沪所的规元3841.11两，用于支付我方第21-389号账单。

72 81

21-417

C 33-4000-8-21.

Shanghai, September 17th 1921

Messrs Dah Sung & CO.,

Dr. to **ARNHOLD BROTHERS & CO., LTD.**

ENGINEERING DEPARTMENT.

CONSTRUCTION DIVISION

	Taels	Cts.
TO :-		
R.S.A. DELIVERY ORDER NO. A43		
1" Square Corrugated steel		
335 bars 39'6"-20.0062 tons @ Tls 96.00 per ton	1920	60

E. & O. E.

ARNHOLD BROTHERS & CO., LTD.

PLEASE DEMAND A SEPARATE RECEIPT UPON PAYMENT

安利洋行螺纹钢发货单

（1921年9月17日）

A43号发货单

1平方英寸螺纹钢

335根 39′ 0″ - 20.0062吨

规元96两每吨

总计规元1920.60两

Memorandum

From

Dah Sung Cotton Spinning & Weaving Co.

Nantung Building, 22 Kiukiang Road

Shanghai, September 19, 1921

To

Messrs. Arnhold Brothers & Co.,

Present.

Attention: Mr. H. D. Wakelam.

Gentlemen:

We are in need of fifty tons of one inch square corrugated reinforcing steel bars. If you have them in stock, we shall be pleased to have your delivery order for same sometime this afternoon or to-morrow.

Faithfully yours,

For THE DAH SUNG COTTON SPINNING & WEAVING Co.

Y. M. TSENG

General Secretary.

件 83

沈燕谋致安利洋行关于购买螺纹钢的函

（1921 年 9 月 19 日）

我们需要 50 吨 1 平方英寸螺纹钢。如有现货，今天下午或明天请发提货单。

ARNHOLD BROTHERS & Co., Ltd.
7382 CHINA

TELEGRAPHIC ADDRESS "HARCHI."
TELEPHONE 5588 (5 LINES)

Shanghai, September 20th, 1921.

ENGINEERING DEPARTMENT.

CONSTRUCTION DIVISION.

Messrs. Dah Sung Cotton Spinning & Weaving Co.,
Nantung Building,
22 Kiukiang Road,
S h a n g h a i.

Dear Sirs,

We have to thank you for your letter of the 19th instant in which you place an order for 50 tons 1" square Reinforcing Steel Bars, and therefore take pleasure in enclosing The Reinforcing Steel Association's Delivery Order for that quantity.

The Steel Association has quoted us a special price of Tls.96.- per ton, base, and our invoice is also included herein at that amount, which we trust will meet with your approval.

Trusting that we may continue to be favoured with your orders,

We are, dear Sirs,

Yours faithfully,
Arnhold Bros & Co Ltd

Encls:

R.S.A. Delivery Order.
Invoice.

ESB:AL

ALL COMMUNICATIONS TO BE ADDRESSED TO THE COMPANY AND NOT TO INDIVIDUALS.

安利洋行致大生沪所关于钢筋价格的函

（1921 年 9 月 20 日）

收到贵公司本月 19 日来函，订购 50 吨 1 平方英寸钢筋，不胜感激，现随信附上该数量的钢条公会的提货单。

钢条公会报给我们的是每吨规元 96 两的特惠价格，我们的发票显示的也是这个价格，我们相信会得到您的认可。

希望能继续得到您的订单。

No. 21-437　　98

C 88-4000-8-21.

Shanghai, September 20th, 1921

Messrs. Dah Sung & Co.

Dr. to **ARNHOLD BROTHERS & CO., LTD.**

ENGINEERING DEPARTMENT.

CONSTRUCTION DIVISION

	Taels	Cts.
TO :-		
1" SQUARE CORRUGATED STEEL		
420 Bars 39'0" - 25.0824 tons @ 96.00 per ton	2407	91
409 Bars 40'0" - 25.0513 tons @ 96.00 per ton	2404	92
50.1337	4812	83

E. & O. E.

ARNHOLD BROTHERS & CO., LTD.

PLEASE DEMAND A SEPARATE RECEIPT UPON PAYMENT

安利洋行螺纹钢发货单

（1921 年 9 月 20 日）

1 平方英寸螺纹钢

420 根钢筋 39′ 0″ -25.0824 吨，规元 96 两每吨，合计规元 2407.91 两

409 根钢筋 40′ 0″ -25.0513 吨，规元 96 两每吨，合计规元 2404.92 两

总计规元 4812.83 两

~~75~~ 84

September 23, 1921.

Messrs. Arnhold Brothers and Company,

Arnhold Building,

Shanghai.

Gentlemen:

Enclosed please find a cheque for Shanghai Taels one thousand nine hundred twenty and cents sixty (1920.60), in payment for 335 pieces of 1" square corrugated steel bars as per your invoice No. 21-417. Kindly acknowledge receipt of same.

Faithfully yours,

For THE DAH SUNG COTTON SPINNING & WEAVING Co.

Y. M. TSENG.

General Secretary.

One Enclosure

YMT:CHW

沈燕谋致安利洋行关于螺纹钢付款的函

（1921 年 9 月 23 日）

随函寄上规元 1920.60 两的支票一张，支付贵方第 21-417 号发票 335 根 1 平方英寸螺纹钢货款，收到请惠告。

CI-4000-7-21.

ARNHOLD BROTHERS & Co., Ltd.

CHINA

76 88

TELEGRAPHIC ADDRESS "HARCHI."

TELEPHONE 5588 (5 LINES)

Shanghai, September 23rd, 1921.

ENGINEERING DEPARTMENT

CONSTRUCTION DIVISION

Messrs Dah Sung & Co.,
22, Kiukiang Road.
Shanghai.

Dear Sirs,

We beg to thank you for your two cheques dated 23/9/21 for Shanghai Taels 1920.60 and Taels 29.58 in payment of our Debit Note Nos. 21-417 and 21-416. Enclosed herewith please find our Receipts.

Thanking you for your favours.

We are, Dear Sirs,

Yours faithfully,

ALL COMMUNICATIONS TO BE ADDRESSED TO THE COMPANY AND NOT TO INDIVIDUALS.

安利洋行致大生沪所关于收到货款的函

（1921年9月23日）

感谢您1921年9月23日寄出的规元1920.60两和规元29.58两的两张支票，用以支付我方第21-417和21-416号账单。随函附上收据，请查收。

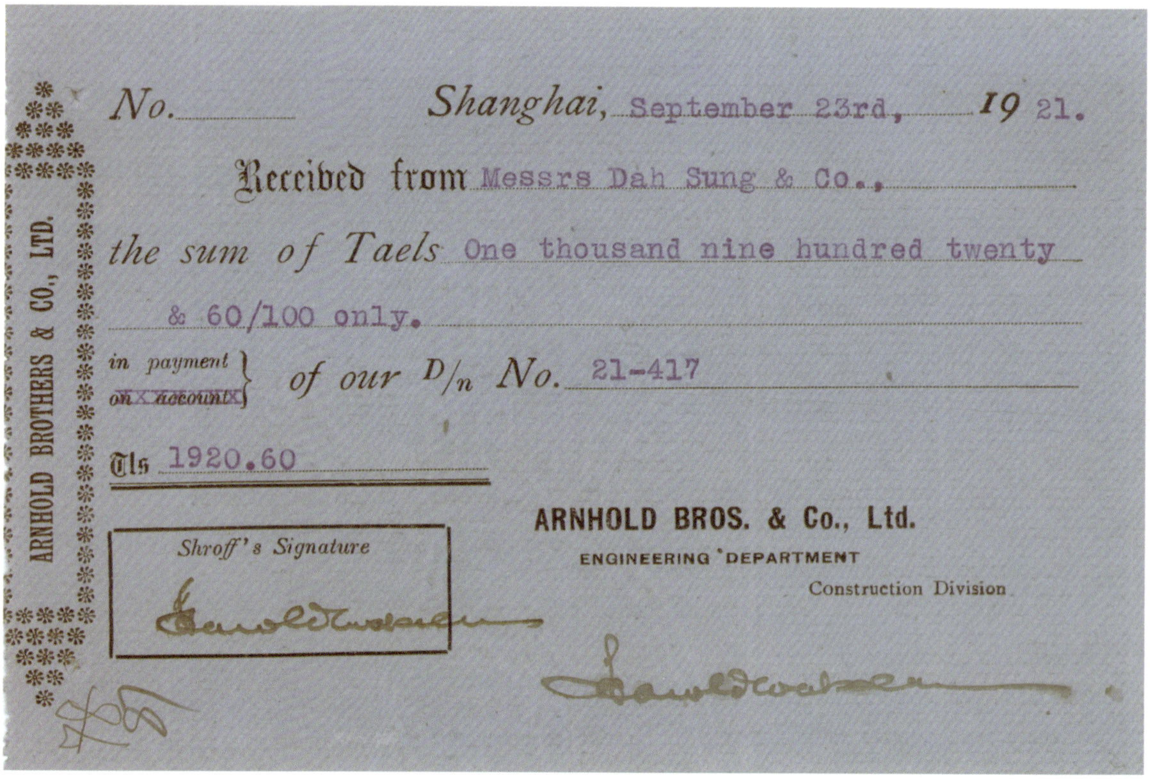

ARNHOLD BROTHERS & CO., LTD.

No. .... Shanghai, September 23rd, 1921.

Received from Messrs Dah Sung & Co.,

the sum of Taels One thousand nine hundred twenty

& 60/100 only.

in payment ~~on account~~ of our D/n No. 21-417

Tls 1920.60

Shroff's Signature

ARNHOLD BROS. & Co., Ltd.

ENGINEERING DEPARTMENT

Construction Division

安利洋行开出的螺纹钢货款收据

（1921 年 9 月 23 日）

1921 年 9 月 23 日，收到来自大生沪所的 1920.60 规元，仅用于支付我方第 21-417 号账单。

79 88

TELEGRAPHIC ADDRESS: "BABCOCK" SHANGHAI
S'HAI TELEPHONE NOS. 2631 & 2558

CODES USED:
A.B.C. 5TH EDN. LIEBERS.
ENGINEERING TELEGRAPH, 2ND EDN.
BENTLEYS

BABCOCK & WILCOX, LIMITED.

PATENT WATER-TUBE STEAM BOILERS

拔柏葛鍋爐公司

上海黄浦灘一號

GLASGOW MANCHESTER PARIS MILAN MADRID LISBON SYDNEY, N.S.W. MONTREAL
MEXICO JOHANNESBURG TOKYO CALCUTTA BOMBAY SHANGHAI MELBOURNE TORONTO.

WORKS: RENFREW, SCOTLAND.

HEAD OFFICES
ORIEL HOUSE, FARRINGDON ST.
LONDON, E.C.

1 THE BUND,
SHANGHAI.

Sept. 27th, 1921.

Messrs. Dah Sung Cotton Spinning & Wvg. Co.
Shanghai.

Dear Sirs,

S.O.1228 - NANTUNGCHOW BOILER PLANT

We are in receipt of your letter of the 26th inst., enclosing Demand Draft No.612 on the Guaranty Trust Co. of New York London (first and second of exchange) for the sum of £2900.0.0 (Two Thousand Nine Hundred Pounds Sterling) being second payment of our Invoices Nos.1481 and 1482 dated 20th September 1921.

We enclose herewith two endorsed Bills of Lading, two sets of shipping specifications and two Customs passes covering the supply of boiler and superheater materials shipped to Shanghai per s/s "Eumaeus" in connection with the above contract.

Trusting you will find these documents in order.

Yours faithfully,

BABCOCK & WILCOX LTD.

Thos. [illegible]

TH/LY.

拔柏葛锅炉公司致大生沪所有关付款事宜的函

（1921 年 9 月 27 日）

贵公司本月 26 日函已收悉，随函附上纽约伦敦信托公司第 612 号即期汇票一份（第一和第二联汇票），金额 2900 英镑，作为 1921 年 9 月 20 号第 1481 号和 1482 号发票的第二次付款。

随函附上与上述合同有关的，通过“欧墨鲁斯”号运至上海的锅炉和过热器材料的两份已背书的提货单、两套装运单和两份海关放行证。

相信您能准确找到这些文件。

~~82~~ 91

September 29, 1921.

Messrs. Babcock and Wilcox Ltd.,

1 The Bund,

Shanghai.

Gentlemen:

We enclose herewith duplicate demand draft on London for pound sterling fifty nine (£59.0.0) being second payment on 4 motors ordered by the Nantung Electricity Works. Kindly acknowledge receipt of same and send all shipping documents, Custom passes, etc., to our office so that same may be handed to the Nantung Electricity Works people without delay.

Faithfully yours,

For THE DAH SUNG COTTON SPINNING & WEAVING Co.

General Secretary.

P.S. - Henceforth please address us as Dah Sung Cotton Spinning and Weaving Co., not Dah Sung and Co. which is a separate firm.

YMT:CHW

沈燕谋致拔柏葛锅炉公司关于付款事宜的函

（1921年9月29日）

随函附上59英镑伦敦兑付的即期汇票一式两份，用于南通电厂订购的4台马达的第二次付款。收到后请告知，并将所有货运单据、海关放行证等寄至我处，以便尽快交付南通电厂。

附言：今后请将地址改为大生纺织公司，而不是大生公司，这是另外一个独立的公司。

84 93

TELEGRAPHIC ADDRESS: "BABCOCK" SHANGHAI
S'HAI TELEPHONE NOS. 2631 & 2558

CODES USED:
A.B.C. 5TH EDN. LIEBERS.
ENGINEERING TELEGRAPH, 2ND EDN.
BENTLEYS

BABCOCK & WILCOX, LIMITED.

PATENT WATER-TUBE STEAM BOILERS

拔柏葛鍋爐公司

上海黃浦灘一號

GLASGOW MANCHESTER PARIS MILAN MADRID LISBON SYDNEY, N.S.W. MONTREAL
MEXICO JOHANNESBURG TOKYO CALCUTTA BOMBAY SHANGHAI MELBOURNE TORONTO.

WORKS: RENFREW, SCOTLAND.

HEAD OFFICES
ORIEL HOUSE, FARRINGDON ST.
LONDON, E.C.

1 THE BUND,
SHANGHAI.
September 29th, 1921.

Messrs. Dah Sung Cotton
Spinning & Weaving Co.,
Shanghai.

Dear Sirs,

S.0.1228 - CONT.21895 - NANTUNGCHOW ELECTRIC STATION.

We beg to acknowledge receipt of your favour of to-day's date enclosing Demand Draft No.617 (first and second of exchange) on the Guaranty Trust Co. of New York, London, for the sum of £59.0.0. (Fifty Nine Pounds Sterling) being the second Payment of our Invoice No.1486 covering the supply of four motors etc., in connection with the above contract for which we wish to thank you.

We would advise you that the above material has already been delivered to you by Messrs. Siemens Schuckert Co. of Shanghai.

Yours faithfully,
BABCOCK & WILCOX, LTD.

TH:LS.

Thos. Hutchison

拔柏葛锅炉公司致大生沪所关于付款事宜的函

（1921 年 9 月 29 日）

南通电厂—— 装运单 1228，合同号 21895。

我们已收到贵公司今日信件所附伦敦纽约信托公司第 617 号即期汇票（第一和第二联汇票），共计 59 英镑，作为上述合同所属的 1486 号发票涉及的 4 台马达等的第二次付款，对此我们十分感谢。

我们谨通知您，上述材料已由德国西门子电气公司交付给贵方。

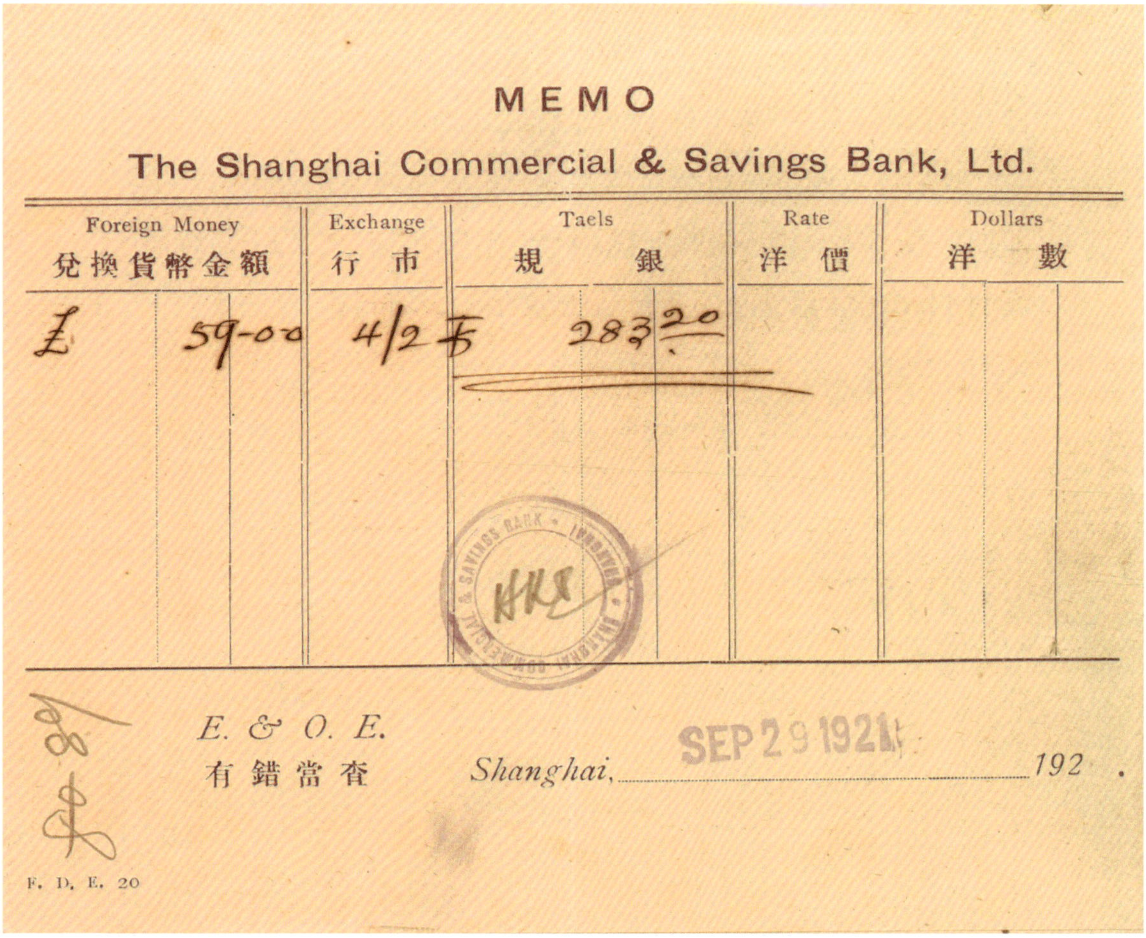

MEMO

The Shanghai Commercial & Savings Bank, Ltd.

Foreign Money 兌換貨幣金額	Exchange 行市	Taels 規銀	Rate 洋價	Dollars 洋數
£ 59-00	4/2 ⅝	283.20		

E. & O. E.
有錯當查

Shanghai, SEP 29 1921 192 .

F. D. E. 20

上海商业储蓄银行兑换单

（1921 年 9 月 29 日）

规元 283.20 两兑 59.00 英镑。

85 94

TELEGRAPHIC ADDRESS: "BABCOCK" SHANGHAI
S'HAI TELEPHONE NOS. 2631 & 2558

CODES USED:
A.B.C. 5TH EDN. LIEBERS.
ENGINEERING TELEGRAPH, 2ND EDN.
BENTLEYS

BABCOCK & WILCOX, LIMITED.

PATENT WATER-TUBE STEAM BOILERS

拔柏葛鍋爐公司

上海黃浦灘一號

GLASGOW MANCHESTER PARIS MILAN MADRID LISBON SYDNEY, N.S.W. MONTREAL
MEXICO JOHANNESBURG TOKYO CALCUTTA BOMBAY SHANGHAI MELBOURNE TORONTO.

WORKS: RENFREW, SCOTLAND.

HEAD OFFICES
ORIEL HOUSE, FARRINGDON ST.
LONDON, E.C.

1 THE BUND,
SHANGHAI.

3rd October, 1921

Messrs. The Dah Sung Cotton
Spinning & Weaving Co.,
Shanghai.

Dear Sirs,

S.O.1228 - Contract 21895
For Nantungchow Electric Power Station

We have pleasure in enclosing our Delivery Order No.650 and Invoice No.1499 in duplicate covering the supply of 212 boiler tubes and shall be glad if you will arrange settlement of £1166.13.4 (One thousand one hundred & sixty six pounds thirteen shillings four pence) at your earliest convenience.

Yours faithfully,
BABCOCK & WILCOX, LTD
Thos. Hutchison

TH/AS

拔柏葛锅炉公司致大生沪所关于锅炉管材账单事宜的函

（1921 年 10 月 3 日）

南通电厂—— 装运单 1228，合同号 21895。

随函附上 212 根锅炉管材的第 650 号提货单和第 1499 号发票，均一式两份，如贵方能尽早结清 1166 英镑 13 先令 4 便士，不胜感激。

TELEGRAPHIC ADDRESS: "BABCOCK" SHANGHAI
S'HAI TELEPHONE NOS. 2631 & 2558

CODES USED:
A.B.C. 5TH EDN. LIEBERS.
ENGINEERING TELEGRAPH, 2ND EDN.
BENTLEYS

BABCOCK & WILCOX, LIMITED.

PATENT WATER-TUBE STEAM BOILERS

拔柏葛鍋爐公司

上海黃浦灘一號

GLASGOW MANCHESTER PARIS MILAN MADRID LISBON SYDNEY, N.S.W. MONTREAL
MEXICO JOHANNESBURG TOKYO CALCUTTA BOMBAY SHANGHAI MELBOURNE TORONTO.

WORKS: RENFREW, SCOTLAND.

HEAD OFFICES
ORIEL HOUSE, FARRINGDON ST.
LONDON, E.C.

1 THE BUND,
SHANGHAI.

October 5th, 1921.

Messrs. The Dah Sung Cotton Mill
Shanghai.

Dear Sirs,

S.O.1228 - CONT.21895 - NANTUNGCHOW ELEC.POWER STATION

With further reference to your letter of the 29th ult. regarding four motors delivered to you by Messrs. Siemens Schuckertwerke, we have pleasure in enclosing herewith one shipping specification covering same for your information.

Yours faithfully,

BABCOCK & WILCOX LTD.

Thos. Hutchison

TH/LY.

拔柏葛锅炉公司致大生沪所关于马达发货的函

（1921 年 10 月 5 日）

南通电厂—— 装运单 1228，合同号 21895。

回复您上月 29 日来信。随函附上一份德国西门子电气公司发给贵方的 4 台马达的装运单。

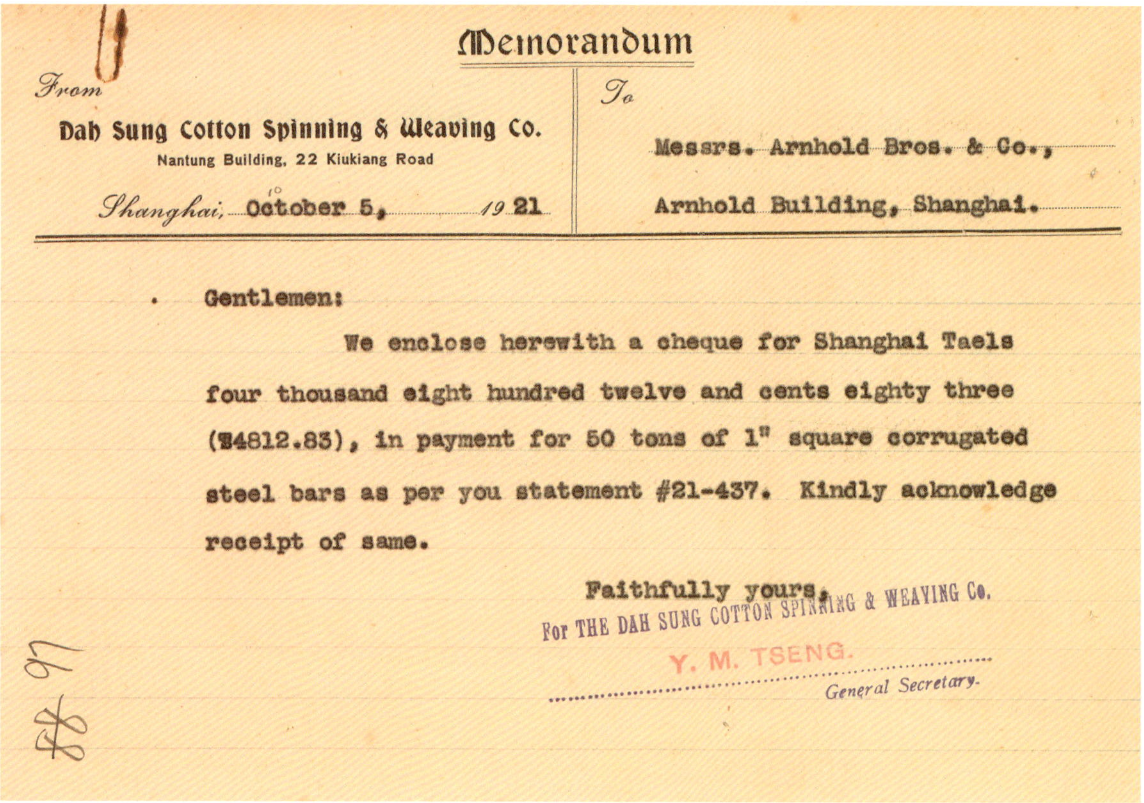

Memorandum

From

Dah Sung Cotton Spinning & Weaving Co.
Nantung Building, 22 Kiukiang Road

Shanghai, October 5, 1921

To

Messrs. Arnhold Bros. & Co.,
Arnhold Building, Shanghai.

Gentlemen:

We enclose herewith a cheque for Shanghai Taels four thousand eight hundred twelve and cents eighty three (T4812.83), in payment for 50 tons of 1" square corrugated steel bars as per you statement #21-437. Kindly acknowledge receipt of same.

Faithfully yours,
For THE DAH SUNG COTTON SPINNING & WEAVING Co.
Y. M. TSENG.
General Secretary.

沈燕谋致安利洋行
关于螺纹钢付款事宜的函

（1921 年 10 月 5 日）

接贵公司第 21-437 号账单，随函奉上规元 4812.83 两支票一张，用以支付 50 吨 1 平方英寸螺纹钢货款。收到请惠告。

90 99

October 5, 1921.

Messrs. Babcock and Wilcox, Ltd.,

1 The Bund,

Shanghai.

Gentlemen:

We have for acknowledgment your letter of October 3, your delivery order No. 650, and Invoice No. 1499 in duplicate covering the supply of 212 boiler tubes. Herewith we enclose a deposit receipt in your name for one thousand one hundred sixty six pounds thirteen shillings four pence (£1166.13.4), in payment for the above. Kindly acknowledge receipt of same.

Faithfully yours,

For THE DAH SUNG COTTON SPINNING & WEAVING Co.

Y. M. TSENG.

General Secretary.

YMT:CHW

沈燕谋致拔柏葛锅炉公司关于锅炉管材付款事宜的函

（1921年10月5日）

我们已经收到贵公司10月3日来函，内含212根锅炉管材的650号提货单和第1499号发票，均一式两份。随函附上以您名义开具的存款凭证一份，金额1166英镑13先令4便士，用以支付上述货款，收到请惠告。

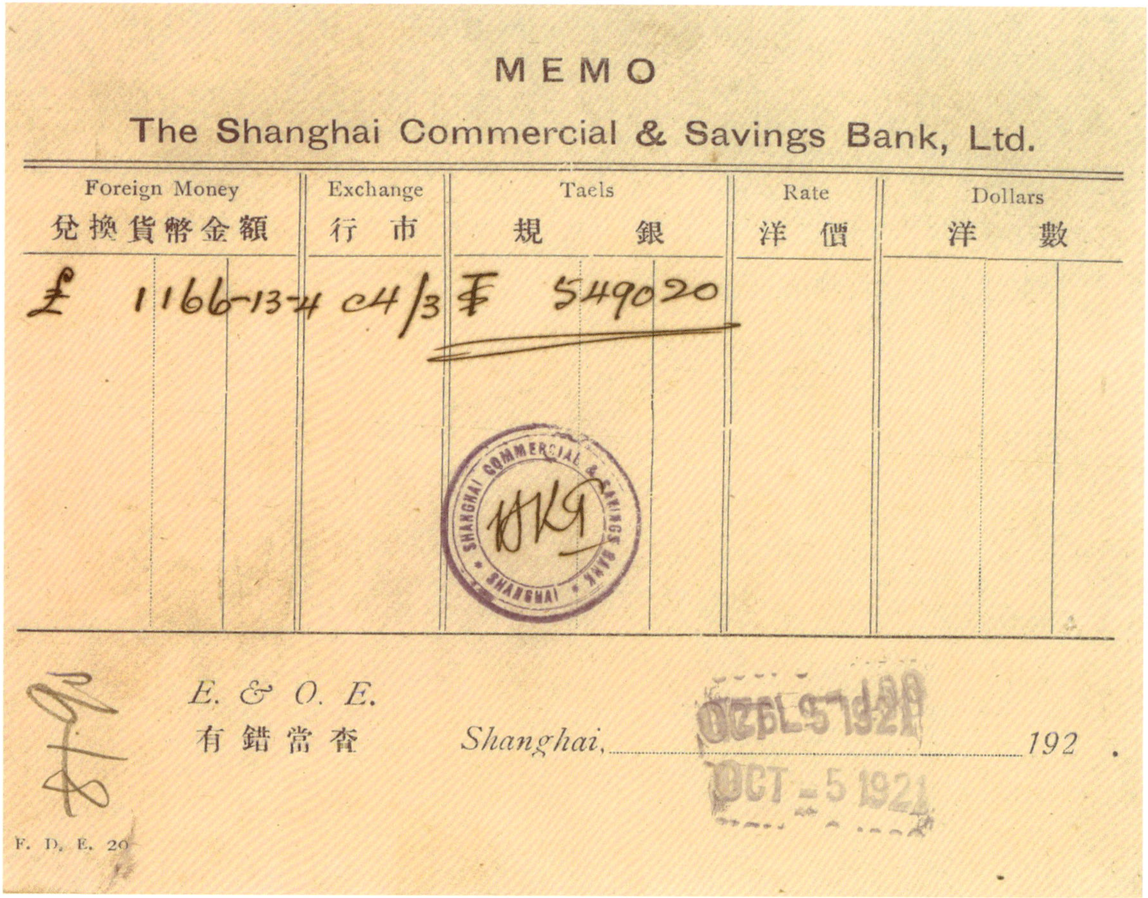

MEMO

The Shanghai Commercial & Savings Bank, Ltd.

Foreign Money 兌換貨幣金額	Exchange 行市	Taels 規銀	Rate 洋價	Dollars 洋數
£ 1166-13-4	c4/3	𝔗 549020		

E. & O. E.
有錯當查

Shanghai, OCT - 5 1921 192 .

F. D. E. 20

上海商业储蓄银行兑换单

（1921 年 10 月 5 日）

规元 5490.20 两兑 1166 英镑 13 先令 4 便士。

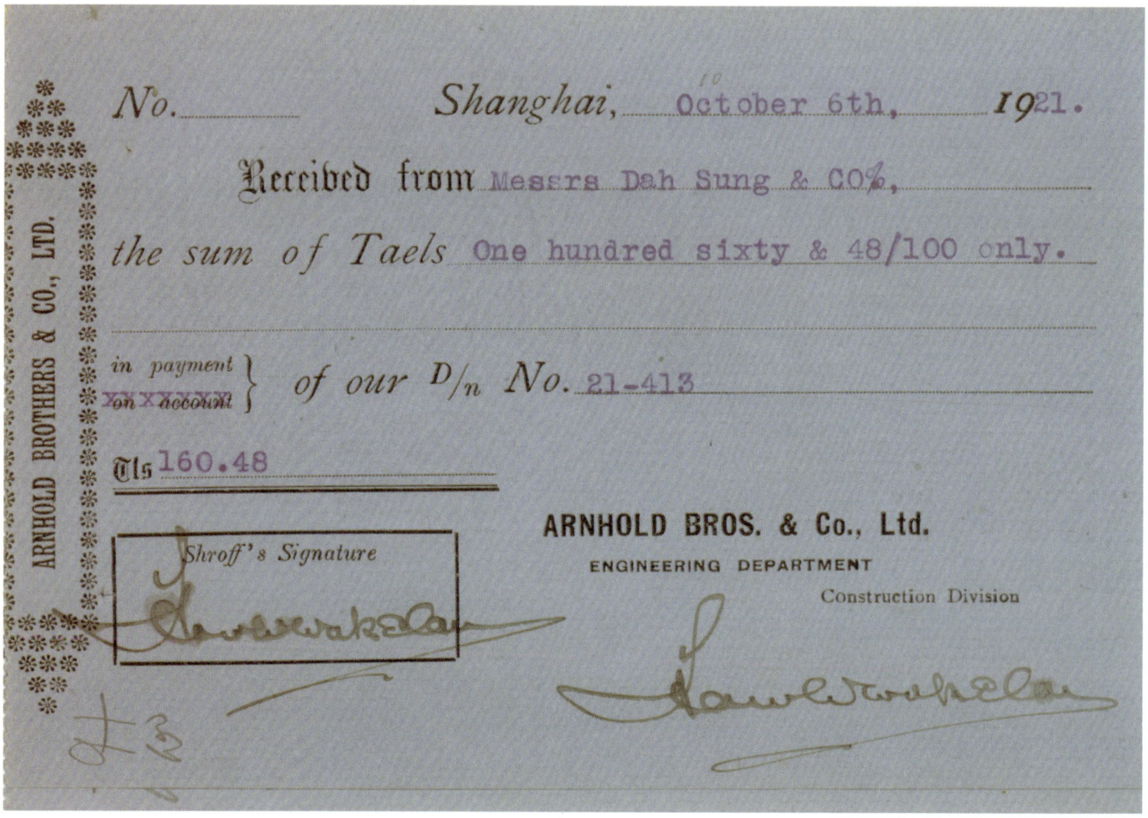

ARNHOLD BROTHERS & CO., LTD.

No. Shanghai, October 6th, 1921.

Received from Messrs Dah Sung & CO%,

the sum of Taels One hundred sixty & 48/100 only.

in payment } of our D/n No. 21-413

~~on account~~

Tls 160.48

Shroff's Signature

ARNHOLD BROS. & Co., Ltd.

ENGINEERING DEPARTMENT

Construction Division

安利洋行开出的货款收据

（1921年10月6日）

1921年10月6日，收到大生沪所规元160.48两，用于支付我方第21-413号账单。

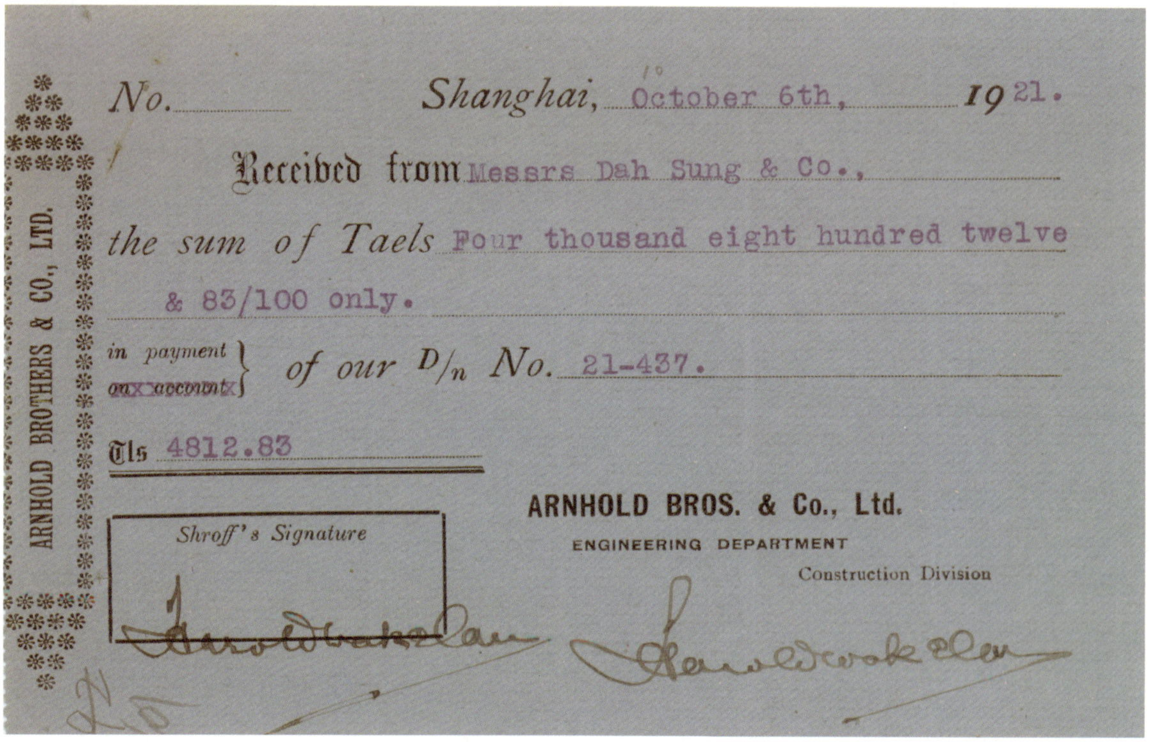

ARNHOLD BROTHERS & CO., LTD.

No. Shanghai, October 6th, 1921.

Received from Messrs Dah Sung & Co.,

the sum of Taels Four thousand eight hundred twelve & 83/100 only.

in payment ~~on account~~ of our D/n No. 21-437.

Tls 4812.83

Shroff's Signature

ARNHOLD BROS. & Co., Ltd.

ENGINEERING DEPARTMENT

Construction Division

安利洋行开出的螺纹钢货款收据

（1921 年 10 月 6 日）

1921 年 10 月 6 日，收到大生沪所规元 4812.83 两，用于支付我方第 21-437 号账单。

C1-4000-7-21.

ARNHOLD BROTHERS & Co., Ltd.
CHINA

TELEGRAPHIC ADDRESS "HARCHI."
TELEPHONE 5588 (5 LINES)

Shanghai, October 6th, 1921.

ENGINEERING DEPARTMENT

CONSTRUCTION DIVISION

Messrs Dah Sung & Co.,
22, Kiukiang Road.
Shanghai.

Dear Sirs,

We beg to thank you for your two cheques dated October 15th, 1921 for Shanghai Taels 160.48 and Taels 4812.83 in payment of our Debit Notes Nos. 21-413 and 21-437. Enclosed herewith please find our Receipts.

Thanking you for your favours.

We are, Dear Sirs,

Yours faithfully,

Enclosures:-
2 Receipts.

ALL COMMUNICATIONS TO BE ADDRESSED TO THE COMPANY AND NOT TO INDIVIDUALS.

安利洋行致大生沪所关于收到货款的函

（1921 年 10 月 6 日）

感谢贵方于 1921 年 10 月 15 日开出的，分别为规元 160.48 两和规元 4812.83 两的两张支票，用以支付第 21-413 和 21-437 号账单。随函附上收据，请查收。

TELEGRAPHIC ADDRESS: "BABCOCK" SHANGHAI
S'HAI TELEPHONE NOS. 2631 & 2558

CODES USED:
A.B.C. 5TH EDN. LIEBERS.
ENGINEERING TELEGRAPH, 2ND EDN.
BENTLEYS

BABCOCK & WILCOX, LIMITED.

PATENT WATER-TUBE STEAM BOILERS

拔柏葛鍋爐公司

上海黃浦灘一號

GLASGOW MANCHESTER PARIS MILAN MADRID LISBON SYDNEY, N.S.W. MONTREAL
MEXICO JOHANNESBURG TOKYO CALCUTTA BOMBAY SHANGHAI MELBOURNE TORONTO.

WORKS: RENFREW, SCOTLAND.

HEAD OFFICES
ORIEL HOUSE, FARRINGDON ST.
LONDON, E.C.

1 THE BUND,
SHANGHAI.
October 12th, 1921.

Messrs. Dah Sung & Co., Ltd.,
Shanghai.

Dear Sirs,

S.O. 1228 - CONTRACT 21895
NANTUNGCHOW ELECTRIC POWER STATION.

We are in receipt of your letter dated October 5th, enclosing a deposit receipt for One Thousand One Hundred and Sixty Six Pounds Thirteen Shillings and Four Pence (£1166.13.4.) being an amount which you have paid in our name to the Shanghai Commercial & Savings Bank in settlement of our Invoice No.1499 and we would thank you for same.

Yours faithfully,

BABCOCK & WILCOX, LTD.

Thos. Hutchison

TH:LS.

拔柏葛锅炉公司致大生沪所关于收款事宜的函

（1921 年 10 月 12 日）

南通电厂—— 装运单 1228 号，合同号 21895。

我们收到贵方 10 月 5 日来函，附上 1166 英镑 13 先令 4 便士的付款收据，支付给上海商业储蓄银行，以结清我方第 1499 号发票。不胜感激。

~~99~~ 109

The China Merchants' Steam Navigation Company's

Hongkew, Eastern & Yang Kah Du Wharves.

Shanghai, October 13th. 1921.

Messrs Dah Sung Cotton Spinning & Weaving Co., Ltd.,
No.22 Kiukiang Road.

Dear Sirs,

The small packages of Machinery etc. which were discharged into Lighters by the s.s. "Malaya" at our Eastern Wharf, and subsequently, with the aid of the Floating Steam Crane, taken from Lighters and loaded into Junks. This work was carried out Sunday last and as per the Wharf Tariff, and your promise to meet this charge, we beg to hand you our Debit Note No.2593 for Sunday Work plus Tls.100.- for towage as detailed. In all Tls.250.75. We shall thank you for settlement by return as we are called upon to liquidate Debit Notes sent us from the New Engineering Works and very greatly oblige,

Yours faithfully,

F. A. Harris

General Manager.

轮船招商局致大生沪所有关设备接卸账单的函

（1921 年 10 月 13 日）

小型设备已由停靠在招商局华栈的“马来亚”号轮船过驳，再借助蒸汽浮吊从驳船上卸下，装进舢板。这项工作是在上个星期日进行的，根据码头运价和您承诺的费用，兹寄上这项工作的第 2593 号账单，另加规元 100 两作为拖船费，总计规元 250.75 两。瑞镕船厂要求结算这些账单，敬请回复，不胜感激。

No. 2593. Shanghai, October 13th. 1921.

~~100~~ 110

Messrs Dah Sung Cotton Spining & Weaving Co., Ltd.,

22 Kiukiang Road.

招商局華棧

Dr. to China Merchants S. N. Co.'s Eastern Wharf.

		@	Taels.	C.
	To delivering from Lighters at Wharf to Native Junks with the use of Floating Steam Crane, One half Extra Charge for working on Sunday as per Wharf Tariff:			
2	P'kges. 1 - 2 Tons each	2.25	4	50
10	" Machinery 2 - 3 " "	4.50	45	00
9	Cases " 3 - 4 " "	7.50	67	50
3	" Tubes 4 - 5 " "	11.25	33	75
	To hire of Tow Boat to tow the Floating Crane from point to point.		100	00
		Tls.	250	75

招商局华栈的运输账单

（1921年10月13日）

使用蒸汽浮吊从码头经驳船运送到自备的舢板上，按码头运价计算，周日工作加收一半费用。

2件1—2吨的包裹，运费单价规元2.25两，总计规元4.5两。

10件设备，每件2—3吨，运费单价规元4.5两，总计规元45两。

9箱设备，每箱3—4吨，运费单价规元7.5两，总计规元67.50两。

3箱管材，每箱4—5吨，运费单价规元11.25两，总计规元33.75两。

租用驳船将浮吊从一个作业点拖到另一个作业点，计规元100两，总计规元250.75两。

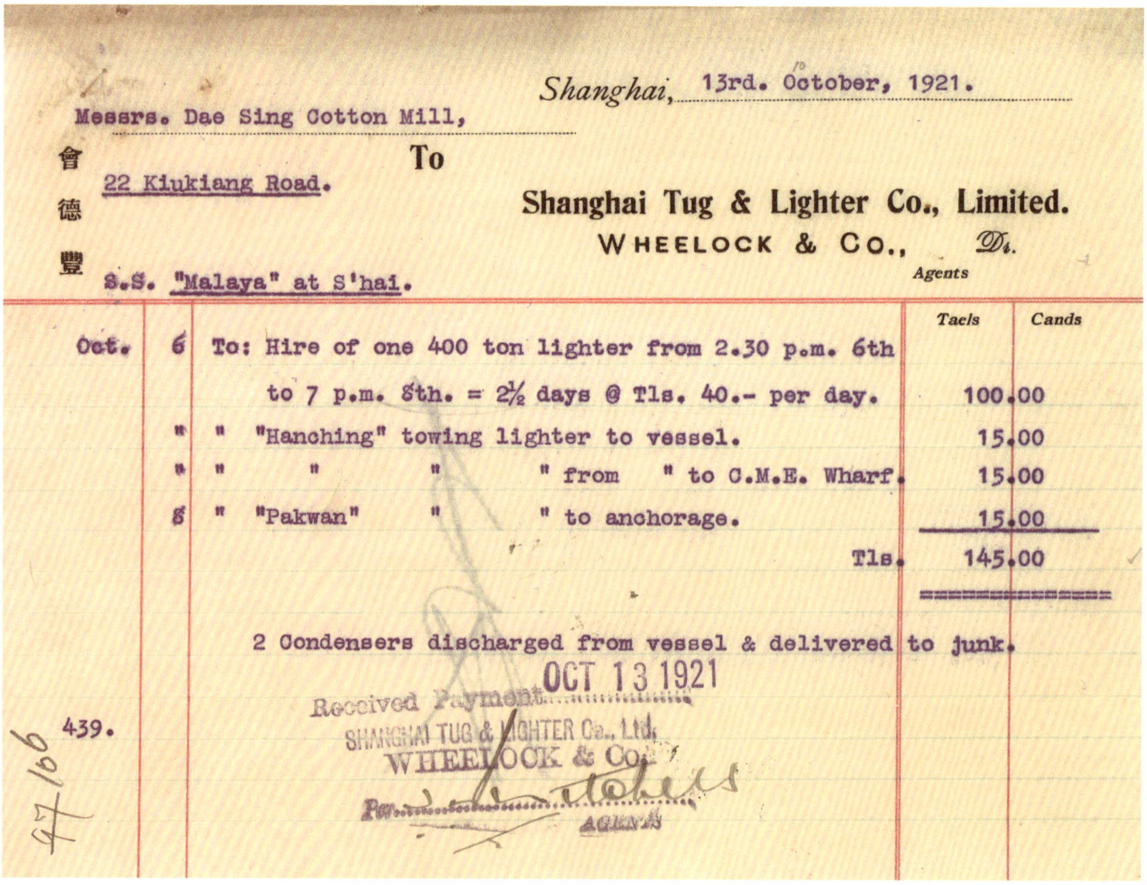

Shanghai, 13rd. October, 1921.

Messrs. Dae Sing Cotton Mill,

22 Kiukiang Road.

To

Shanghai Tug & Lighter Co., Limited.

會德豐 WHEELOCK & CO., Dr.

Agents

S.S. "Malaya" at S'hai.

			Taels	Cands
Oct.	6	To: Hire of one 400 ton lighter from 2.30 p.m. 6th to 7 p.m. 8th. = 2½ days @ Tls. 40.- per day.	100	00
	"	" "Hanching" towing lighter to vessel.	15	00
	"	" " " " from " to C.M.E. Wharf.	15	00
	8	" "Pakwan" " " to anchorage.	15	00
		Tls.	145	00

2 Condensers discharged from vessel & delivered to junk.

439.

Received Payment OCT 13 1921

SHANGHAI TUG & LIGHTER Co., Ltd.

WHEELOCK & Co.

Per ......

AGENTS

会德丰驳船行的租赁单

（1921 年 10 月 13 日）

关于租用一艘 400 吨的驳船，从 6 日下午 2:30 到 8 日下午 7 点，共 2 天半，每天规元 40 两，合计规元 100 两。

“Hanching”号拖轮拖驳船至海轮，规元 15 两。

“Hanching”号拖轮拖驳船至码头，规元 15 两。

“Pakwan”号拖轮拖驳船至卸货锚地，规元 15 两。

总计费用规元 145 两。

2 台冷凝器从海轮上卸下并转运至舢板上。

SINTOON OVERSEAS TRADING CO., LTD.
SHANGHAI

電

DUPLICATE

INVOICE

Shanghai, November 22, 1921.

Messrs. Dah Sung Cotton Spinning
& Weaving Co.,
Present.

Dr. to Sintoon Overseas Trading Co. Ltd.

Quantity	Description	Price	Amount
50 tons	Slick type reinforcing Bars	₮84.00 per ton	₮4200.00.
	T O T A L :		₮4200.00.

E. & O. E.

For the SINTOON OVERSEAS TRADING CO., LTD.

P. B. Sze

新通贸易公司50吨钢筋的发票

（1921年11月22日）

数量	货物描述	单价	合计
50吨	光圆钢筋	规元84两每吨	规元4200两
总价	规元4200两		

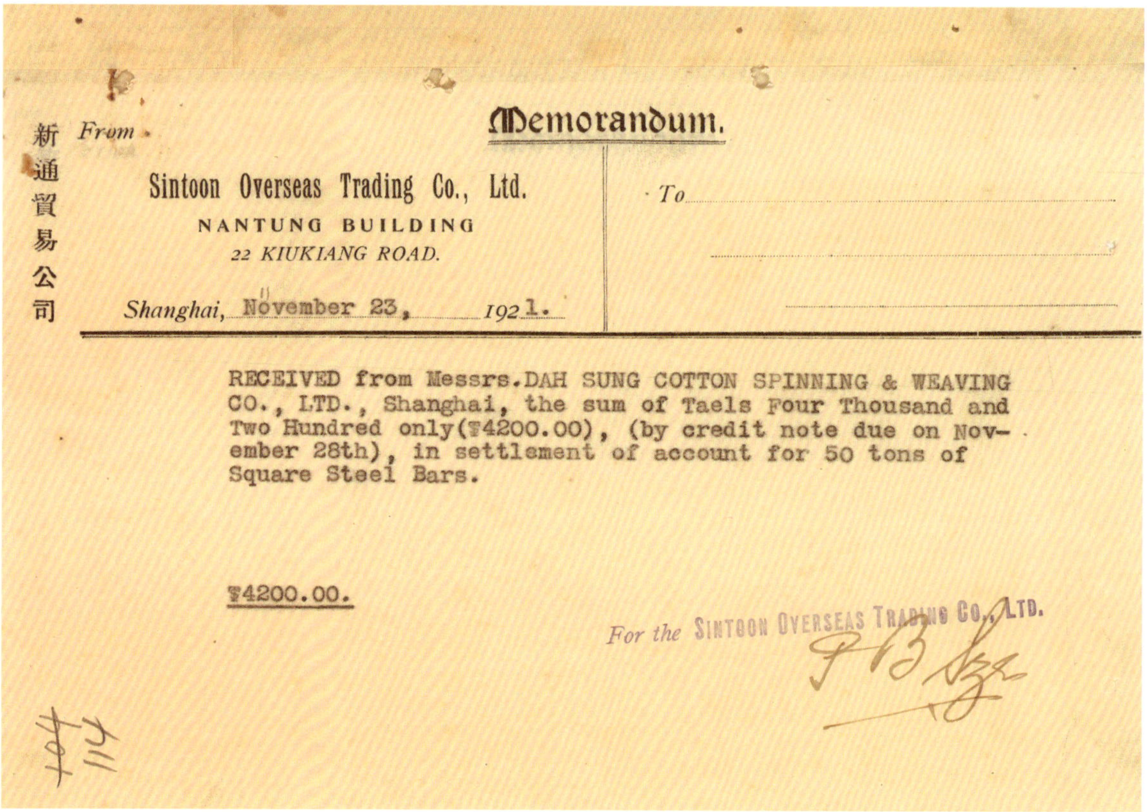

新通貿易公司

From

Memorandum.

Sintoon Overseas Trading Co., Ltd.

NANTUNG BUILDING

22 KIUKIANG ROAD.

Shanghai, November 23, *192*1.

To

RECEIVED from Messrs. DAH SUNG COTTON SPINNING & WEAVING CO., LTD., Shanghai, the sum of Taels Four Thousand and Two Hundred only (T4200.00), (by credit note due on November 28th), in settlement of account for 50 tons of Square Steel Bars.

T4200.00.

For the SINTOON OVERSEAS TRADING CO., LTD.

新通贸易公司开出的钢筋货款收据

（1921 年 11 月 23 日）

兹收到大生沪所规元 4200 两，结清 50 吨钢筋货款。

~~106~~
116

December 1, 1921.

Messrs. Babcock and Wilcox Ltd.,

1 The Bund,

Shanghai.

Gentlemen:

We were in receipt of your letter of November 29, and same has been forwarded to the Nantung Electricity Works for action.

We beg to take this occassion to notify you that the "Nantung Electricity Works"is an individual en-terprice in itself and has nothing to do with us. While we may make payment to you on their behalf as we have done several times in the past, we can only do so after we have received ins-tructions from either our president or our head office in Nantungchow.

Henceforth please address all communications relating to the Electric Power Station direct to the Nantung Electricity Works. Their office in Nantungchow is in the Hwei Hai Industrial Bank Building. Mr. S. V. Huang is the Engineer and Manager of the Works, this probably being already known to you.

Faithfully yours,

For THE DAH SUNG COTTON SPINNING & WEAVING Co.

I. M. TSENG

General Secretary.

YMT:CHW

沈燕谋致拔柏葛锅炉公司有关修改通讯地址的函

（1921 年 12 月 1 日）

我们收到贵公司 11 月 29 日来函，已转给南通电厂工程处。

我们谨借此机会通知贵公司，“南通电厂”是一家独立的企业，与我们无关。虽然我们可以代表他们向贵公司付款，就像我们过去做的几次那样，我们也只有在接到总理或大生纺织公司的指示后才能这样做。

今后，所有与电厂有关的通信，请直接寄往南通电厂。他们在南通的办公地点是淮海实业银行大楼。黄友兰先生是工程师兼厂长，这一点贵公司可能已经知道了。

95 104

Telegraphic Address, "BABCOCK," SHANGHAI
SH.AI Telephone No 2631.

CODES USED
A.B.C 4th & 5th Edns A.I. Liebers.
Engineering Telegraph 2ND EDN

拔柏葛魏閣司有限公司

Babcock & Wilcox, Limited,

Patent Water-Tube Steam Boilers.

GLASGOW · MANCHESTER · LISBON · MILAN · MADRID · SYDNEY. N.S.W. · MONTREAL · TORONTO.
MEXICO · JOHANNESBURG · TOKYO · CALCUTTA · BOMBAY · SHANGHAI · MELBOURNE.

TRADE MARK. TRADE MARK.

Works; RENFREW, SCOTLAND.
HEAD OFFICES,
ORIEL HOUSE, FARRINGDON ST
LONDON, E.C.4.

1, THE BUND,
SHANGHAI,
December 6th, 1921.

Messrs. Dah Sung Cotton
Spinning & Weaving Co.
Shanghai.

Dear Sirs,

We would acknowledge your letter of the 1st December and would thank you for same.

We notice that the "Nantung Electricity Works" is an individual enterprise in itself and that it has nothing to do with your goodselves, but that you are unable to pay on their behalf without receiving instructions from the above people or your head office in Nantungchow.

As requested we will in future address all communications relating to the Electric Power Station direct to Nantung Electricity Works at Nantung, addressed to the Hwei Hai Industrial Bank Building.

We would thank you for this information and will give

105

3000/70165/6/21 E.F.

拔柏葛鍋爐公司 BABCOCK & WILCOX, LIMITED, SHANGHAI.

- 2 -

this matter our attention in the future.

Yours faithfully,

BABCOCK & WILCOX, LTD.

Thos. Hutchison

TH/LY.

拔柏葛锅炉公司致大生沪所有关修改通讯地址的函

（1921 年 12 月 6 日）

我已收到贵所 12 月 1 日来函，谢谢。

我们注意到“南通电厂”是一个独立企业，与贵所无关。在没有收到南通电厂或大生纺织公司指示的情况下，贵所是无法代其付款的。

根据要求，今后与南通电厂有关的所有通信，我们将寄往淮海实业银行大楼。

感谢贵所提供的信息，今后我们会注意此事。

附录

涉天生港电厂人物与机构简介

张謇

张謇（1853—1926），字季直，号啬庵，生于江苏海门常乐镇。清末状元、实业家、教育家、社会变革家，被誉为民营企业家的先贤和楷模。1895 年在南通筹建大生纱厂，1899 年 5 月 23 日大生纱厂开车纺纱。以大生纱厂为基础，张謇在南通建成以棉纺织业为主，涵盖盐垦、金融、交通等行业的工业体系。张謇在兴办实业的同时，倡导并赞助教育，从事慈善和公益事业，是中国早期现代化的开拓者。为天生港电厂的创始人。

张詧

张詧（1851—1939），字叔俨，号退庵、退翁，为张謇的三兄。1902 年，张詧从江西辞官，协助张謇在南通从事实业、教育、慈善和公益事业，是张謇在南通进行现代化探索的重要助手。协助张謇创办天生港电厂。

吴寄尘

吴寄尘（1873—1935），名兆曾，字缙云，中年改字寄尘（季诚），别号味秋，江苏丹徒人。林兰荪病逝前张謇征询继任者人选，林推荐外甥吴寄尘。吴寄尘 1912 年担任大生驻沪事务所所长，直至 1935 年逝世，期间大生企业经历繁盛到衰落，吴寄尘为大生企业的资金调度多方奔走。张謇视吴寄尘为“真有休戚相关，临难不却之忠者”。大生驻沪事务所负责天生港电厂建设资金的调拨和设备物料的采购。

沈燕谋

沈燕谋（1891—1971），字绳祖，号南村，江苏南通人。祖父为大生纱厂筹办人之一的沈敬夫。曾任大生纺织公司董事、大生三厂经理。天生港电厂筹建期间，沈燕谋为大生沪所职员。

李升伯

李升伯（1896—1985），名登魁，浙江上虞人。实业家。1922 年留学美国，在宾夕法尼亚纺织学院攻读纺织工程。1925 年，大生一厂的债权人上海银团派李升伯到南通，考察大生企业的实际情况，寻求解决债务问题的方案。李升伯制定了一个在大生一厂不破产的基础上的厂务改革计划，其中包括设立天生港电厂减轻动力费用。之后李升伯担任一厂经理。1931 年，在李升伯的力主下，大生董事会通过规建电厂的计划，并与上海银团达成协议，重启天生港电厂建设。

张孝若

张孝若（1898—1935），名怡祖，江苏南通人，张謇之子。1920 年 1 月，淮海实业银行成立，任总经理。同年，南通自治会成立，担任主任理事。天生港电厂筹建的经费，由南通自治会发行地方公债筹集。天生港电厂筹建时期的通讯地址为淮海实业银行南通总行，淮海实业银行也是天生港电厂的开户银行。

黄锡蕃

黄锡蕃（1889—1988），字友兰，江苏常州人。早年就读于上海南洋中学，1913年毕业于上海邮传部工业专门学校（交通大学前身）；同年，受交通部派遣赴美国通用电气公司（GE公司）纽约总厂当试验生。1915—1916年美国俄亥俄州立大学进修，结业获硕士学位。回国后，先后在上海交通大学、南通纺织学校任教。1920年任上海宝成纱厂电气工程师和常州纱厂总工程师。1921年应邀来南通，曾任南通大生纱厂副厂原动部主任、南通通明电气公司总工程师、天生港电厂厂长兼工程师。

高翕

高翕（E. KOCHER），也译为孔赫，德国人。机械兼电气工程师。1919年，身为西门子洋行工程师的高翕，接受张謇的邀请，担任天生港电厂的顾问，并受张謇委托，赴欧洲考察和购置电厂所用设备。

高观四

高观四（1893—1985），名鉴，江苏南通人，大生纱厂筹办人之一高清的长子。建筑家。1919年毕业于北洋大学土木工程系。1919年大生三厂开工建设，高观四参与建造。1921年，作为南通建筑公司南通营业主任的高观四，从事天生港电厂（南通电厂）工程的设计和建设。南通建筑公司后改名“上海扬子建业公司”，1933年受委托承担天生港电厂土木工程设计和建设，高观四驻厂主持。天生港电厂全部基建工程于1934年完成，该年冬天发电。

大生第一纺织公司

1895年，张之洞委任张謇总理通海一带商务，张謇开始筹备大生纱厂。大生系张謇取自《周易·系辞》中“天地之大德曰生”，厂址位于南通城西北唐闸。1899年5月23日正式开车纺纱。大生纱厂原始资本44.51万两，其中官股25万两，以官方的纺纱设备作价入股，官股不论盈亏逐年提取8厘的官利，不参与经营管理。商股19.51万两中，地方公款4.19万两。张謇任总理，设立进货出货董事、厂工董事、杂务董事、银钱账目董事，分管各主要部门。拟制《厂约》，并制定各部门章程。1905年注册，定名“大生纺织公司”。1907年开第一次股东会，设立董事局，下设会计所、考工所、营业所、庶务所和驻沪事务所。1922年改称“大生第一纺织公司”。1924年10月至12月，债权人南通张得记、东源、顺康、永昌林等钱庄，组织维持会经营。1925年，中国、交通、金城、上海等四家银行，以及永丰、永聚钱庄等债权人，组织银行团接管大生各厂。大生第一纺织公司由李升伯任经理。1926年，向永金公司押借34万两，将大生八厂收回自营，大生八厂成为大生第一纺织公司副厂。1921年开始建设的天生港电厂（初名“南通电厂”），于1934年12月发电。1938年1月，大生董事会与德商蔼益吉厂订立质押合同，以订购的发电机、锅炉未付17.2万英镑为由，将大生一厂、副厂、电厂及三厂的土地、房屋建筑物、工作物、机器定着物及一切动产，抵押给对方，打起“德商蔼益吉中华电机厂远东机器公司经理大生纺织公司”的招牌，向德国领事馆注册备案，并聘请德籍经理，钮满任一厂、副厂和电厂经理。大生第一纺织公司挂牌“德商远东机器公司经理大生第一纺织公司”。1939年3月被日军强占，实行“军管理”，隶属江北兴业公司。大生第一纺织公司改称“江北兴业公司钟渊纺厂江北第二厂”，副厂改称“江北第一厂”。1943年7月“发还”，由陈葆初出面经营。抗战胜利后，国民政府派洪兰友、陆子冬到上海大生总管理处，于1945年9月15日组织“一、三两公司临时管理委员会”，接收大生各企业，到11月上旬结束。1945年12月29日复工。1946年大生第一纺织公司召开股东会，选举新的董事、监察人和经理，张敬礼任经理，李云良任常驻监察人。1951年12月，大生第一纺织公司实行公私合营。

大生沪所

大生沪所，是对大生企业驻沪办事机构的统称。大致在1896年3月中旬，筹建中的大生纱厂设立大生上海公所，暂寓上海福州路广丰洋行内。主要职能是资金的筹措、与上海道和江海关沟通、购买机器物料、成品的销售、银两的汇兑、往来人员的接待等。光绪二十三年（1897）十月搬入天主堂街31号，并改称“大生沪帐房”。之后搬迁至裕源批发所、印书公所、通海花业公所、紫来街、南太平码头、小东门外等处。1907年大生纱厂召开第一次股东常会，议决将“沪帐房”改名“大生驻沪事务所”。1920年，位于上海九江路的南通大厦落成，大生驻沪事务所迁入办公。1930年，迁至南京路保安坊上海女子商业储蓄银行大楼4楼。1936年，大生第一纺织公司和第三纺织公司董事会组织大生总管理处，下属各厂只负责生产，其他诸如进出货、人员任免、薪酬发放等决定权均归大生总管理处。1945年9月15日，大生第一纺织公司和第三纺织公司召开董监联席会议，议决设立临时管理委员会，代行大生总管理处职权。1946年7月，设立大生上海联合事务所。1951年，改名称为“大生第一、第三纺织公司上海联合事务所”，1953年撤销。天生港电厂筹建时期，大生沪所代为购置设备和物料，垫支费用。

中英文名词对照表

人物

中文	英文
张詧	Chang Cha
张謇	Chang Chien
张孝若	Chang Chien Junior
蒋先生	Chiang
蒂尔	E. H. Thiel
高翕 / 孔赫	E. Kocher
汉森	Hanson
朱利叶斯 · 丹尼尔森	Julius Danielsen
韦克拉姆	H. D. Wakelam
霍尼斯堡	Honigsberg
申克	Schink
谢德曼	Scheidemann
黄友兰	S. V. Huang
韦德哈瑟	Wedehase
吴寄尘	Woo
沈燕谋	Y. M. Tseng
齐梅克	Zimek

机构

中文	英文
蔼益吉电机制造厂	A. E. G. (Allgemeine Elektrizitätsgesellschaft)
茂生洋行	American Trading Company
慎昌洋行	Andersen, Meyer & Co. Ltd.
安利洋行	Arnhold Brothers(Bros) & Co. Ltd.
德国机械工程协会	Association of German Machinery Constructions Works
拔柏葛锅炉公司	Babcock & Wilcox, Ltd.
东亚银行	Bank of East Asia
班克利有限公司	Bankley & Co., Ltd.
卜内门洋碱有限公司	Brunner Mond & Co.
招商局华栈	China Merchants' S. N. Co.'s Eastern Wharf
轮船招商局	China Merchants' Steam Navigation Company
华商电气股份有限公司	Chinese Electric Power Co.
大生纺织公司	Dah Sung Cotton Spinning &Weaving Co.
大生沪所	Dahsung Shanghai
大生公司	Dah Sung & Co.
施华蔻公司	F. BLACKHEAD & Co.
施华蔻公司	F. SCHWARZKOPF & Co.
美兴公司	Gaston, Williams & Wigmore Inc.
英国通用电气公司	General Electric Co. of China
纽约伦敦信托公司	Guaranty Trust Co. of New York London
淮海实业银行	Hwei Hai Industrial Bank Building
美国奇异电器公司	International General Electric Co. Inc
纽约伦敦欧文国家银行	Irving National Bank of New York London
华南洋行	Kanan & Company

中文	英文
瑞镕船厂	New Engineering Works
钢条公会	Reinforcing Steel Association
大来洋行	Robert Dollar Company
上海商业储蓄银行	Shanghai Commercial & Savings Bank. Ltd.
上海驳船拖船公司 / 会德丰驳船行	Shanghai Tug& Lighter Co., Limited
西门子洋行	Siemens-China Company.
德国西门子电气公司	Siemens-Schuckert Werke, G. m. b. H
新通贸易股份有限公司	Sintoon Overseas Trading Co., Ltd
电车公司	Tramway Company
南通实业	Tungchow Industrial Enterprises
美国西屋公司	Westinghouse Co. of America

地点及其他

中文	英文
远东	Far East
汉堡	Hamburg
南市	Nantao
南通	Nantungchow
杨树浦码头	O.S.K Yangszepoo Wharf
因斯布鲁克	S. S. Insbruck
天生港	Tien Seng Kong
唐家闸	Tong Ka Sha
开普敦号	Capetown Maru
欧墨鲁斯号	Eumaeus
马来亚号	Malaya

新闻报道

募集县公债之动议

张啬公提议募集县自治公债二百万元，俾购置公共汽车、创办玻璃厂、电厂等各项公用，已由自治会议决付审查。其利息定周年六厘，二十年还本，将来动募之法，拟大区七万、小区三万云。

（1920年11月26日《申报》）

电厂建设事宜

电厂建设事宜现由新聘来通之德国工程师担任筹画，其经费则由张退啬二公暂措，俟地方公债募集足额后归还。闻已向德国订购四千匹马力电机，全部预计明年五月运到。

（1921年1月13日《通海新报》）

南通电厂之进行

张退啬二公近有南通电厂之规划，刻正积极进行，闻电机、锅炉合同共计美金三十万二千元、英镑四万五千镑，约合国币八十万元，已付款五分之二。兹将该厂进行程序探录如下：三月动工，五月电机到，六月引擎室建筑竣工、动手装机，七月锅炉管子到通，八月厂屋完工、装锅炉，十一月全部机器装毕，十二月试机，民国十一年一月开始送电。

（1921年3月3日《新闻报》）

电机已到

唐闸区天生港电厂应用之机器由申运至，近共载有三船，已经先后抵港，刻正将各件搬运登岸，安置厂内云。

（1921 年 10 月 25 日《通海新报》）

公债改入电厂

南通地方公债计数二百万元，兹经县自治会议决，改拨电厂。惟查发行期内领票而未缴款者甚多，刻已由文书部通函各户，限阳历年内措交现银，换取电厂新票，以清手续云。

（1921 年 12 月 30 日《通海新报》）

南通电厂之近闻

南通商务之发达，近年来有增无已，而电厂之建设已刻不容缓，县自治会已有议案，为公共营业之一。续因募集南通公债，数未能足，只募得洋六十万元，即划归南通电厂股本建筑厂屋。现在工程将届圆满，闻外洋所购之锅炉各件已分运到厂，闻正在装置中云。

（1922 年 1 月 7 日《通海新报》）

电厂开幕有期

南通自治会，鉴于地方工业渐兴，颇需要电气，以资运用，爰集资就天生港建筑电厂，自去春兴工以来，现已将次告竣，所购西门子厂三千二百基罗华特机，拔勃克厂汽管、锅炉等件，早已运到，刻正分别装置，约夏历四月间开始送电，闻该厂营业预算，每年可盈五百万元。

（1922 年 3 月 14 日《申报》）

电厂工程之近闻

南通自治会以地方工业渐兴，颇需电气，以资运用，爰集资就天生港建筑特〔电〕厂，自去春兴工，现已将次告竣，所购西门子厂三千二百基罗华特机、拔勃克厂汽管锅炉等件早已运到，刻正分别装配，约夏历四月间开幕，闻营业预算每年可赢五百万元云。

（1922年3月21日《通海新报》）

南通自治会开会纪

县自治会于今午（三十一）召集理事暨各股委员开联席会议，计到十九人，由张理事长孝若主席，当即起立发言，略谓本会之组织，原为全县优秀分子共谋振兴地方自治事业起见，去秋因灾歉影响，经费万分支绌，致会务稍形停顿，刻各处大倡恢复县议会，反对者亦属不少。本会应仍抱初衷，积极进行云云。次公决事项如下：

（一）实行裁员减薪。凡无事可办之各股，应即停止；

（二）关于城砖收支账款，请易耆卿审查；

（三）地方公债改换电厂股票，应赶速清结；

（四）环城马路由工程股即日雇工整理；

（五）越城新市场地基由费范九、高观四、薛郢生代各房主向台营局领照，克期兴工；

（六）理事会定明日（一号）下午二时举行。

（1922年4月2日《申报》）

化验处主任辞职

张啬菴前以本县工业渐兴，需用化学试验者甚多，爰设立工业化验处，聘德人罗德伟博士为主任，数年来提炼棉油硬油等类，并代规划天生港电厂、曹达厂化验室等，成绩昭著，兹闻博士另有他就，张坚留不获，已准予辞职矣。

（1922 年 7 月 2 日《申报》）

收抚溃兵之情形

二十六晨六时，忽有清淮班小轮装运自江阴溃败之二师兵士三排，计七十人，由李光甫及谭某二排长统率抵天生港，拟拢岸添煤，编制出发。通海镇署据驻港军官报告后，即派一五二团赵团长及警备队孙管带带领士兵二营，驰往该港接洽收编事宜。溃兵排长李光甫所率之四十五名情愿缴械受编，惟谭排长所统率之兵，恃有陆路大炮，颇有跃跃欲试之概。斯时情势陡变，赵团长拟用武力解决，溃兵究以人数不多，始行就范，当缴有陆路炮两尊，快枪四十五杆，手枪二十五支，又子弹三万颗。该溃兵现收容于天生港电厂内，听候遣送回籍。张镇守使于二十七日，委任赵团长为沿江各港收容溃兵司令，卢知事以驻港兵士防卫得力，特犒赏面粉、鲜豚，藉酬劳绩。

（1925 年 1 月 30 日《申报》）

黄友兰将赴日本参观电气会

南通大生副厂工程师黄友兰，往日本参观大阪电气博览会，并奉张啬老之命，调查日本最新电厂之建设及其他实业。黄君昨已到沪，将于十八日乘“上海丸”往日云。

（1926 年 4 月 17 日《新闻报》）

南通县地方公债

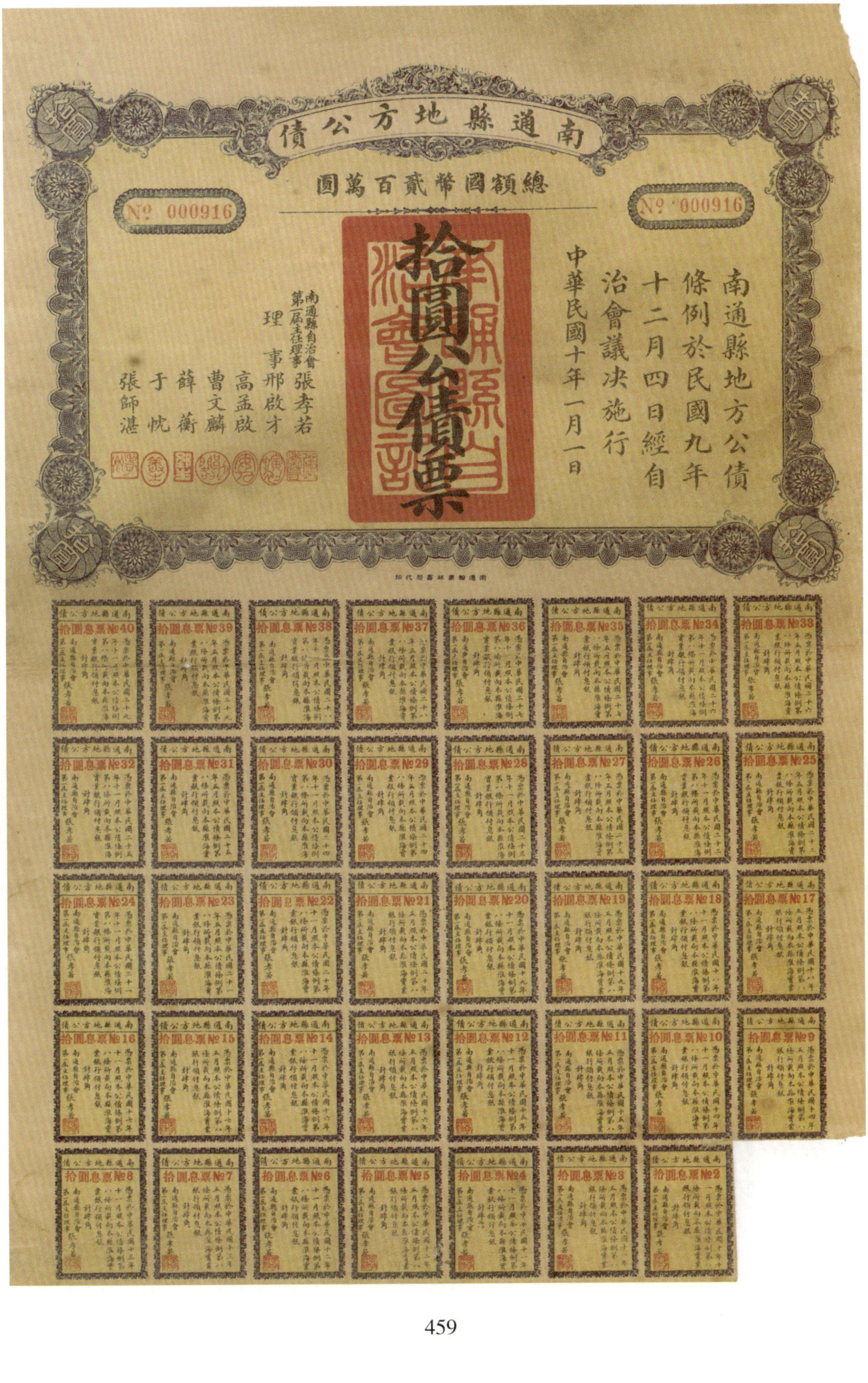
南通縣地方公債
總額國幣貳百萬圓
№ 000916
№ 000916
拾圓公債票
南通縣地方公債
條例於民國九年
十二月四日經自
治會議決施行
中華民國十年一月一日
南通縣自治會
第一屆主任理事 張孝若
理事 邢啟才
高孟啟
曹文麟
薛蘅
于忱
張師湛

附录

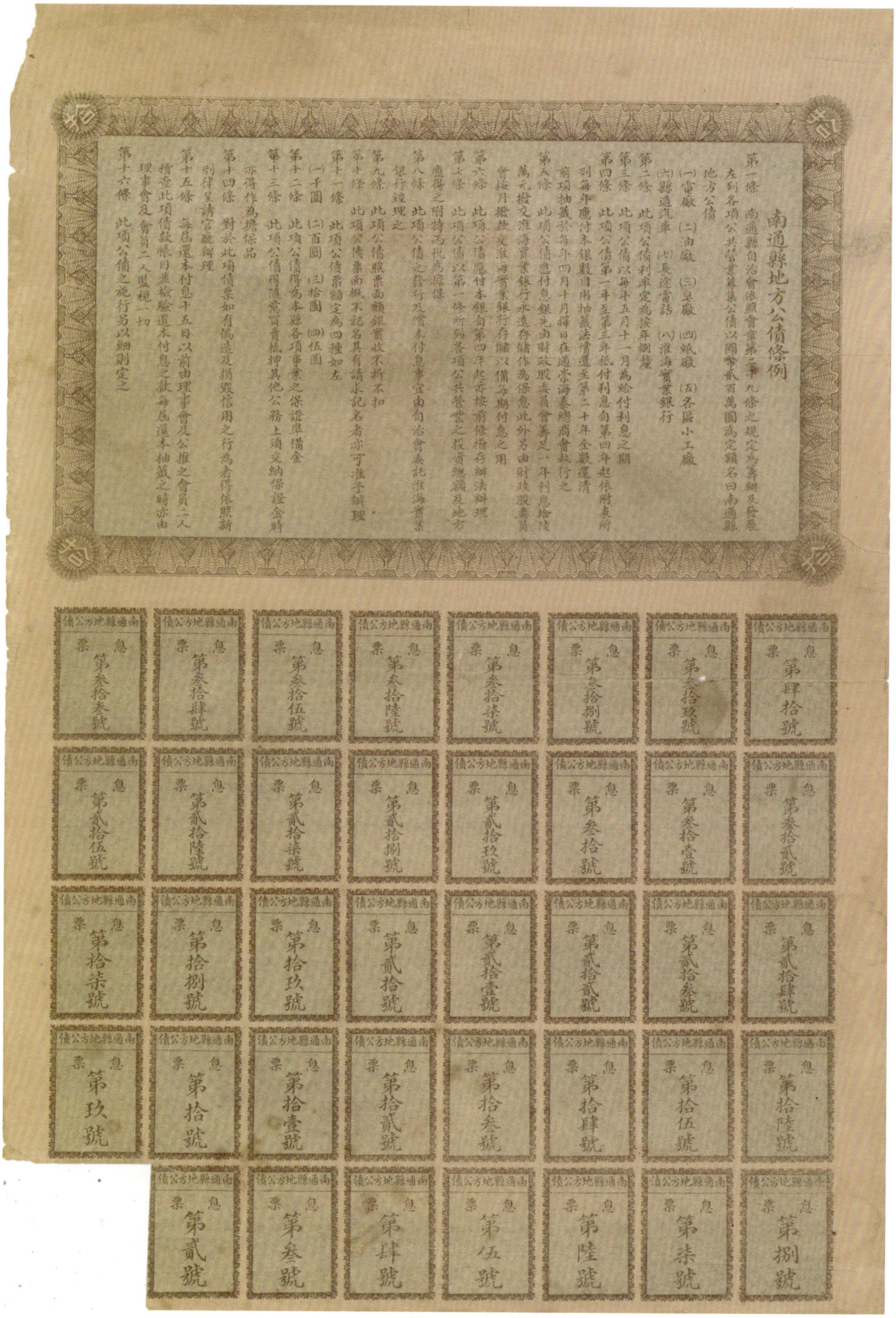

拾

南通縣地方公債條例

第一條　南通縣自治會依照會章第二十九條之規定為籌辦及發展左列各項公共營業募集公債以國幣貳百萬圓為定額名曰南通縣地方公債

(一)電廠　(二)油廠　(三)皂廠　(四)紙廠　(五)各區小工廠

(六)縣道汽車　(七)長途電話　(八)淮海實業銀行

第二條　此項公債利率定為按年捌釐

第三條　此項公債以每年五月十一月為給付利息之期

第四條　此項公債第一年至第三年祇付利息自第四年起依附表所列每年應付本銀數目用抽籤法償還至第二十年全數還清

前項抽籤於每年四月十月擇日在通崇海泰總商會執行之

第五條　此項公債應付息銀先由財政股委員會籌足一年利息拾陸萬元撥交淮海實業銀行永遠存儲作為保息此外另由財政股委員會按月撥款交淮海實業銀行存儲以備每期付息之用

第六條　此項公債應付本銀自第四年起亦按前條存儲辦法辦理

第七條　此項公債以第一條所列各項公共營業之投資總額及地方應得之附特為稅為擔保

第八條　此項公債之發行及償本付息事宜由自治會委託淮海實業銀行經理之

第九條　此項公債照票面額銀實收不折不扣

第十條　此項公債票面概不記名其有請求記名者亦可准予辦理

第十一條　此項公債票額定為四種如左

(一)千圓　(二)百圓　(三)拾圓　(四)伍圓

第十二條　此項公債得為本縣各項事業之保證準備金

第十三條　此項公債得隨意買賣抵押其他公務上須交納保證金時亦得作為擔保品

第十四條　對於此項債票如有偽造及損毀信用之行為者得依照新刑律呈請官廳辦理

第十五條　每屆還本付息十五日以前由理事會及公推之會員二人稽查此項債款帳目並檢驗還本付息之款每屆還本抽籤之時亦由理事會及會員二人監視一切

第十六條　此項公債之施行另以細則定之

南通縣地方公債 息票 第叁拾叁號	南通縣地方公債 息票 第叁拾肆號	南通縣地方公債 息票 第叁拾伍號	南通縣地方公債 息票 第叁拾陸號	南通縣地方公債 息票 第叁拾柒號	南通縣地方公債 息票 第叁拾捌號	南通縣地方公債 息票 第叁拾玖號	南通縣地方公債 息票 第肆拾號
南通縣地方公債 息票 第貳拾伍號	南通縣地方公債 息票 第貳拾陸號	南通縣地方公債 息票 第貳拾柒號	南通縣地方公債 息票 第貳拾捌號	南通縣地方公債 息票 第貳拾玖號	南通縣地方公債 息票 第叁拾號	南通縣地方公債 息票 第叁拾壹號	南通縣地方公債 息票 第叁拾貳號
南通縣地方公債 息票 第拾柒號	南通縣地方公債 息票 第拾捌號	南通縣地方公債 息票 第拾玖號	南通縣地方公債 息票 第貳拾號	南通縣地方公債 息票 第貳拾壹號	南通縣地方公債 息票 第貳拾貳號	南通縣地方公債 息票 第貳拾叁號	南通縣地方公債 息票 第貳拾肆號
南通縣地方公債 息票 第玖號	南通縣地方公債 息票 第拾號	南通縣地方公債 息票 第拾壹號	南通縣地方公債 息票 第拾貳號	南通縣地方公債 息票 第拾叁號	南通縣地方公債 息票 第拾肆號	南通縣地方公債 息票 第拾伍號	南通縣地方公債 息票 第拾陸號
	南通縣地方公債 息票 第貳號	南通縣地方公債 息票 第叁號	南通縣地方公債 息票 第肆號	南通縣地方公債 息票 第伍號	南通縣地方公債 息票 第陸號	南通縣地方公債 息票 第柒號	南通縣地方公債 息票 第捌號

（南通天生港发电有限公司档案室藏）

规建电厂案

一副厂经理致董事会函

董事诸公钧鉴:

敬启者。本厂设在内地,凭藉土产土销,故能占有优越地位。频年本地棉产歉收,关庄停滞，纱亦不销，此后进出货皆将集中于上海。昔以土产土销为我根本立脚之优点，乃以潮流趋势不同，遂致丧失略尽，此固人力之莫可，如何者也。查本厂自创设迄今历有岁年，管理、人事、组织种种方面仍循旧有习惯，既不合于今日科学管理之潮流，而一切机械设备日久窳败，以视沪上中外各厂出货精、厂费轻者，尤觉望尘莫及。以此与人角胜于工商市场，其不弃甲曳兵而走者，殆亦鲜矣。故为亟图本厂前途免于劣败计，必须从事于下列二端之工作:

（一）采用科学管理方法也。今日工厂咸趋重科学管理，而本厂因仍旧习未能彻底革新，工人方面缺乏训练，技艺拙劣，因之生产减少，作践尤多。举一反三，则本厂无形中损失何可数计？往日厂之所在地亦即营业进出之重心，今营业既已侧重上海，厂方仅为单纯工作之场合，亟当变更组织、厉行科学管理，庶几人尽其才，物尽其用，以收开支省而效能增之利益。此在事人所昕夕孜孜者也。

（一）改良机械设备也。本厂机械多系三十年前之物，生产力量薄弱，比年竭力整理更换机面，究不如近时机械远甚。在前以纺制粗纱供给当地织户为大宗，自织为附属之事业。其时纱不敷销，自无扩添布机之必要；今则粗纱销路日微，外销之纱更日趋于由粗入细之途，厂布又甚受社会欢迎，供不应求。情势变迁迥异畴昔，基于此项情形，以后厂工必以改纺细纱、增机织布为主体，乃至漂染事业亦当力图进行，俾可完成纺织之工作。

惟旧有之原动力运动力小，燃费滋巨，不独逐年消耗过当，且于改良发展上发生莫大之阻力，故于添制布机而后更有规建电厂之企图。或谓本厂十年以来股东分文利息未得，亦且负债累累，宁有余力再谋扩张？殊不知本厂昔日所占地利之优点既失，而欲固旧有之藩篱，不啻南辕而北其辙也。不进则退，利害判然。

倘使以上计划次第见之实施，则本厂将有磐石之安，股东亦可享永久利益。故不辞喋喋，率直陈之，尚祈诸公熟加审虑，决其可否，本厂幸甚。此颂

公绥

大生一副厂经理李登魁谨启

二十年十一月二十一日

附：规建电厂案

本厂原动力向用引擎，年久窳败，糜费滋多，较之沪上以电气为原动者，其省费不可同年而语。比年煤价腾涨，吃亏尤重。民九张前总理本有规划电厂供给通海各工厂需要之企图，目光远大，诚足令人景仰。惜乎事业未就，半途停顿，良可扼腕。查本厂目前每日用煤九十八吨半，以每吨价银十两计之，即须支出九百八十五两；通年以三百日统计，共需银二十九万五千五百两之多，消耗不可谓不巨。若另规建五千基罗瓦特之电厂，供给电力发动，仅以一、副厂言之，每日即可省燃煤斤五十吨，通年计省银十五万两。此外所余电力尚可分给其他工厂或电灯公司之用。不特此也，当地打米、榨油、织布，一切小工业亦将陆续兴起，尚有附带收入。故为本厂未来节省计，为发展地方工业、宽裕民生计，则规划电厂实为迫不容缓之图。兹拟仍就天生港水口便利之处规立电厂一所，照五千基罗瓦特电机设计，连同建造厂屋，约需规元八十五万两，由本厂设法筹垫规元二十万两，其余商请银行作押，即机价亦可分年拔付。预计以一、副厂逐年所省燃料及附带收入抵还本息，四年即可归偿。此系照目前金市步松、机价未涨估算，时机诚不可失。从前副厂所购七百五十基罗瓦特之透平，计需美金十八万元，而现拟购订五千基罗瓦特者，其价不过十六万美金之谱，今昔相衡，悬殊何止倍屣。在股东一时之负担有限，将来之利益无穷。一得之愚，未敢缄默，兹将本厂用煤、用电省费及电厂预算分别调制简明图表，以供众览。是否可行，尚希公决。

五千基罗瓦特最新发电厂建设预算

五千基罗瓦特透平发电机一座	元二十万两
高压水汀锅炉二座	元二十六万两
厂房及一切建筑	元十二万两
装机费	元三万两
机器进口税及运费	元四万两

十英里送电线杆	元六万五千两
一厂马达方棚配电板等	元十万两
一厂马达线	元一万两
工具等	元一万两
杂费	元一万五千两
共计	元八十五万两

营业预算

煤（壹万四千五百五十吨足供发电二千万度）	元十四万五千五百两
上煤力	元三千六百两
物料修理	元一万两
薪工	元二万两
官利	元八万五千两
折旧	元五万两
杂支	元五千两
共计	元三十一万九千一百两

一、副两厂以现有锭数及布机用电，约占电机负荷百分之七十。全年统计发电约二千万度，今以所需电力计，成本每度约元一分六厘，其余百分之三十电力，全年发电将及一千万度，如能尽行售出，则所得余利不赀矣。

电厂成立后全年动力开支比较表

<table>
<tr><th colspan="2">现在开支</th><th colspan="2">成立后开支</th></tr>
<tr><td>一、副两厂全年用煤合计二万九千五百五十吨</td><td>元二十九万五千五百两</td><td>煤一万四千五百五十吨</td><td>元十四万五千五百两</td></tr>
<tr><td>运煤费</td><td>元二万九千五百五十两</td><td>上煤力</td><td>元三千六百两</td></tr>
<tr><td>一、副两厂属于动力薪工</td><td>元三万五千两</td><td>薪工</td><td>元二万两</td></tr>
<tr><td>一、副两厂属于动力物料修理</td><td>元二万五千两</td><td>物料修理</td><td>元一万两</td></tr>
<tr><td>一厂柴油引擎用费</td><td>元三万五千两</td><td>官利</td><td>元八万五千两</td></tr>
<tr><td colspan="2" rowspan="3">共计元四十二万〇〇五十两</td><td>折旧</td><td>元五万两</td></tr>
<tr><td>杂支</td><td>元五千两</td></tr>
<tr><td colspan="2">共计元三十一万九千一百两</td></tr>
</table>

吴寄尘：“本案乃厂经理提出，实为争生存起见。如电厂成立后，据所交预算，日可省煤四十余吨，全年可省十五万两。建设费预计八十五万两，仍系从宽计算，照目前金价或可不需。但大生情形困难，又如何能有此笔现银以图实现此发展厂务、增进利益之计划？所幸现在旧债多移归厂押款，有一部分有价证券腾出，可作垫银，而机价可分期交款，约计连垫共借银三十余万两，可敷建设。曾将具体计划送交银行家审查，亦认为此项建设与厂有益，且可为厂押款增进稳固地步，有允借款者。是以今日提交股东公决。”

主席：征询意见，请表决。

众赞成。通过。

（节选自《1931 年 11 月 28 日大生一厂股东常会议事录》，南通市档案馆馆藏档案 B402-111-39）

李升伯致大生第一纺织公司董事会函（节选）

敬陈者。本公司自民国十二年欧战后纺织业之初步黄金时代终止，复因受本公司辅助以兴之淮南盐垦各公司限于资金计划中断，遂致负债甚巨，不能周转。迄今十载，竭蹶支持，幸将事业保全不坠。就本公司地位言之，处产棉织布之地，近海滨江，交通复便，乡民生活素低，工资不高，本可与人一竞雄长。无奈缺乏资金，平日营运开支与利息已不堪负担，加之工潮迭兴，人事棘手，管理技术时生阻力。故致力虽勤，效绩未彰者，职此之由。现在纺织业竞争趋势日烈，本公司虽处艰难环境之中，仍不得不勉为根本革新工作。谨就最近设施荦荦大端与东游视察日本纺织业所得足资借镜者，分段列陈于后，幸垂察焉……

电厂工程

天生港电厂之建设，意在节省燃料，减少制造成本。现在工程将次完竣，预计开工后，一副两厂原动费固可节省半数，即南通其他工业之发展，亦将以此为促进之基。本厂电力现虽为五千启罗瓦特，但设备上预留添加五千启罗瓦特之余地，将来增机成本仅需廿万元，即可再供十五万锭之用。如此后纺织业机势转佳，此殊有价值之建设也。

李升伯谨启

廿三年八月

（南通市档案馆馆藏档案 F005-311-16）

南通天生港电厂沿革

本公司所属各厂暨南通地方其他各工业，在昔各谋动力，耗煤费工，殊不经济。先董事长张啬公有鉴于此，欲使已办之厂节省开支，后起之厂减轻成本，遂有以电力为动力，集中发电，分输运用之意。民国九年春，筹设电厂于天生港；就德国西门子厂订购三千二百瓦透平发电机二部，就英国拔柏葛厂订购水管锅炉四座。十年春，动工兴建厂房。不幸翌年忽遭水灾，营业衰落，致公司经济不能周转，垂成厂房，被迫停工，到沪机器，亦以无法付款而不得不转让与昔戚墅堰震华电厂；糜款七十余万，未能完成，良可扼腕。

民国十五年春，啬公复以地方需要电厂日切，亟思重兴，不图宏愿未酬，遽尔谢世，此议再寝。

更阅五年，本公司鉴于重建电厂，刻不容缓，乃经股东会议议决通过，着手进行。除由本公司一副两厂自筹十余万元以为基金外，并向银团商垫经费，一面与机器制造厂商订分期付款办法，幸均能妥协，遂按照原定计划实施。

民国二十二年二月，另勘定天生港口为厂址，购通靖轮埠码头西首隙地三十亩以为厂用。同时委上海扬子建筑公司先行试桩，并请设计监督全部土木工程。只以天生港堤防虽较巩固，而地低土松，则与附近他港初无二致，故兴工之先，填泥数千方，打桩近千支，费时半载，厂基始成。继即建造厂房，外用砖墙，内用铁架梁柱，铁架梁柱另由上海新中公司承办，计重二百余吨。十月江潮渐下，当即兴工建造进水室。惟以入水颇深，全年平均在三公尺左右，施工棘手，每逢小汛抢险，工作无分昼夜，究以江底流沙变化无常，倍感困难。幸多方筹谋，得于二十三年依限与厂房等同时完成。全部建筑，历时一载又半，从事员工中，计伤一人，死一人；用款三十万元，进水室建筑用费几达全数三分之一。

全部机械，于二十一年十二月先后向英国拔柏葛厂订购锅炉二座，向德国蔼益吉厂订购透平发电机一座连配电板等全套，共计价约六十万元。翌年又向英美德订购输电钢杆铜线及配电所设备，计价十余万元。二十二年六月，锅炉机件，络续运到，先于十月厂基完成之后，即行循序装置，装炉工程，由上海大宝厂承包。同时钢杆铜线，相继交到，亦即循照测定线路先行竖建，中经民田，稍受农民反对，旋告谅解。二十三年三月，架放路线次第完成。四月，电机及配电板等全部运到，而厂房建筑，亦适于斯时大部就绪，即由一副两厂抽调优秀技工，严加指导，兼程排置，六阅月。全厂机械及港闸城输电线路暨各配电所同时装竣，当即依次慎重检验试机，凡月余而试竣发电，时民国二十三年十二月也。

本厂发电以后，负荷日增，至民国二十五年冬，已逾满载，乃积极进行扩充事宜。讵翌年战事发生，一切计画，皆成泡影。既而地方沦陷，厂被占据，同人迫于暴力，一致引退。时越数年，幸而珠还合浦，机件建筑，损失均微，同人兴奋之余，益黾勉从事，洎夫今年二月，负荷又达满载矣。

（1947 年 6 月《南通天生港电厂》，南通市档案馆馆藏档案 B402-111-430）

我对上海银团维持经营大生系统的筹划

李升伯

1925 年，当我正在筹划纺织工业的几项工作之际，有人来和我商谈，说张謇先生开中国近代纺织工业的先河、艰苦手创的大生纱厂濒于破产厄运，如何共谋挽救的办法，要我到南通去考察一下。我早知张謇先生以大生纱厂为经济支柱，建设南通的各项事业，南通被誉为模范县，久已向往，于是有赴南通拜望张氏之行。张氏费了两天的时间和我畅谈他办纱厂、办教育、办垦务、造公路、去日本考察以及他任盐务署总理时的一段感人的经历，特别将开浚新运河的计划很详细地告诉了我。要我到各处去看看，并替我定了一条考察路线。我一路往北经如皋、泰兴、东台、盐城，往东到海门、启东、崇明，看了主要的新运河盐垦区，这些全是产棉、销纱、织制土布的地方，还参观了大生三厂。回到南通又陆续参观了中国第一所师范学校、南通学院农、医、纺织三科，中学、小学、传习所、博物苑、大生一厂、副厂。张氏以一人之力，发起手创这样多的有关国计民生的重要事业，遍及工业、农垦、水利、教育、文化各个方面，实在使人惊奇和敬佩。

通过这次考察，我亲眼看到南通农民种植棉花和织制土布的情况。他们一丝不苟，精益求精，在织制土布的各项工序如上浆、经纱、调浆及织造等方面，都有很精巧的技术。对他们的聪明才智，十分赞赏。我发现南通的棉花是世界上最清洁干净的棉花，南通最著名的用 12 支粗纱织制的土布，是世界上最坚韧结实而且光滑滋润的布匹。张謇先生开新运河的计划，还有三分之二尚待着手，对此我要尽力帮助他完成，这是增加棉花产量的一个重要的水利措施。有了就近可靠的棉源，南通办纱厂的优越条件，就有了保障，大生纱厂只要在经营管理方面，锐意整顿，就可以立于不败之地了。

我在参观考察之后，草拟了一份计划大纲：

1. 为大生纱厂实行科学管理，采用成本计算制，加强核算，增收节支，保持盈利。

2. 收回已经抵押出去的一个新厂——大生副厂，自己经营，增加利润。

3. 在改善经营管理、提高产品质量、增加利润的基础上提高职工工资待遇。

4. 副厂添设布机，增加生产。

5. 就天生港边填地办大电厂，供一、副两厂电力外，也供南通城区及附近各县用电，估算每一包棉纱的电费可降低6元（前用的是30年前老式锅炉，成本较高）。电厂旁边预留大片空地，以备在适当时期利用电厂回汽及长江软水， 办漂染印花厂及服装厂，发展南洋贸易。

6. 对大生一、副两厂营业用资金、收回副厂资金、添购布机资金以及办大电厂资金，一律由银行贷款，月息8厘，按月付息。所余利润，每年还本一次。

7. 就东台垦区设立大生棉产改进所，引进适应纺32支及40支纱的美棉种子，同棉农订约，所收棉花照市价归大生收买。

8. 大生补助教育及其他费用不加变动，如需添补，临时商量。

大生实行科学管理和以上各项措施，可保得到利润，不但能挽救面临破产的局面，并且可吸引金融界人士放心投入大量资金，可使南通发展成为一个由地方集体经营的大规模纺织城。

第二天，我将这个计划大纲送给张謇先生审阅，他看后，颇为惊喜地对我说："你的胆量很大。"我回答说："大生600万债背在身上，出路只有两条：一条是换主人，破产；另一条路，就是以张先生向来大刀阔斧的作风，埋头苦干，锐意经营。"他很赞赏我的想法，细细垂问我的经历和现在做什么工作。我把在六国特别是在美国考察棉产和纺织工业的感受，向他作了汇报，谈了要为中国纺织工业做四件事的决心和打算：第一，要自造纺织机械；第二，要学习美国第一个纺织学院——宾夕伐尼亚纺织学院及日本东京高工及名古屋高工的格局来训练纺、织、染手脑并用的一批技术人才；第三，参照英国和日本版本编写一套中文新纺织教材；第四，改良全国棉花，使所产棉花都能纺32支和40支纱。我还提出要改为八小时工作制，废除深夜工，禁止用童工，消灭文盲，选拔人才。他详细听了之后，叹了一口气说："你效法欧美日本所拟的计划，我非常赞成，但有许多恐怕不是很快能办到的。"他对我慰勉了一番，又兴致勃勃告诉我，他办教育，办工厂，发起盐垦，造公路，办电话、电灯等各项事业的经历。我听后，对他勇于革新、不畏艰难的精神，油然而起敬仰之心。

我回到上海，向敬爱张氏的朋友们报告此行的观感，提出我的的建议，大家听了很高兴，表示同意合力维持大生。照月息8厘供给收回副厂、添置布机、办大电厂以及运营的资金。随后张氏来沪商定，要我任大生经理，并答应不放弃我为新兴纺织工业所计划的四件事，认为可以并行不悖，对南通也有好处。

大生的老债权人经张氏告以实施上述计划，可免破产，走上稳妥经营的道路，也同意大生暂停付给月息12%到16%的利息，共度难关。

我任经理后第一件事，是邀请日本东京高工毕业回来的技术前辈陆君辅舟任大生一厂厂长，照日本科学管理的办法，制订考工、保全、产纱等章程，并制定成本计算表格。上海银行陈光甫看了计算成本表格以及保全大生不破产的计划书后，答应收回副厂所需资金由上海银行独家贷借。1928年创办天生港大电厂，交通银行当局看到办厂计划及向德国A.E.G.电机名厂订购电机的合同，会见了所延聘的十名高级电机专家如黄友兰、陈芙塘等以及建筑师高观四之后，也要求全部所需资金160万元（那时供电厂用的现金只有6万元）由交行独家承担。电厂成立，大生每包纱的动力费降低6元，以及供电给南通及邻县的收入，用以偿还交行的借款。交行还建议在计划书中提到的在电厂旁边设立漂染厂、印花厂及服装厂的资金也归交行来贷放，只收8厘月息。将着手，因日军侵略而停顿。

大电厂建成后，完全达到电机制造厂所规定的效率。南通地处大江下游，江底全是浮沙，打桩填泥是一件技术难度很大的事。建筑师高观四是一位技术水平很高而有极大毅力的人。潜水箱下去试验四次都失败了，高君总结经验，再作第五次试验，终于在三千里长江的下游浮沙上安置潜水箱第一次取得成功，这在建筑史上是值得记录下来给后人作参考的。这是第二件事。

第三件引进先进技术值得记录的事，是在1926年。当时通棉只能纺12支到16支纱，不能纺20支纱，非立即着手改良不可。那时全国没有改良棉花的成功经验可供参考。我去南京中央大学农学院找到孙玉书、冯泽芳两位教授，他们是留学美国埃塞俄吉亚大学回来的优秀的植棉专家。我请他们到苏北办一个几万亩地的试验场，改良苏北棉种，以能纺32支到40支纱为目的，需要多少技术人员，由他们决定延聘，需多少经费我保证供应，以快速成功为宗旨。他们听了，欣然接受，这是他们多年求而不得的愿望。于是我同他们选定东台盐垦区办一个棉产改进所，先同3万亩棉田的棉农约定作改进棉种区域，以后逐步扩充，这是中国第一个棉产改进所。1934年棉统会看见东台改良棉种的成绩，就照东台的规模在9个棉产省建立棉产改进所；请孙、冯二位专家主持办南京明孝陵的中央棉产改进所。

第四件事，是1932年组织了一个代表团去日本名古屋丰田纺织机械制造厂买了240台换梭自动布机，藉此考察了他们造纺织机的组织、设备、技术、训练、绘图、资金、成本、前后纺机械的式样、速度、生产等等；再考察了名古层高工的教育内容，作为筹建纺织机械制造厂及一所手脑并用的纺织专科学校的参考。

这批自动布机是中国厂的第一批自动布机。在日本时，看见换梭自动布机平均每一职工管28台。副厂的自动布机开始每人只能管8台，逐步增加到12台，差距很大，共事的人有些失望。我不灰心，试用东台所产改良棉花纺纱，管机台数从12台陡增为24台，全厂惊喜，对引进新的技术提高了信心。我又请东台的植棉专家200多名到副厂参观，看见24台布机用他们培植的新种棉花所纺成的纱织布，运转平稳，质量优良，他们高兴极了。以后中央棉产改进所把他们分派到各省去改良棉花，他们将副厂240台布机只有10人管的照片给棉农看，棉农受到鼓舞，对发展棉花生产起了促进的作用。

还有一件事值得一提的，是大生一厂厂长陆辅舟去世后，张方佐、吾葆真、徐缄三等主持一厂工务，张文潜任副厂厂长。那时有一点余力，可将一厂设备折旧换新，需要补充技术人员。于是委托南通学院纺织科添设职业班，招收初中毕业生，训练三年；通知纱厂联合会，有需要这一级技术人才的也可以派来学习，结果来了20多名，这一级技术人才毕业后，都在技术上发挥了很好的作用。1946年纺建公司也照南通职业班的规划，手脑并用的教授法，招了大批初中毕业生在上海、青岛、天津、沈阳等地训练，取得很大成绩。

在南通，我继承张氏的志愿，办成了以上这几件事。1938年日军侵通，我便辞职离去了。

（江苏省政协文史资料委员会、南通市政协学习文史委员会编《江海春秋（南通文史资料精选）》，1998年1月印，第32–37页）

南通电力的创办与发展

黄友兰

南通之有电灯，自 1899 年开始。其时唐闸大生一厂成立，以发电机带在主力引擎上发电。初仅供厂内照明之用，后扩供唐闸镇少数机关学校装设电灯。

南通城用电灯照明开始于 1914 年，最初的一个小型发电机，系张謇为其新建的住宅濠南别业购置，装在翰墨林印书局（今韬奋印刷厂）内，发电除供濠南别业照明外，也供张詧的城南别业之用。

通明电气公司的成立，约在 1916 年。初办仍由大生一厂的发电机供电，升压至 4000 伏，从唐闸向南通城送电。不久，因照明用电量增加，于 1918 年新建厂房，安装 75 匹马力内燃发电机四部，后又添 200 匹马力内燃发电机一部。迄 1925 年，照明用电继续增加，又向江家桥大生副厂购电力约 100 千瓦补充不足。此时，因用电重点在南通城，认为迁厂至城内比较合算，乃择定西被闸北另建新厂，将 75 匹发电机两部及 200 匹发电机一部移装新厂，仅留 75 匹发电机两部于唐闸老厂。从此两厂分别发电，供应城、闸两处。同时，又在新厂装 240 匹内燃发电机两部，但发电量仍不能满足需要。

关于天生港电厂的创建，早在 1920 年秋就曾着手。当时德商孔赫来通游说出售电器设备，即以 30 万美元订购 3200 千瓦发电全套设备两组。张謇委我负责建厂任务。全部基金以公债形式募集，由主要各工商业单位分认，其中大生一厂 10 万元，大生二厂 5 万元，公款数万元，共计约 20 万元，临时不够，则由上海大生驻沪办事处代垫。但至设备运到，厂房基础完成，正需继续用款时，适值欧战结束，纱厂黄金时代已过，各厂债台高筑，自顾不暇，不能再垫，因而被迫停办。后大生由银团经营，扭亏为盈，还清旧债，并有积余，而工厂生产动力不足，煤耗太大。用马达比用蒸气引擎发动，既方便又节约，遂由银团代表李升伯从大生一厂提出 20 万元作为基金，余向金城银行借款，仍由我主持建厂。向德国订购 5000 千瓦发电设备一组，向英国订购 25 吨锅炉两座。因为沿江取水运煤均便，遂择定天生港江边建设厂房，并架设22000伏输电线路，由天生港经唐家闸至城区，再由城区延伸到江家桥大生副厂，共长17公里余。经过两年建设，于1934年冬发电。从此，大生一厂、复新面粉厂、大生副厂等一律改用电力。通明电气公司亦停止发电，改向天生港电厂买电转售，并开始日夜供应电力。

由于南通电力需求日益增加，至1936年供应更感不足，决定筹添设备。翌年，抗日战起，计划全废。后至1946年，始再筹扩建，分别向瑞士订购7000千瓦汽轮发电机一部及英国35吨锅炉一台。时因二次世界大战初停，国外器材供应紧张，订货不能到达。后复因付款延迟，旷废时间不少，直到1951年7000千瓦机组始运到交货，在1952年夏安装毕。而所订之锅炉，英国又禁运毁约。迟至1954年春，始向捷克另订35吨锅炉一台，1956年运到，至1957年夏始安装完毕，投入生产。并增架至海门大生三厂35000伏输电线，计长52公里。

（江苏省政协文史资料委员会、南通市政协学习文史委员会编《江海春秋（南通文史资料精选）》，1998年1月印，第38—39页）

在通情况的补充

黄友兰

我虽从事南通电力工作数十年，以我一个平凡之人但能做一些平凡之事，何能承受赞誉。自问无功可言，而在过去工作中所犯错误很多有由当时客观情形所迫，尽买进口器材甚至一钉一砖。亦有由我学识经验不够所致。有如建造江边进水闸，经多次反工，运输设备过江遇风翻船等都拖延时间，应请追查批评作为反面教育，现要我谈谈南通电业经过很为高兴，详细记录曾在本年二月十三日《新华日报》刊登，不再重述，今再补充一点未尽之事。

凡说到昔日南通大事，不能离开张謇。张謇是电厂原始创办人。我初在南通纺织学校任教，获见张謇，备陈电业与各工业关系，从此我与电业初步发生关系。1920年秋，德商孔赫来通游说出售电气设备后同意建厂。购订3200千瓦发电全套设备二组约卅万美金，张謇委我建厂工程任务，全部基金以公债募集，由主要各厂各商业单位及公款分任务，大生一厂十万元，大生二厂五万元，公款亦数万元，共计约廿万元，临时不够由上海大生沪办事处代垫。至设备运到厂基下层完成，正须继续用款时，适值纱厂在战后黄金时代已过，趋于衰落，已债台高筑，自顾不暇，不能再垫。张謇个人信誉以年老力衰不及昔日，求借无门，被迫停办，但电厂根苗还永久存在，我虽空手无力，亦协助奔走，以望重建。一次由南通上海银行驻通分行赵汉生介绍至上海总行，见陈光甫总理，送交规划及预算书，商谈兑款建厂，陈光甫干脆回答不合兑款条件。而在苏联社会主义下电厂易办，张謇在死前半年还派我往日本调查学习重建电厂，其尚未忘怀，使我永远鼓励。

大生一厂负债不能营业，由债团派李升伯代表经理，连年整顿工作，改进生产，且营业有方，调度有信，转亏为盈，年有积余，逐还欠债，至1922年李升伯鉴于电厂与纱厂关系，用电力比用蒸汽引擎转动既方便又节约，此单就纱厂利益而言，更不论其他利益。遂由李升伯从大生一厂提出廿万元作为基本金，余向金城银行兑款。因我早主持电厂事，仍约我任其事，遂向德国订购5000千瓦发电机组全套一组，向英国订购锅炉二座配合，另在天生港择地建厂，因旧址不适于要求，即于翌年开始进行工作，经约两年时间，全部完成。其中出了运输设备事故及江边进水闸工程反工，拖延半年时间，在1934年冬投入生产。由于运行中研究煤耗，严加检修，创造最低煤耗和安全运行记录。重视规程，独运八小时工作制（当时各厂十小时工作）。选聘技术人员，如在座易企衡同志，先由交通大学以其品德兼优推荐，方行聘请，其余许多人亦同样办理，如现任上海电机厂总工程师孟庆元、在美发明家李乙等。电厂成效应归功于技术人员，我经建厂过去艰困，不忘张謇远大遗志，崇仰李升伯继承壮态，战战兢兢唯恐或失，有赖各职工同心同德努力以赴，能以短短两年时间，造成足够积余利润债还金城银行兑款建立信用，后为扩建一万千瓦设备兑款易如反掌，各银行互争兑款，最后为交通银行争得。到1937年秋抗日战争暴发，迫使停顿未扩建，以设备转货得款还银行，以告结束。到胜利后重谋扩建，订购瑞士7000KW设备及英国卅七吨锅炉。延至1951年瑞士设备运到，而英国未见交而毁约。翌年在党与国家领导下，按装发电，以上是我一点补充，请各位指正。

1981年10月10日

（1981年10月25日《南通市电机工程学会通讯》，第八期）

1928 年天生港

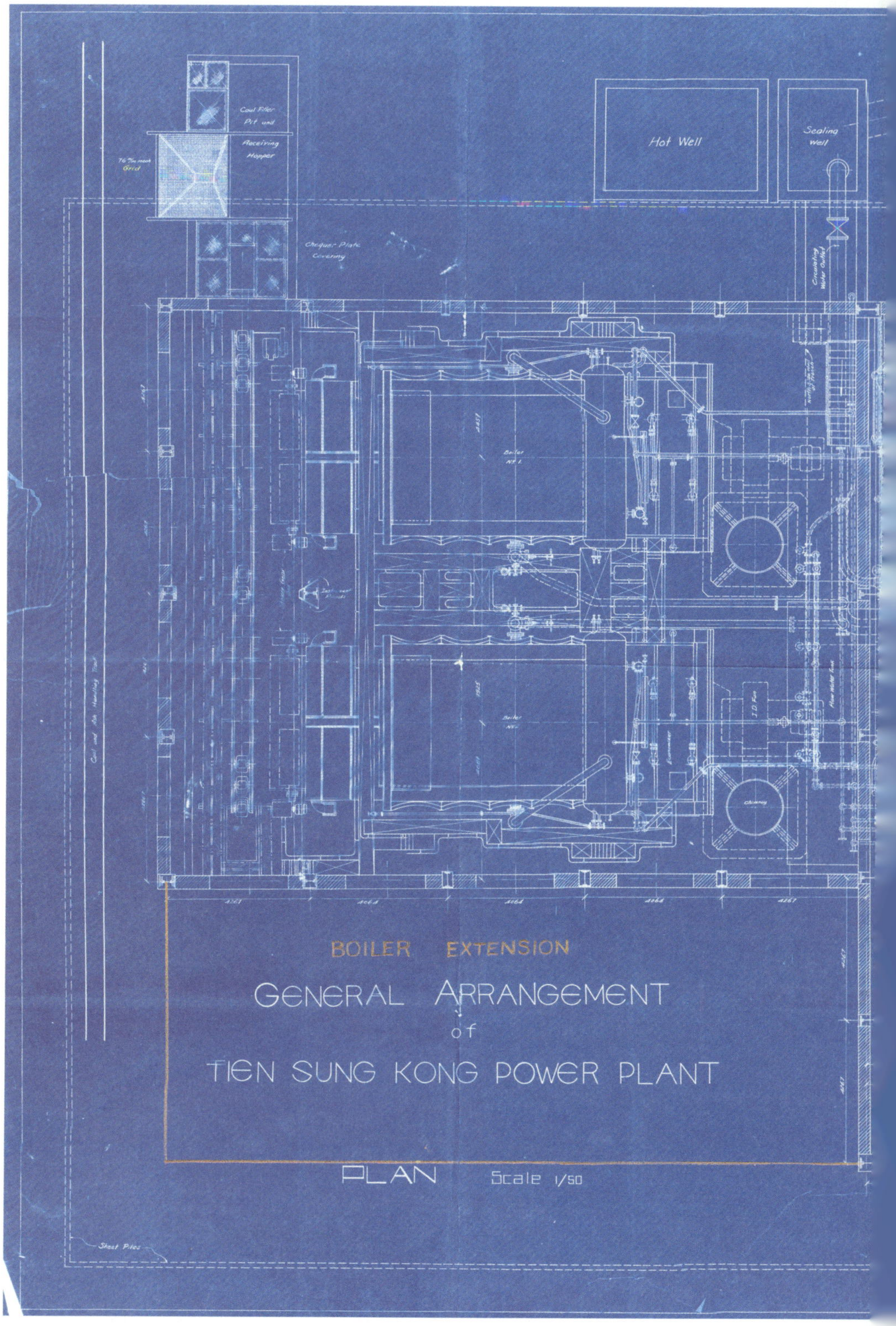
Hot Well
Sealing Well
BOILER EXTENSION
GENERAL ARRANGEMENT
of
TIEN SUNG KONG POWER PLANT
PLAN Scale 1/50

电厂总布置图（平面图）

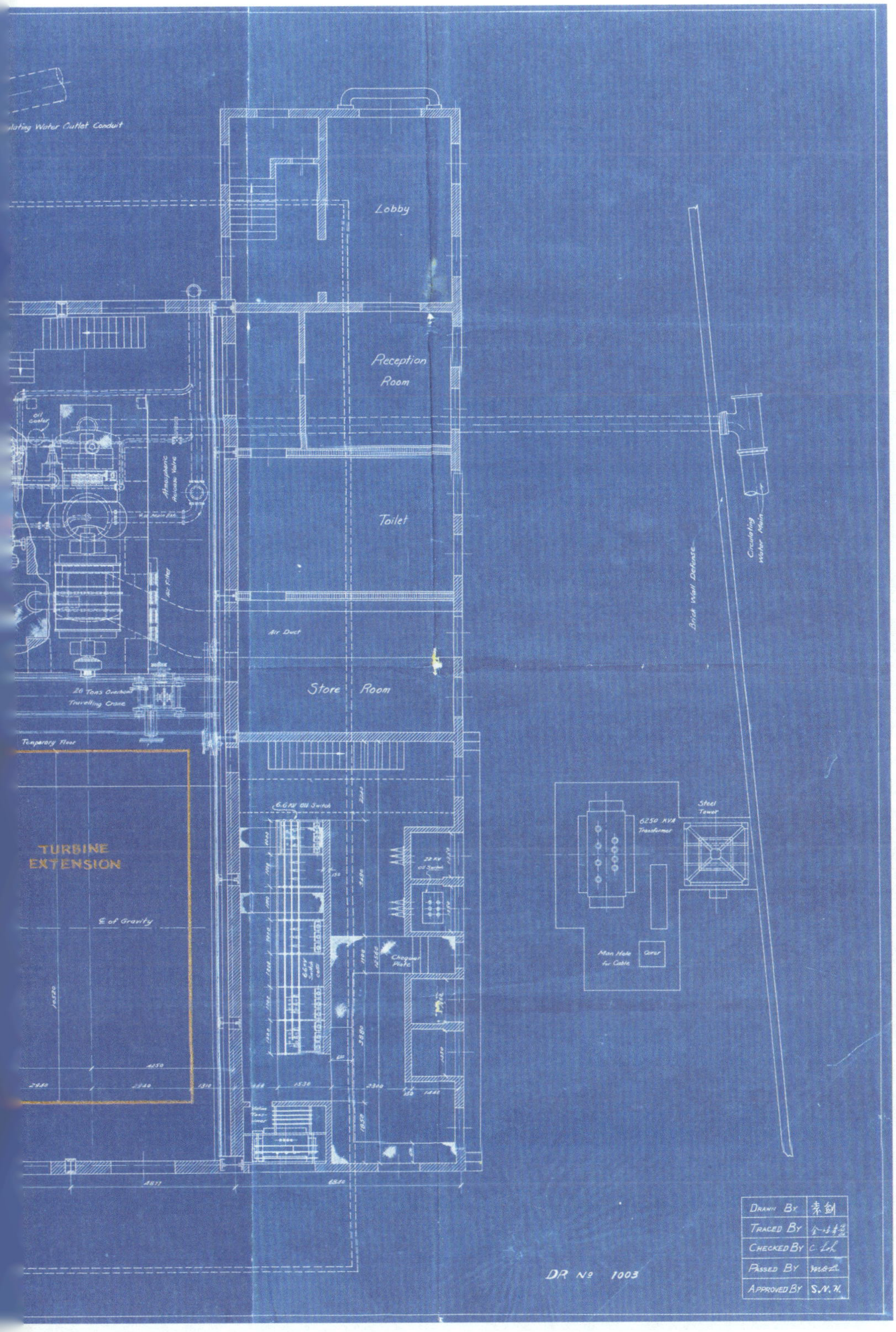

（南通市档案馆馆藏档案 B402-111-464）

1928 年天生港

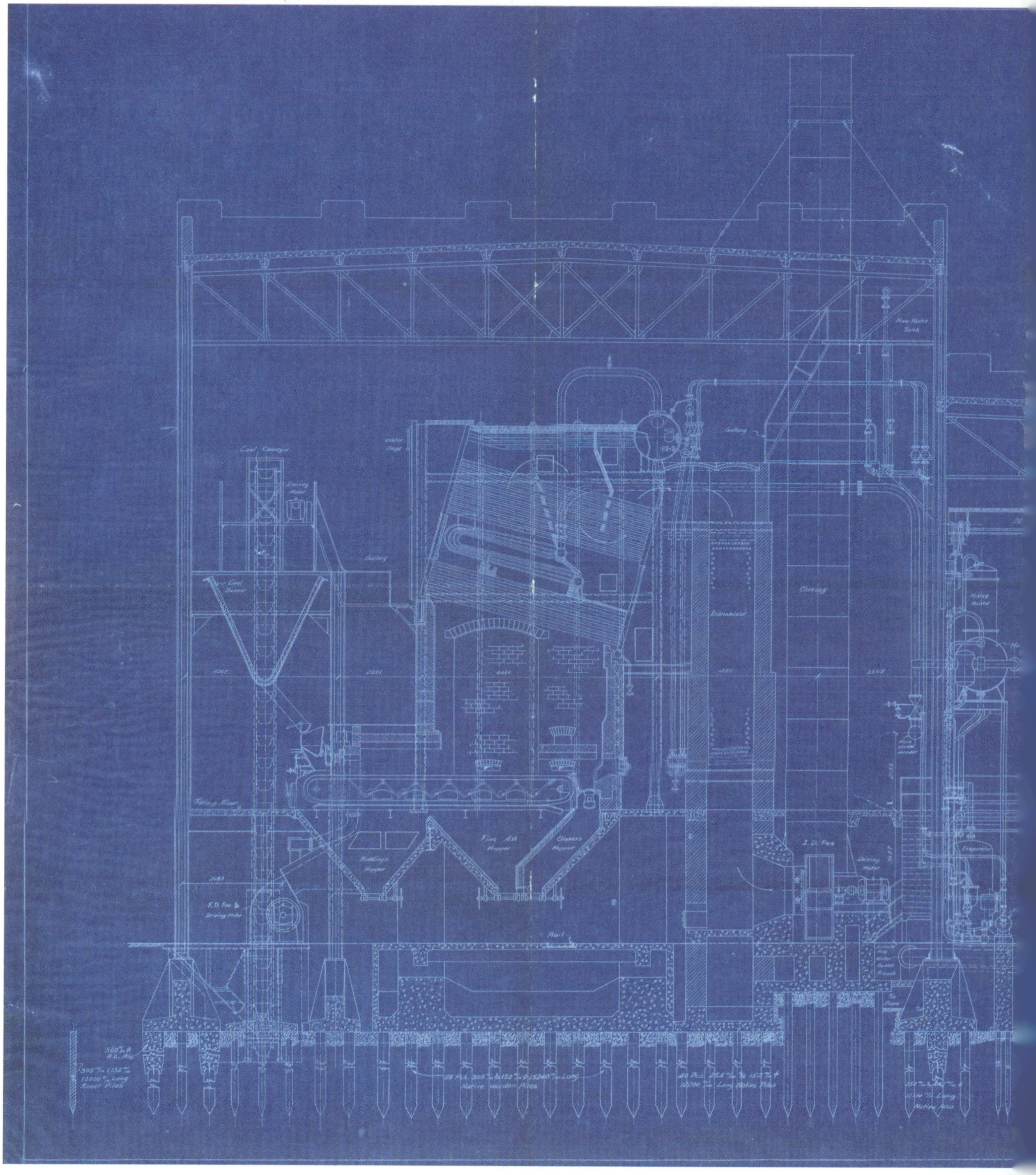

厂总布置图（立面图）

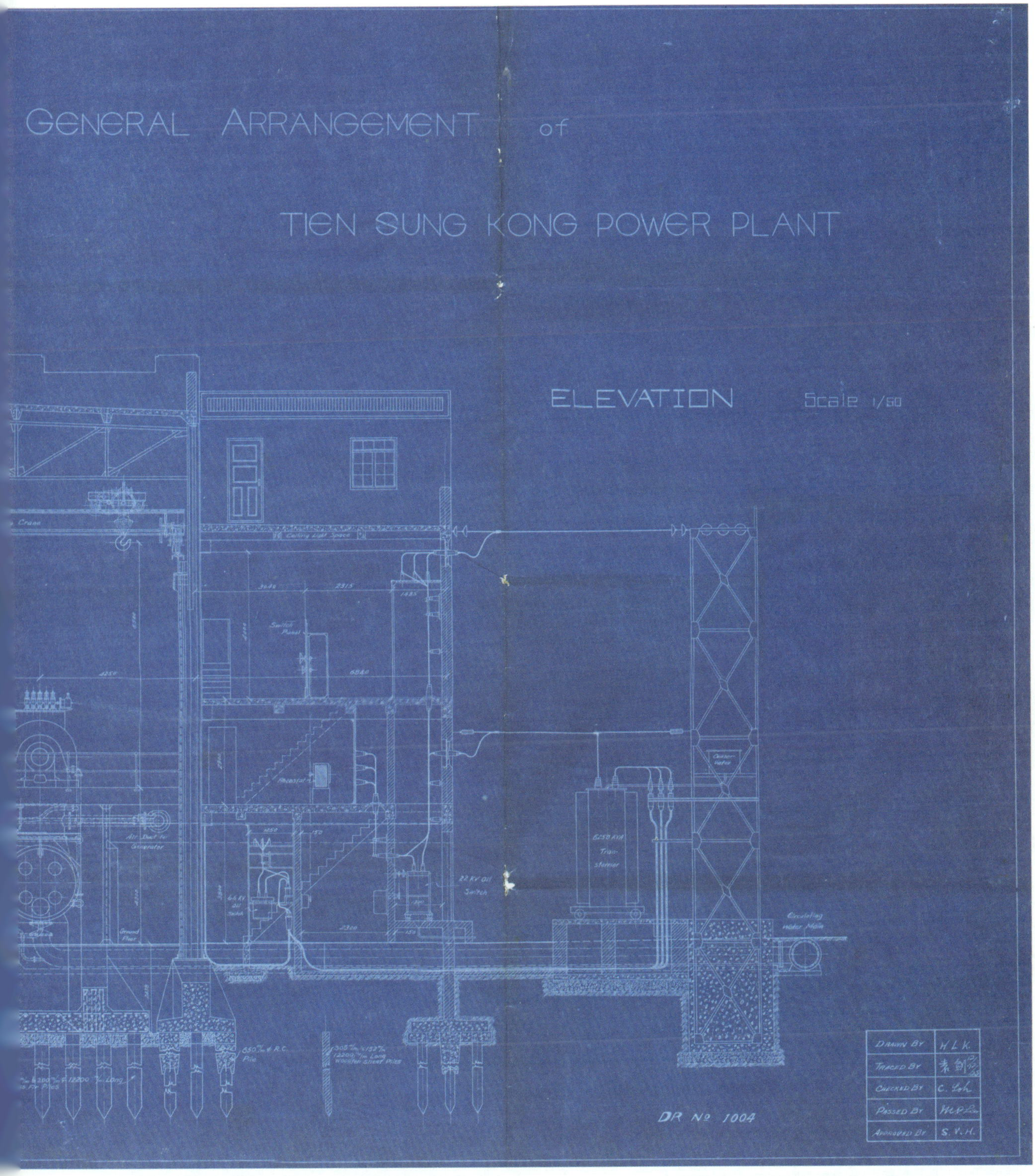

（南通市档案馆馆藏档案 B402-111-464）

后　记

天生港电厂早年的创办情形，特别是20世纪20年代张謇第一次筹建天生港电厂的情形，虽然在一些史料中有所体现，比如电厂1947年所编厂史《南通天生港电厂》，谈及其大致经过，但过于简略，且没有当年的档案佐证。这一直是个遗憾，特别是在南通天生港发电有限公司建厂一百周年到来的时候，显得尤为突出。

南通市档案馆保存有近万卷的大生档案，是张謇及其事业继承者在兴办实业、教育和社会公益事业过程中直接形成的历史记录。其中涉及天生港电厂的有万余页，特别珍贵的是1920年前后的十多卷档案，记载着张謇与其合作者筹设天生港电厂的过程。一方面是出于机缘巧合，南通天生港发电有限公司和南通市档案馆的工作人员有交流的机会，另一方面也是为了双方优势互补，经过协商，2021年3月4日，南通天生港发电有限公司和南通市档案馆签订协议，决定合作出版《张謇与天生港电厂》。为提高学术水准，特地聘请张謇研究专家、华中师范大学中国近代史研究所的田彤教授担任学术顾问。

编辑人员首先明确《张謇与天生港电厂》一书的定位，最终确定其为档案史料集。本书内容，一是在全面查阅、梳理天生港电厂档案基础上，挑选1920年前后，张謇及其创业团队筹建天生港电厂的档案进行原文影印。二是为方便读者阅读和理解，对中文档案进行释文，英文档案则摘要翻译。三是以附录方式提供主要当事人回忆录及相关背景史料。

2021年6月18日，编辑人员完成初步编纂工作后，在南通市行政中心的文印中心，制作了《张謇与天生港电厂》第一次工作本。工作本的印制，有利于编辑人员之间的交流，也便于及时发现存在的问题。之后分别于6月25日、7月2日印制第二次、第三次工作本，极大加快了编辑进程。

《张謇与天生港电厂》出版事宜，得到国家图书馆出版社的支持。6月2日，出版合同签订。7月12日，编辑人员赴北京，与国家图书馆出版社洽商编辑出版事宜，得到国家图书馆出版社总编辑殷梦霞、编辑室主任李强、主任助理王亚宏、编辑孟颖佼等的热情接待。之后编辑人员与责任编辑频繁沟通与交流，编辑工作十分顺利。

10月10日，国家图书馆出版社提供了初步编辑的书样电子版。10月15日下午，南通天生港发电有限公司举办“南通天电建厂百年研讨会暨《张謇与天生港电厂》书稿评审会”，邀请南通市委宣传部、南通市社科联、南通大学、南通日报社等单位以及张謇研究界的相关学者，对《张謇与天生港电厂》书稿进行评议。与会学者认为，《张謇与天生港电厂》不仅弥补了南通天生港发电有限公司的历史空白，对于中国电力发展史，乃至中国近代经济史的研究，都有着较高价值，也有助于张謇企业家精神的深入探讨。《张謇与天生港电厂》的出版，体现出南通天生港发电有限公司注重企业文化的培育，以厂史来教育、鼓励后来者，继承和发扬张謇先生在创办天生港电厂过程中体现出的创新和进取精神。南通市档案馆主动与社会合作，开发大生档案资源，拓展了档案利用和公布的途径。

《张謇与天生港电厂》的编纂过程，得到众多人士的关心和支持。徐俊杰对中文档案进行初释。褚楚、邹丹丹对英文档案进行初译，袁志伟进行了初校。陶莹、赵明远、钱广智、沈源波、王燕、赵楠、张若愚、张菁舒、贾慧贤等对本书的出版亦有贡献。

由于编辑时间仓促，本书难免存在不足之处，敬请广大读者给予理解和指正。

编者

2021年10月18日